信州から考える世界史

歩いて、見て、感じる歴史

岩下哲典／中澤克昭／竹内良男／市川尚智 編

えにし書房

凡例

◇本書掲載の写真・画像で、特に記載のないものは著作権フリー素材を利用しています。

◇各章およびコラムの内容、主張については、執筆者の見解を尊重しています。

◇本書のなかには、歴史的な用語として、差別的あるいは差別的なニュアンスがある語句を使用しているところがあります。史料にもとづいて歴史を考えるためであって、差別を助長する意図は全くありません 。多様性が尊重される社会の実現に向けて、あらゆる差別を解消していく努力を怠ってはならないと思います。

長野県歌「信濃の国」

浅井洌 作詞　北村季晴 作曲

一
信濃の国は十州に　境連ぬる国にして
聳(そび)ゆる山はいや高く　流るる川はいや遠し
松本伊那佐久善光寺　四つの平(たいら)は肥沃(ひよく)の地
海こそなけれ物(もの)さわに　万(よろ)ず足らわぬ事(こと)ぞなき

二
四方(よも)に聳ゆる山々は　御嶽(おんたけ)乗鞍(のりくら)駒ヶ岳(こまがたけ)
浅間は殊(こと)に活火山　いずれも国の鎮(しず)めなり
流れ淀(よど)まずゆく水は　北に犀(さい)川千曲(ちくま)川
南に木曽川天竜川　これまた国の固(かた)めなり

三
木曽の谷には真木(まき)茂(しげ)り　諏訪(すわ)の湖(うみ)には魚(うお)多し
民のかせぎも豊かにて　五穀(ごこく)の実(みの)らぬ里やある
しかのみならず桑(くわ)とりて　蚕飼(こが)いの業(わざ)の打ちひらけ
細きよすがも軽(かろ)からぬ　国の命を繋ぐなり

四
尋(たず)ねまほしき園原(そのはら)や　旅のやどりの寝覚(ねざめ)の床(とこ)
木曽の桟(かけはし)かけし世も　心してゆけ久米路橋(くめじばし)
くる人多き筑摩(つかま)の湯　月の名にたつ姨捨山(おばすてやま)
しるき名所(めいしょ)と風雅士(みやびお)が　詩歌(しいか)に詠(よみ)てぞ伝えたる

五
旭(あさひ)将軍義仲(よしなか)も　仁科(にしな)の五郎信盛(のぶもり)も
春台太宰(しゅんだいだざい)先生も　象山佐久間(ぞうざんさくま)先生も
皆此(この)国の人にして　文武(ぶんぶ)の誉(ほまれ)たぐいなく
山と聳(そび)えて世に仰ぎ　川と流れて名は尽(つき)ず

六
吾妻(あづま)はやとし日本武(やまとたけ)　嘆(なげ)き給(たま)いし碓氷山(うすいやま)
穿(うが)つ隧道(トンネル)二十六　夢にもこゆる汽車の道
みち一筋(ひとすじ)に学びなば　昔の人にや劣(おと)るべき
古来山河(こらいさんが)の秀(ひい)でたる　国は偉人のある習(なら)い

「県名」のない県歌「信濃の国」

本書の「はじめに」「あとがき」でも言及している「信濃の国」は、1899年（明治32）に長野県師範学校教諭の浅井洌(きよし)が作詞、翌1900年（明治33）に同校教諭の北村季晴(すえはる)が作曲しました。

それから約70年後の1968年（昭和43）に県歌として制定されました。現在でも、口ずさむだけなら、若い世代までほとんどの長野県出身者ができる、という他の都道府県では例のない特異な県歌です。

120年以上も歌い継がれ、県を象徴する歌にはタイトルだけでなく、歌詞にも「長野」という文字は一度も出てきません。なぜでしょうか？　長野県の公式WEBサイトには、県歌「信濃の国」のページが設けられていますので、ぜひ確かめてみてください。右側のQRコードから該当サイトをご覧ください。https://www.pref.nagano.lg.jp/koho/kensei/gaiyo/shoukai/kenka.html

誕生の過程を含めて「信濃の国」には「信州」の特徴が端的に表れています。これを入り口にして本書を楽しんでいただければ幸いです。

（えにし書房編集部）

はじめに

岩下哲典

本書は、信州各地域の歴史的な事件・事象や人物に関する遺物・遺跡・史跡・史料などから日本と世界の歴史の関係を古代から現代まで考えてみよう、というチャレンジングな試みです。

信州に住む方のみならず、修学旅行や観光旅行、ビジネスなどで一度は信州を訪れたことがある方、また、これから信州に行こうとする方、住もうとする方、ともかく信州に関心のある方にぜひ読んで頂きたいという思いで制作しました。信州にも日本や世界につながる歴史がこんなにもある、ということを知っていただければと思った次第です。

ところで、「信州」とは、なんでしょうか。

信州は長野県のことを指した江戸時代を含めたそれ以前の言い方です。信濃の国（州）を縮めたことばですが、なぜ古い言葉である信州をタイトルにしたのでしょうか。もちろん本書は古代から現代までを扱っているにも関わらずです。

実は執筆者と編集委員とのやり取りの中で、長野を使わないのはおかしいではないか、という意見がありました。確かに長野県を由来にした「長野から考える」は、それはそれで良いのですが、単純に長野とは使えない事情があると思うのです。

ご承知のように長野県は大きく四つの地域に分かれます。大町・松本・塩尻の平を中心とした中信、上下の伊那谷と諏訪盆地を合わせた南信、上田・小諸・佐久平の東信、飯山・須坂・善光寺平（長野市）・屋代などの北信です。東西南北ではなく、中南東北です。

実は私（岩下）は中信出身なので中信・南信・東信・北信と言ってしまいますが、おそらく北信の方は北信・東信・南信・中信と言うのではないでしょうか。南信の方は、南信・中信・東信・北信とか、東信の方は、東信・南信・中信・北信など、自分の出身や住む地域を最初に言うのだと思います。あとは、親しみを感じている順とか、たまたま思いついた順番かで言うのだと思います。中長野、南長野、東長野、北長野とは言いません。長野市内のことならいざ知らず、長野県の四つの地域は、信濃の国、信州に由来した名称がしっくりくるのです。

長野県の県庁所在地は長野市ですが、あまりにも北に偏在していて、南信から県庁に行くにはちょっとした旅行になります。もともとふたつの県（長野県と筑摩県の一部）を合併したためこのようなことになりました。ですから、長野県の長野県民は、実は県歌「信濃の国」でしかつながっていない、「信濃の国」という共通言語しかない、とても特殊な県なのです。旧筑摩県に関係する人々（中信・南信地域の人々）は、長野県と口に出して言うのには、まだまだ違和感を持っているように思います。つまり信州という言葉ならば、中・南信の人にもすんなり受け入れられ、また東・北信の人々にもそこそこ受け入れられる言葉なのです。かつてＪＲや長野県庁が「さわやか信州」や「信州温泉県」などとキャンペーンを張ったこととも相まって信州が定着しました。したがいまして、古い時代の信州の用語ではなく、現代的な用語として信州は、信州（長野県）の人々に定着している言葉です。信州は現在の長野県の県域とほぼ重なりますから、都合がいいのですね。いささか信州について語りましたが、四つの地域に分かれた信州の、日本や世界の歴史につながる、古代から現代までの事件・事象や人物に関する遺物・遺跡・史跡・史料などを解説・考察した珠玉の文章を集めたものが本書です。

信州は北アルプスや中央アルプス、南アルプスなどがそびえる中央高地、日本の屋根です。主に平野と谷間に人が住み、道や川によって人や物や金や情報が、日本海側から太平洋側へ、あるいは太平洋側から日本海側へと運ばれました。信州のそこかしこ、どこにも文化・文明の十字路的な場所がありました。大正期には綴り方教育によって教育県のイメージが定着し、また佐久総合病院などの尽力により健康的な高齢者の生き方が奨励された結果、長寿県のイメージがあります。昨今は中山間地域の過疎化や日本の屋根で作る高原野菜や温泉・登山・スキー・スケート、善光寺や松本城などによる観光立県が、信州のイメージになっています。

山の中だから、あまり世界につながるように歴史はないのではないか、とも思われるでしょう。しかし、どんな場所も世界と完全に隔絶して歴史があるところは、そうそうないと私たちは思っています。なぜなら「地域から考える世界史」プロジェクトという教育者のグループが15年ほど前から活動をはじめ、日本各地で日本と世界の歴史につながる事例をたくさん発掘し、中学や高校の社会科や地歴科教育に生かしてきたからです。そこでは、石見銀山や朝鮮通信使、明治産業革命遺産などのメジャーなものから、あまり知られていないけれど興味深い事例などが取り上げられています。その関係者が、2021年、藤村泰夫監修・藤田賀久編『神奈川から考える世界史』をえにし書房から出版しました。本書はその姉妹編にあたります。ぜひ、あわせてご覧ください。

そもそも地域の歴史を学ぶ意味とは何でしょうか。地域の歴史が日本と世界とつながった時の驚きが大事なのです。こんなことがあったのか、という驚き、そしてもっと知りたいと思うこと、それこそが地域の歴史を学んで、もっと地域のことを知って、人に知らせたいと思うこと、交流したいと思うことが大事です。本書の各文章はそうした体験を積まれた方々に、そうしたことを書いていただいたつもりです。

本書を読まれる皆さんにお願いしたいのは、自分のこととして、地域の歴史をとらえていただきたいと思います。ぜひ本書を読んで、そのことを考えていただきたいと思うのです。もちろん娯楽として本書を読んで頂いてもいっこうにかまいませんが、できれば、身近な歴史、地域の歴史が、大きな歴史に繋がっていることを発見し、その喜びを大切にしてほしいと思います。さらに、できうれば、地域の多様な史料を解読して解釈して、分析して、地域と日本・世界の歴史を考察していってほしいとも思います。

なんとなれば、歴史学は可能性の学問であり、未来志向の学問ですから、地域の歴史を自分のこととしてとらえた瞬間に歴史学は未来学になり、よりよい未来の自分と地域をよりよく生きることに繋がると思うのです。地域の歴史を読み解くことで地域の未来も見えてくると思います。本書全体は、信州の若者へのメッセージであり、信州の未来へのメッセージだとも思っています。

何しろ歴史学は決して後ろ向きの学問ではなく、未来学なのですから。

信州から考える世界史　目次

近代

現代

古代・中世

善光寺本堂

諏訪神社上社前宮

諏訪神社上社本宮

諏訪神社下社春宮

諏訪神社下社秋宮

八ヶ岳に咲いた「井戸尻文化」
―― 信州の縄文時代

藤森英二

ヨーロッパの時代区分と日本の時代区分

日本のほぼ中心にあり、標高の高い山々に囲まれたここ信州長野県は、実は原始の縄文時代の遺跡が数多く存在することでも知られています。

現在で言うこの原始や古代について、近代考古学発祥の地ヨーロッパでは、1800年代前半にデンマークのC.Jトムセンが、主に利器の材質を基準に「石器時代」「青銅器時代」「鉄器時代」という3つの時代区分を行いました。さらに石器時代は、後に「旧石器時代」「中石器時代」「新石器時代」に分けられます。

これに対し日本列島の主に本州、四国、九州では「旧石器時代」「縄文時代」「弥生時代」「古墳時代」という区分が一般化しています。これは、使われた道具や特徴的な遺構（古墳）の存在が元とはなっていますが、結果的に経済機構や社会構造の画期に即した区分と重なっているとされます。つまり、狩猟採集をしながら移動生活を送っていた旧石器時代、土器や弓矢を使い、海産物や植物資源の利用と定住化が進んだ縄文時代、水田稲作と金属器が普及し権力構造が出現する弥生時代、そして前方後円墳に代表される巨大な墓が造られ、ヤマト王権による支配が確立した古墳時代というわけです。

ここで対象とする縄文時代は、旧石器時代と同様に狩猟採集が主な生産手段となりますが、大きな違いの一つは土器の有無です。今から約20,000～14,000年前、東アジアの各地で土器が生み出され、日本でも青森県大平山元（おおだいやまもと）遺跡で発見された土器が、放射性炭素年代測定により約16,000年前のものとされました。これを縄文時代の始めとする意見が多くなっています。また北九州で水田稲作が始まったのがおよそ2,900年前、その後この農耕文化は、琉球列島や北海道を除く各地に広がりを見せますが、長野県を含む本州中央部では約2,500年前以降に浸透し、この辺りを弥生時代の幕開け、すなわち縄文時代の終焉（しゅうえん）としています。その間、およそ13,000年の間を、私たちは縄文時代と呼んでいるのです。

さて、縄文時代をヨーロッパの区分に当てはめると、多くの点で「新石器時代」に該当しますが、それでは縄文のユニークさを上手く表現できません。現在、新石器時代とは主に完新世（かんしんせい）（最終氷期の終わる約11,700年前以降）に属し、温暖な気温とともに植物資源の利用が盛んになり、定住化が進んだ時代とされ、世界の各地では農耕や牧畜も始まります。これに対し日本列島での農耕社会は、弥生時代を待たなければなりません。しかし人々はこの間も、次に見るような豊かな文化を育んでいました。それこそが、私たちのいう「縄文時代」なのです。

多様な縄文時代

一口に「縄文時代」と言っても、その生活は一様ではありません。日本列島は南北に長いことに加え、海浜(かいひん)部から山岳地帯まで地形の変化にも富み、さらに13,000年の間には気候の変動もあったことから、それに応じた様々な生活様式が想定されます。つまり、縄文時代という枠組は、実は多くの文化の集合体という可能性が高いのです。また、縄文時代という「同じ時代」が1万年以上続いたという誤解も生じます。そこで縄文時代という枠組みは一旦解体して、それぞれの実態にあった個別の名称を付けるべきという考えもあります。

それはともかく、13,000年に及ぶ縄文時代を、研究者は大きく6つの時期に分けています。古い順から草創期、早期、前期、中期、後期、晩期と呼びます。これは主に土器の新旧を定める編年(へんねん)研究から生まれた区分ですが、生活文化の変遷(へんせん)と重なる部分も多く認められます。

大雑把に言うと、弓矢や土器が利用されつつも、少ない人口で移動の多い生活を送っていた草創期（約16,000～11,000年前）、関東地方などでは貝塚が形成され、土器の数が増加しつつ地域差が強まり、竪穴住居(たてあなじゅうきょ)が一般化する早期（約11,000～7,500年前）、集落の規模が拡大し、土器の形態が分化するなど、縄文時代の諸要素がほぼ出揃う前期（約7,500～5,500年前）、大規模な環状集落が各地で作られ、競うように華やかな土器や土偶が生み出された中期（約5,500～4,500年前）、東日本では遺跡数が減少するものの、大規模な貝塚や共同墓地、精巧な土器が盛行する後期（約4,500～3,500年前）、北部九州では水田稲作文化が伝わりつつ、東北地方の亀ヶ岡(かめがおか)土器や遮光器(しゃこうき)土偶などが知られる晩期（約3,500～2,500年前）と説明することができます。

井戸尻文化とは

では、ここ信州での該当時期はどうだったのでしょう。時期的には草創期から晩期まで各地で遺跡が発見されていますが、中でも中期の1千年間が、信州の縄文時代を代表する存在として古くから知られています。ここでは以下の考えから、これを「井戸尻(いどじり)文化」と呼びたいと思います。

長野県出身の考古学者戸沢充則(とざわみつのり)は、縄文時代の中に遺跡数の増加や特徴的な遺物の分布から、独自性のある3つの文化圏を見出しました。海産物を多用することで数多くの貝塚を形成し、中期末から後期にピークを迎えた関東地方沿岸部の「貝塚文化」。遮光器土偶や大洞式(おおぼらしき)土器に代表される精巧な遺物で知られる北東北地方晩期の「亀ヶ岡文化」。そしてもう一つが、長野県を中心とした中期の文化で、この地域の拠点の一つでもあり、先駆的研究のなされた長野県富士見町の遺跡群の名を取り、これを「井戸尻文化」と名付けました。

県内では古くから縄文遺跡の存在が知られていましたが、1970年代以降の農地開発や高速道路建設などに先立ち、たくさんの遺跡が発掘調査されました。その結果からも、遺跡数のピークが中期にあることは確実で、その数は3,000を超えています。

中でも八ヶ岳西南麓には300を超える遺跡が密集し、勝坂(かつさか)・井戸尻式土器と呼ばれる複雑で豪華な土器の流行を生み出し、黒曜石原産地の豊富な石材を背景として、同様の土器が山梨県や関東地方西部にも広がっていました。概ねこれを井戸尻文化の地理的な範囲と捉えます。

また、集落の規模も大きく、台地の平坦面全面に、直径100m程の円を描くように100軒以上の竪穴住居址が並ぶ遺跡も数多くあります。家は直径5m程の円形のものが多く、中央には大きな石でしっかりとした炉を作っています。深い柱の穴も残っており、上屋を建て炉の火を囲みながら、4、5名の家族が暮らしていたのでしょう。ただし、これは一度に100軒の家があったわけではなく、数世代にわたって中央広場の周りに家が建てられていた場合が多いのですが、八ヶ岳西南麓では、そんな集落が川（谷）を挟んだ隣の台地にも並んでいました。おそらくは、少なくない人口が暮らしていたと考えられます。

出土する遺物も、質、量ともに目を見張るものがあります。例えば、茅野市棚畑遺跡の国宝土偶「縄文のビーナス」（写真1）や、国重要文化財の富士見町藤内遺跡の土器群（写真2）、長野県宝の土器の数々や、日本遺産「星降る中部高地の縄文世界」の構成要素も多くが井戸尻文化に含まれます。

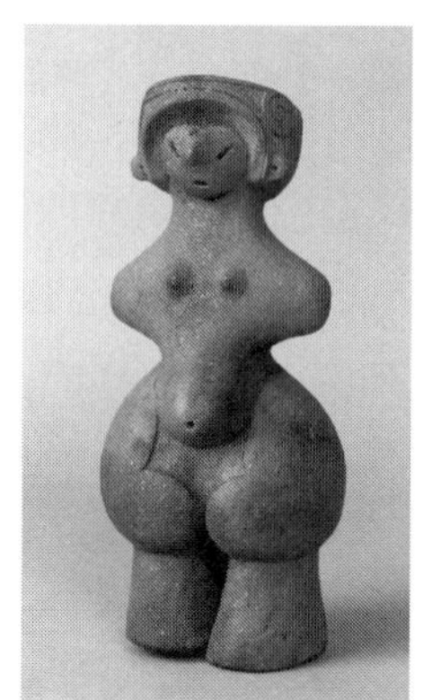
写真1　国宝土偶「縄文のビーナス」（茅野市尖石縄文考古館所蔵）

ちなみにこの井戸尻文化には、焼畑による雑穀栽培といった「農耕」が伴っていたという仮説がありました。これは縄文農耕論と呼ばれ、1960～70年代に盛んに議論がされましたが、定説とはなりませんでした。しかし現在、土器に残った植物の種子圧痕などからダイズやアズキの栽培の可能性が示され、再び脚光を浴びています。人々は狩猟採集のみではなく、自分たちにとって有益な植物を管理・栽培することでも日々の食料を得ていたのかも知れません。

写真2　重要文化財「藤内遺跡土器群」集合写真（富士見町井戸尻考古館所蔵）

しかし発見された住居址の数も4,800年程前をピークとし、その後県内でも遺跡数は減少。後期では中期の3割程度になります。すでに進行していた地球規模の寒冷化が原因の人口の減少とも言われますが、特に中期での数が多かった分、井戸尻文化の凋落ぶりは際立って見えます。ただし、実際には井戸尻文化の構成要素は後期以降に繋がるものも多く、全くの無人の地になったわけではないようです。

世界史の中の縄文時代

このように、約1千年間に及ぶ井戸尻文化は、縄文時代の中でも突出した文化の高揚期と言えそうです。では同じ頃、世界各地はどんな時代だったでしょうか。例えば現在のエジプトでは王朝が興り、あのギザの3大ピラミッドやスフィンクスが造られました。これに前後し、メソポタミアのチグリス・ユーフラテス川流域、インド東部のインダス川流域、中国の黄河流域では、後に四大文明と呼ばれる文明社会が出現します。また近年では長江流域の調査が進み、同様の状況が分かってきました。このような地域では、寒冷化を乗り切る手段として農耕・牧畜の強化がなされ、権力の集中化が生じ、都市や国家を形成しつつ、金属（青銅器）や文字の利用が始まる、いわば文明化の道を進んだのです。

これに対し、日本列島の人々は別の道を歩みました。確かに人口の減少はあったと思われますが、全体としては大規模な集落を一度解体し、分散して暮らすことで寒冷化に対処したとも考えられています。

また現在では、従来言われていた狩猟採集→農耕・牧畜→文明化社会といった、単一的な発展の仕方以外にも、農耕は行わない（もしくはごく小規模の）まま定住や分業が進み、人口密度も農耕社会と肩を並べるような社会の存在が言われています。中には階級や奴隷制度を持つ場合もありました。例えば約13,000年前から18世紀までのアメリカ北西海岸の諸部族が該当し、これを「複雑採集狩猟民」と呼ぶ場合もあります。ここで取り上げた井戸尻文化を含め、縄文時代全体としても該当する部分が多く認められます。

このように、縄文時代を同時期の世界の中で遅れた文化とする必要はありませんが、ことさらに美化したり、井戸尻文化を持って信州のみが栄えたと考えるのも誤解を生みます。自然環境への負荷はかけつつもバランスが保たれ、農耕・牧畜という生産手段を用いずに一定の人口を維持し、さらには独自の文物を用い伝承した時代、それを私たちは、日本列島における新石器時代の独自のかたちとして「縄文時代」と呼んでいるのです。

【主要参考文献】
藤森英二『信州の縄文時代が実はすごかったという本』信濃毎日新聞社（2017）
勅使河原彰『ビジュアル版縄文時代ガイドブック』（シリーズ「遺跡を学ぶ」別冊03）新泉社（2013）
小野 昭『ビジュアル版考古学ガイドブック』（シリーズ「遺跡を学ぶ」別冊05）新泉社（2020）
鵜飼幸雄『八ヶ岳西麓の縄文文化　二つの国宝土偶と黒曜石の里』敬文舎（2022）
山田康弘『縄文時代の歴史』講談社現代新書（2019）

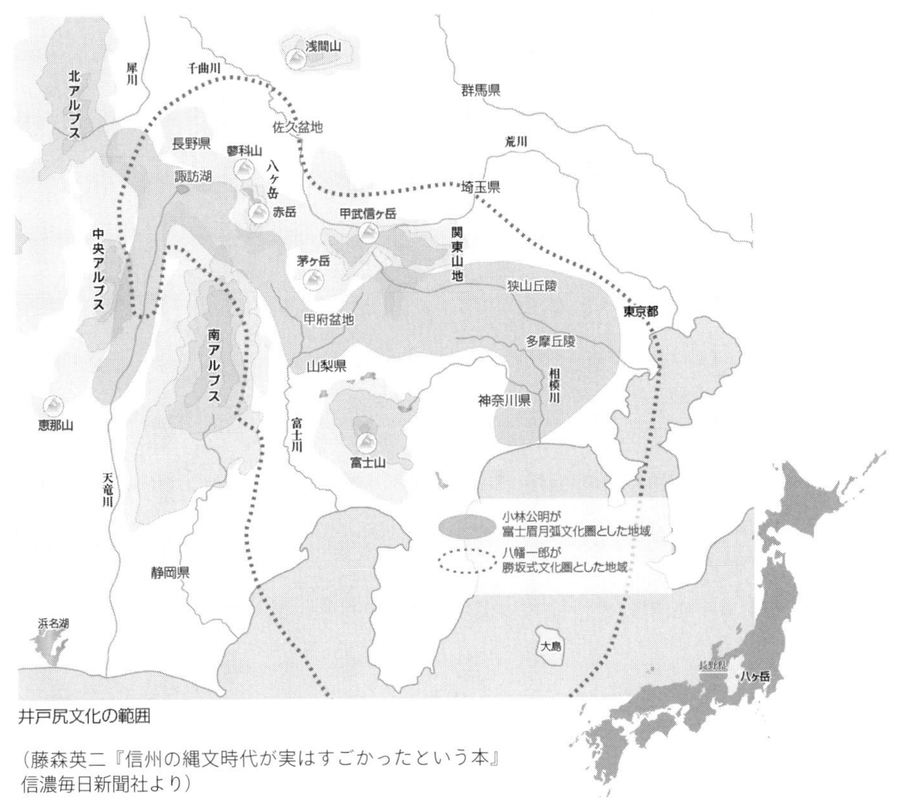

井戸尻文化の範囲

（藤森英二『信州の縄文時代が実はすごかったという本』
信濃毎日新聞社より）

銅戈・銅鐸・渦巻装飾付鉄剣が発見された弥生遺跡
―― 信濃の弥生遺跡と韓半島

中島庄一

長野県北部の中野市柳沢遺跡では青銅祭祀具（銅鐸と銅戈）、木島平村根塚遺跡からは渦巻装飾付鉄剣が発見されました。銅鐸は東日本で初めて、渦巻装飾付鉄剣は日本列島での最初の発見となりました。前者は弥生時代中期後半、後者は弥生時代後期のものでした。銅鐸と銅戈は青銅、渦巻装飾付鉄剣は鉄で作られています。

金属の利用は水稲耕作とともに弥生時代を構成する重要な要素です。少なくとも、シナノの弥生文化は弥生時代の中期後半から金属の道具を持っていたことが明らかになりました。ところで、水稲耕作や金属の道具は突然出現することから、大陸からもたらされたものと早くから考えられていました。歴史学者の石母田正は弥生文化は鉄器時代へと移行を完了していた中国（戦国・秦・漢）の圧倒的影響のもと，中国文明圏の辺境で成立した文化だと考え、和島誠一は弥生時代に鉄器が出現する背景を周末から漢初頭に起こった漢民族の東方への進出が刺激となり、朝鮮半島の文明化を促し、それが日本列島に伝わったことで、弥生文化が誕生したと考えました。

北九州が大陸からの文化を取り入れる窓口になりました。したがって、弥生文化の成熟度は西が高く、東に低いことになります。伊勢湾を境にその格差は大きいと考えられていました。東日本の弥生時代は後進的だとさえ考えられていました。それ故に、柳沢遺跡での銅鐸や銅戈・根塚遺跡の渦巻装飾付鉄剣の発見はこうした考え方の是非を問うたのでした。

柳沢遺跡と青銅祭祀具

中野市柳沢字屋敷添の柳沢遺跡から、銅戈（8本）・銅鐸（銅鐸5個）が発見されました。銅鐸は外縁付鈕1式（2個）、外縁付鈕2式（2個）、外縁付2式から扁平鈕式の古段階（1個）と呼ばれているもので、弥生時代中期の中頃、畿内中心部で製作された可能性が高いと考えられています。銅戈は北九州で製作された中細形C類とされるもの（1本）、畿内で製作された大阪湾型と呼ばれるもの（7本）があり、弥生時代中期の中頃に製作されものでした。

柳沢遺跡の銅鐸（柳沢遺跡報告書より引用、長野県埋蔵文化財センター所蔵）

銅戈や銅鐸は祭りの道具でした。中国の歴史書『三国志』魏書東夷伝の馬韓（朝鮮半島の南部の古代国家名）の条に、鳥竿（木製の鳥形を先端につけた

柳沢遺跡の銅戈（柳沢遺跡報告書より引用、長野県埋蔵文化財センター所蔵）

竿）で囲んだ場所に、大木を立て、鈴や鼓を懸けて、春秋の農事に合わせて、昼夜を問わず、飲食しながら踊り、祖霊神を祭ると記されています。祭りが水稲耕作とともに日本列島に移入され、銅鈴が日本列島では銅鐸に変化したことは十分に考えられます。

銅鐸と一緒に埋められていた銅戈は武器ですが、日本列島で、祭りの道具に変化したものです。銅鐸と銅戈が一緒に埋納されたケースはそう多くありません。また、音を出す道具である銅鐸と戦闘に用いられる武器である銅戈の取り合わせは奇妙です。一緒に埋納されたのはなぜなのでしょうか。武器型祭器は戦闘をモチーフとしたさまざまパフォーマンス（例えば、模擬戦争）に使うことができます。パフォーマンスのもつ演劇性は、その時、その場においてはさまざまな象徴的意味をもつことができます。銅鐸を用いた祭りと共鳴する象徴的意味が選択され、組み合わされたのでしょうか。

ところで、柳沢遺跡で、銅戈や銅鐸の利用し、埋納した人々は栗林式土器と呼ばれる土器を使っていました。栗林式土器は弥生時代中期に編年されます。弥生時代中期といえば、中国の漢書地理志燕地条に「夫れ楽浪海中に倭人あり。分かれて百余国を為す。歳時を以て来たり献見すと云う」と記述された時代でした。

栗林式土器は千曲川水系を中心に分布する弥生時代中期の土器です。しかし、弥生土器であるとはいえ縄文土器の伝統を色濃く残した土器です。縄文の伝統を色濃く残した土器を使う人々の生活もまた縄文的伝統が強い生活ではないかと考えられていました。

しかし、柳沢遺跡の銅戈、銅鐸は栗林式土器を使っている人々が、韓半島に由来する青銅器を用いた祭りを行い、西日本と変わらない信仰体系をもっていたことが明らかになりました。さらに、長野市松原遺跡では弥生時代中期の大規模集落が発見されました。集落の外側に丸く壕を巡らした弥生時代中期の環状集落でした。面積約15万㎡、近畿地方の標準的な環濠集落4個分に匹敵する規模、すなわち、経済力をもつ拠点的な集落であることが明らかになりました。近年の調査の積み重ねは千曲川水系の弥生時代中期は縄文的色彩の強い伝統的な社会であるというイメージを大きく変えたのでした。

こうした新たな弥生中期像の中で、柳沢遺跡はどのように考えられるでしょうか。柳沢遺跡では、青銅器埋納坑の他に弥生時代中期の墓が発見されていますが、時代が少し古く、銅戈や銅鐸の埋納と無関係だと考えられています。青銅器埋納坑だけがあったと考えられます。こうした発見状況は柳沢遺跡だけではありません。多くの銅鐸が集落から離れた場所に埋納されています。こうした埋納の仕方に大きな意義があると考えられています。

韓半島の青銅武器の埋納事例を分析した武末純一は青銅器の埋納場所が集落から離れた丘の斜面や山麓から発見されている事実を指摘し、祭りは一つの集落だけで行われたのではなく、青銅器を埋めた場所から一望できる地域全体の祭りではなかったかと指摘します。銅鐸などの青銅器を用いた祭りの源流が韓半島にあることを考えれば、このような考え方は柳沢遺跡の青銅器埋納坑をめぐる祭りにも敷衍できるかもしれません。

すなわち、柳沢遺跡を中心とした周辺の複数の村々が共同で祭りを行っていたとすれば、村落という単位を超えた集団が形成されていたことを意味することになります。漢書地理志の作者が「分かれて百余国を為す」記した「国」がどんな社会集団なのかはわかりませんが、村落単位を超えた集団であることは間違いないでしょう。そして、「百余国あった国」が日本列島の大半を統治する国へと展開すると考えられます。また、その背景には韓半島の歴史や文化の流れが重低音のように響いているのでしょう。

根塚遺跡と渦巻装飾付鉄剣（蕨手状装飾鉄剣）

根塚遺跡は木島平村住郷にあります。縄文時代から中世の人々が断続的に利用しましたが、弥生時代後期の円形貼石丘とよばれる墳丘墓が主要な遺構です。渦巻装飾付鉄剣を含めて合計３振りの鉄剣、ガラス小玉、勾玉、穿孔砥石などが発見されています。

渦巻装飾付鉄剣は日本列島に類例がないばかりか、韓半島製の可能性が考えられ、注目を浴びています。鉄剣は副葬品である場合が大半です。しかし、根塚遺跡の出土状況は特異でした。渦巻装飾付鉄剣の発見された地点の周辺は粘土層で覆われ、渦巻装飾付鉄剣から西に3mほど離れた地点でもう一振りの鉄剣が、周囲に弥生時代後期の箱清水式土器が発見されています。粘土層の下位に埋設された渦巻装飾付鉄剣と箱清水式土器はほぼ同一時期に埋設されたものと考えられています。

渦巻装飾付鉄剣は全長74㎝、刃と柄の間の関部（はまち）に一対の孔が穿孔され、２重巻共造装飾を３つもちます。茎尻（柄頭）には内向した一対の２重巻共造装飾が、関部付近から延びる突起に上巻の２重巻共造装飾がつけられています。

根塚遺跡出土２号鉄剣
（渦巻紋装飾付鉄剣、木島平村教育委員会所蔵）

ライアン・ジョセフは渦巻装飾をつけた蕨手装飾付鉄器は２世紀後半、韓半島嶺南地方に出現し、局所的に分布すること、蕨手装飾付鉄剣は例外的に半島中西部から日本列島の中部高地にまで分布すること、製作年代が紀元２世紀後半から３世紀前半であることを明らかにしています。そして、これらの韓半島で発見されている蕨手状装飾付鉄剣と根塚遺跡の渦巻装飾付鉄剣を比較検討したライアンは渦巻の方向が異なる、茎部軸と身部軸が斜めにずれ、片側に突起があるなどの違いがあるが、金属学的観察結果を考慮すれば、朝鮮半島の渦巻装飾付鉄剣（蕨手状装飾付鉄剣）と同類であり、朝鮮半島で製作され、根塚遺跡にもたらされたものだとしています。

信濃には根塚遺跡の鉄剣ばかりではなく、多くの渡来系と思われる鉄製品が発見されています。それを集成した高久健二は東日本の他県に比べ、信濃では渡来系の物品の発見数が多く、なかでも、鉄器製品が目立つとし、それらが韓半島南部から輸入された可能性が高いとしています。ライアンも韓半島と同じ特徴をもつ長剣が日本海沿岸から中部高地、関東へと帯状に分布し、特に中部高地に集中すると指摘し、韓半島南部からもたらされた希少財が日本海沿岸地域から中部高地を経て関東平野に運ばれていた可能性を示唆しています。また、小山岳夫は箱清水式土器分布圏における出土資料を点検し、箱清水式土器分布圏が一貫して日本海沿岸地域からの文化の流入を受容してきたとします。信濃は日本海沿岸地域と太平洋沿岸地域を結びつける回廊として機能していた可能性が高いと考えられます。

渦巻装飾付鉄剣が根塚遺跡にもたらされた時期は共伴した箱清水式土器から紀元2世紀後半から紀元3世紀前半と考えられます。ちょうど、「魏志倭人伝」(『魏書』巻三十「烏丸鮮卑東夷伝」) に記す、倭国乱の頃から邪馬台国に代表される倭国の時代に相当します。邪馬台国を中心にクニグニが、女王卑弥呼を盟主とした広域政治連合を形成していたようすが記されています。漢書地理誌に「分かれて百余国」と記された弥生時代中期の様相とは異なっています。広域政治連合を形成は鉄資源の流通をめぐる争いや軋轢が原因だという指摘があります。

ところで、「魏志倭人伝」は「邪馬台国を中心にクニグニ」の他に、それに対抗的な狗奴国の存在や遠くの「倭種」の存在を記しています。が、信濃を含めた東国について触れておらず、東日本に広域政治連合集団が形成されたかどうか、分かっていません。鉄資源の流通ルートの管理が政治的関心事あり、政治的連合を促すのであれば、日本海沿岸地域から関東へ流通ルートに関与していると思われる信濃を含めた東日本でも広域政治連合ができる可能性は否定できないでしょう。西日本の広域政治連合は次代のヤマト政権に移行します。では、東日本、信濃の弥生文化はこうした歴史過程を傍観していたのでしょうか。それとも積極的に関与したのでしょうか。

柳沢遺跡の銅戈や銅鐸、根塚遺跡の渦巻装飾付鉄剣は、北部九州と韓半島の関係に及ばないとはいえ、信濃も韓半島南部の初期鉄器時代や原三国時代と何らかの関係があったことは明らかです。鉄資源や大陸の新たな情報の流通が北部九州を経由していると考える研究者もいます。そうでないと考える研究者もいます。いずれにしても、信濃の弥生文化は韓半島ひいてはアジアの文化の動向や時代の動向を反映しているといえましょう。

【引用・参考文献】

小林青樹『弥生文化の起源と東アジア金属器文化』塙書房 (2019)
「新・日韓交渉の考古学　弥生時代」研究会・「新・日韓交渉の考古学──青銅器〜原三国時代」研究会編『新・日韓の考古学　弥生時代』(2020)
宮本一夫『東アジア初期農耕と弥生の起源』同成社 (2020)
木島平村教育委員会『根塚遺跡』木島平村埋蔵文化財調査報告書 12 (2002)
財団法人長野県文化振興事業団長野県埋蔵文化財センター『中野市内その3：中野市柳沢遺跡』長野県埋蔵文化財センター発掘調査報告書 100 (2012)
ライアン・ジョセフ「蕨手状装飾付鉄剣の広域分布とその意義」『待兼山考古学論集Ⅲ──大阪大学考古学研究室30周年記念論集──』(2018)
武末純一「弥生時代日韓交渉を巡るいくつかの問題──総論に代えて──」『新・日韓交渉の考古学──弥生時代──(最終報告書　論考編)』(2020)
高久健二「弥生時代日韓交渉を巡るいくつかの問題──総論に代えて──」『新・日韓交渉の考古学──弥生時代──(最終報告書 論考編)』(2020)
石母田正「古代史概説」『岩波講座日本歴史』──1 原始・古代──岩波書店 (1962)
和島誠一「弥生時代の社会構造」『日本の考古学』──Ⅲ弥生時代──河出書房新社 (1967)

古墳時代のシナノと渡来人

── 考古遺物と史書から読み解くシナノと朝鮮半島

傳田伊史

現在の長野県は、本州中部山岳地帯に位置し、南北約200km、東西約100km以上におよびます。その広い領域は、大きく北部の日本海へ流れる千曲川水系と、南部の太平洋へ流れる天竜川水系に分けられます。さらにそれぞれの水系は、山地や河川によって隔てられたいくつもの盆地や谷などの集まりによって構成されています。これらの地域では気候、植生など自然地理的な特色が異なり、また言葉、生活習慣など文化的な面でも違いがみられます。このような地域ごとの相違に焦点をあてれば、信濃国、長野県というような歴史的に一つの地域のまとまりとされてきたことが不思議であるとさえ感じます。この多様な地域に、ある程度明確に一つの固有な共通性のようなものが生じたのは、シナノ（後の信濃国につながる地域）の古墳時代、とくに5世紀以降であったと考えられます。

シナノの古墳造営

まず当地域の古墳築造のあり方について概観してみましょう。古墳時代前期の4世紀後半以降、千曲川水系の長野盆地南部地域に、森将軍塚古墳（千曲市）、川柳将軍塚古墳（長野市）と続く、長野県下では抜きん出て大型の前方後円墳が築造されます。これらの古墳は内部の埋葬施設や副葬品から墳丘表面の埴輪や葺石などにいたるまで、近畿地方から日本各地に広がる大型古墳と同じ様相をもっています。このことから、森将軍塚古墳にはじまる大型古墳の築造は、ヤマト王権が日本列島各地におし広げていた前方後円墳に象徴される政治的体制に長野盆地南部地域の勢力が加わったことを示すものであると考えられています。しかし、続く5世紀後半から6世紀頃には、千曲川水系の長野盆地南部地域の前方後円墳は小規模化していきます。

これに対して、天竜川水系の下伊那地域では、5世紀後半から突然のように多くの古墳築造がはじまります。さらに6世紀前半には朝鮮半島から伝わった横穴式石室を内蔵する前方後円墳が築造されていきます。また、古墳時代中期の古墳の特徴的な副葬品である小型仿製鏡や短甲なども、下伊那地域に集中して出土するようになります。

馬生産のはじまりと地域社会の変化

シナノでは、千曲川水系でも天竜川水系でも5世紀中ごろを境に、古墳築造のあり方に大きな変化がみられますが、その背景にはこの時期にシナノに外部から新しい文化や技術がもたらされたということがあったと考えられます。なかでも大きな影響を与えたのは馬の生産でした。下伊那地

5世紀の船のイメージ（大阪府立近つ飛鳥博物館所蔵）

域の古墳では、5世紀中頃を境として古墳から馬骨や馬に装着する轡や鞍などの馬具が出土するようになります。また、長野盆地でも5世紀後半以降、盆地周辺各所に築造される中小豪族層の古墳から馬具が出土するようになります。つまり、シナノでは5世紀中頃から下伊那地域や長野盆地で馬の生産がはじまったと考えられるのです。その後、6世紀後半までは下伊那地域が馬具出土の中心ですが、6世紀末から7世紀にかけて馬具はシナノ全域に広まり、この時期にシナノ各地で馬の生産が行われるようになったと考えられます。シナノ地域の馬骨の出土例や馬具を出土する古墳の数から、シナノにおける馬の生産は、おそらく質・量ともに同時期の日本列島の他地域をはるかに凌駕するものであった可能性が高く、この伝統は、奈良・平安時代、さらには中世へと継承され、信濃国の大きな歴史的特徴の一つともいうべきものになっていきます。

埋葬された馬具　飯田市宮垣外遺跡　5世紀後半
（飯田市教育委員会所蔵）

馬を飼育し、使役する文化や技術は、もともと大陸の騎馬文化のなかで育まれたものですが、最近の調査研究により、それらが日本列島にもたらされた様相が具体的に明らかになってきています。大阪府の河内平野北部、現在の寝屋川市南部から四条畷市全域にかけての地域には、5世紀後半から6世紀末にかけて馬を飼育する牧が存在していました。蔀屋北遺跡など、この地域の諸遺跡からは、馬骨、馬具、朝鮮半島南西部の百済の地域から持ちこまれた土器、外洋航海が可能な準構造船の部材などが出土しています。このことから、この地域の牧は、朝鮮半島の全羅南道栄山江流域から船に乗って河内平野北部に移り住んだ人びとによってはじまったと考えられています。

ほぼ同じ時期に馬の生産がはじまるシナノの場合も、河内平野北部と同様に、朝鮮半島からの渡来人によって、新しい文化や技術がもたらされた可能性が高いと考えられます。下伊那地域の各所の首長たちは、これらの人びとを受け入れるとともに、それぞれの地域で古墳を築造するようになりました。また、長野盆地では、それまでヤマト王権とのつながりを背景に大型古墳を築く豪族の存在があり、その下に各所の中小の豪族たちが位置づけられていましたが、大陸系の新たな集団、文化が入ってきたことによって、中小豪族たちが自立するとともに、他に抜きん出た豪族の存在が消えていったと考えられます。

シナノの豪族と朝鮮半島情勢

5世紀後半以降、新しい文化、とくに馬の生産という特徴を持つ地域となったシナノの豪族たちは、中央のヤマト王権や朝鮮半島の王権とも新たな関係を結んでいったと考えられます。『日本書紀』には、継体天皇から欽明天皇にかけての記事に、百済、加羅(から)など朝鮮半島の諸国と、倭すなわち当時のヤマト王権との間で軍事や外交で活躍する人びとがみえます。そのなかに「斯那奴阿比多」「科野次酒」「科野新羅」など「斯那奴」「科野」（シナノ）を名のる人物があらわれます。「科野次酒」と「科野新羅」は、百済の官位をもっており、倭のシナノを出身地としながら百済政府の高官として用いられた、倭系百済官人ともいうべき人物です。

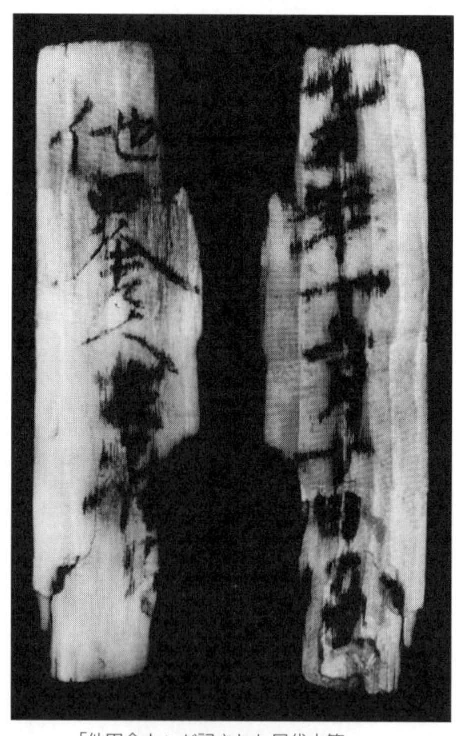
「他田舎人」が記された屋代木簡
（屋代遺跡群　665年　長野県立歴史館所蔵）

『日本書紀』の継体天皇から欽明天皇にかけての時期は、6世紀初めから中頃にあたりますが、朝鮮半島では、これ以前より、北方の強国である高句麗が南方の百済・新羅、とくに百済に対する圧力を強めていました。百済と新羅は同盟関係を結んで高句麗の圧力に対処する一方で、朝鮮半島南方では、加羅諸国に対する勢力拡張のために両国は激しくせりあっていました。こうした朝鮮半島情勢の緊迫化をうけて、ヤマト王権は加羅や百済に兵、馬、弓矢、船などの軍事援助を行い、かわりに朝鮮半島の先進文物を導入していました。このような複雑な国際情勢のなかで、倭系百済官人は百済とヤマト王権とを結ぶ外交使節として登場します。その倭系百済官人のなかに、シナノにゆかりがある人物がみられることから、当時のシナノに百済や加羅と深いつながりをもつ人たちがいたことがうかがえます。おそらくその背景には、5世紀後半以降、シナノ地域が百済や加羅の出身者を含む渡来人を受け入れてきたことがあったと考えられます。

シナノの豪族とヤマト王権

6世紀のシナノの豪族たちとヤマト王権との関係は、シナノの豪族たちの氏族名にもうかがうことができます。7世紀末以降に編さんされた『六国史』などの史料や、千曲市で出土した屋代木簡などから、信濃国の古代豪族の多くが「金刺舎人」または「他田舎人」を名のっていたことがわかります。「金刺」とは6世紀中ごろのヤマト王権の大王（のちの天皇）である欽明天皇の磯城嶋金刺宮に由来し、「他田」は6世紀後半ごろの大王である敏達天皇の訳語田幸玉宮に由来します。「舎人」とはこれらの宮で警護や雑務にあたった者、あるいはその職の名称で、地方の有力豪族の子弟を大王の宮に奉仕させる仕組みでした。つまり、彼らの氏族名は、彼らの祖先が6世紀中頃から後半にかけての大王の宮に仕えた由緒正しい一族であることを示すもので、いいかえれば、そのようなヤマト王権の体制に組み込まれた証しといえます。また、金刺舎人や他田舎人の氏族名は、シナノとスルガにとくに集中して分布しています。シナノもスルガも、ともに馬具が出土する古墳が多い地域です。彼らはヤマト王権にとって軍事面や外交面で非常に重要であった馬の生産を在地で握り、自らは有力な騎馬兵力となりうる存在でした。このことが、この時期にヤマト王権がシナノの豪族たちを舎人に編成した大きな要因だったと考えられます。

シナノの豪族たちの姿

奈良時代の神護景雲2年（768）に、金刺舎人八麻呂という人物が朝廷に上申した記録が残されています。このとき八麻呂は信濃国伊那郡の長官である大領であるとともに信濃国牧主当という地位にありました。信濃国牧主当とは信濃国内にある朝廷の牧、馬の全体を管理する役職だと考えられます。また、八麻呂は外従五位下、勲六等の位にありますが、これは舎人の系譜をひく兵衛として中央に仕えていた時に、藤原仲麻呂の乱（764）という内乱が起き、その時の活躍の論功行賞で授けられたものです。八麻呂はその後信濃国へと戻り、伊那郡の大領に就いた考えられます。八麻呂は8世紀後半の人物ですが、地域の馬の生産を把握し、祖先から続く中央との伝統的な関係を維持してきたシナノ各地の有力豪族たちの姿を、彼からうかがうことができます。豪族たちにみるこのようなシナノ地域の特色は、古墳時代の5世紀後半以降に生まれてきたものと考えられます。そしてシナノの地域を一つのまとまりとしてとらえるような認識もまた、その中から形成されてきたのではないでしょうか。

【参考文献】

松尾昌彦「中部山岳地帯の古墳」『新版　古代の日本7 中部』角川書店（1993）
諫早直人『東北アジアにおける騎馬文化の考古学的研究』雄山閣（2012）
傳田伊史『古代信濃の地域社会構造』同成社（2017）

《**コラム**》

「大黄」の謎
── 古代東アジアの医薬の知識と信州

傳田伊史

藤原宮出土の「大黄」荷札木簡
（奈良県立橿原考古学研究所所蔵）

藤原京（奈良県橿原市、明日香村）は中国の都城制を模して造られた日本で最初の本格的な都城です。その中の政治の中枢であった藤原宮の発掘調査で、表に「高井郡大黄」、裏に「十五斤」と書かれた1本の木簡が出土しました。高井郡は信濃国10郡の一つで、現在、千曲川と犀川が合流する長野市若穂地区より北の千曲川右岸に位置します。大黄は後で詳しく述べますが薬物（薬に用いられる薬種）です。15斤は重さを表し、メートル法に換算すると約3.35kgになります。この木簡は701～703年の間に、信濃国高井郡から都に届けられた大黄についていた荷札で、703年頃に朝廷の医療や薬物を司る典薬寮という役所で棄てられたと考えられます。

ダイオウ（大黄）はタデ科カラダイオウ属の薬用植物です。現代の漢方医学においても、最も重要な生薬の一つとされ、3年以上の根茎を乾燥したものを薬用とします。その効用は、鎮痛作用、抗菌作用、血中尿素窒素低下作用、抗炎症作用、免疫賦活作用などです。

薬用に適しているのは、同属のなかでもレウム・オッフィキナレ、レウム・パルマトゥム、レウム・タングティクム、チョウセンダイオウ（レウム・コレアヌム）です。前三者は、いずれも標高2500～3000m以上の高冷地に自生し、原産地は内陸アジアの中国・ヒマラヤ高山帯と考えられています。チョウセンダイオウは朝鮮半島北部の原産とされます。注目されるのは、日本列島にはこれらの薬用に適したダイオウは自生しないことです。ちなみに現在北海道や長野県の一部高冷地で栽培されている日本のダイオウは、レウム・パルマトゥムとチョウセンダイオウを交配させ、さらにもう一度チョウセンダイオウをかけ合わせて人為的に造り出された種間雑種で、長野県野辺山の八ヶ岳山麓で生まれたので「信州大黄」とよばれます。

東大寺正倉院には、天平勝宝8年（756）に東大寺盧舎那仏に献納された薬物が伝わっていて、その中の一つに大黄があります。調査によってレウム・パルマトゥム、レウム・タングティクムあるいは両者の中間形であり、「錦紋大黄」とよばれる大陸産の最優良品であることがわかりました。おそらく聖武天皇の病のために、遣唐使などによって唐からもたらされた舶載品と考えられます。しかし、平安時代の10世紀に編さんされた『延喜式』には、信濃のほか、陸奥、美濃、武蔵、尾張、越中、越前の中部以北の7ヵ国が、毎年都に大黄を貢進する規定があります。つまり、藤原宮木簡や、延喜式によれば、少なくとも8～10世紀の日本に、本来自生しないはずのダイオウがあり、採取されていたことになります。これは一体どのように考えればよいのでしょうか。

チョウセンダイオウ 小磯良平画（武田薬品工業株式会社所蔵）

東アジアの医薬の知識や技術は、中国で生まれ発展してきたものです。大黄も中国の春秋戦国時代の書物に記載があり、紀元前の古くから薬種として用いられました。日本では奈良時代には正倉院に伝わる薬物のように、唐から直接うける影響が大きくなりますが、それまでは、朝鮮半島、とくに百済を経由して導入したものが中心でした。朝鮮半島は漢などの中国王朝の支配を受けたこともあり、早くから中国の医薬の知識や技術が伝わっていたと考えられます。

朝廷の典薬寮には医薬を学ぶ学生として医生（いしょう）・按摩生（あんましょう）・咒禁生（じゅごんしょう）・薬園生（やくえんしょう）がおり、これらの学生は「薬部」の者を優先して採用することになっていました。「薬部」とは奈良薬師（ならのくすし）、難波薬師（なにわのくすし）などの薬師の姓をもつ氏族のことで、その多くは朝鮮半島からの渡来系氏族です。『日本書紀』によれば、欽明天皇14年(553)に、日本から百済に対して、「医博士」などの専門家と「種々薬物」などを送るよう要請がなされ、翌年、それに応えて医博士や採薬師などが百済から派遣されたことがわかります。日本の医薬は百済など朝鮮半島からやってきた人びとによって6世紀頃にはじまり、8世紀以降にあってもそれらの人びとの子孫によって担われていたのです。朝鮮半島にはチョウセンダイオウが自生します。また少なくとも古代の医術でも、他の薬物と比べて大黄の需要は高く、相当量が必要な薬物であったと考えられます。そうであるとすれば、欽明天皇14年の「種々薬物」のなかに大黄が含まれていた可能性は高く、さらに、乾燥根茎の大黄だけではなく、栽培可能な形でチョウセンダイオウが日本にもたらされたことも想定できます。そしてそれは、採薬師などによって、ダイオウの生育に適したシナノなどの高冷地に運ばれ、栽培、採取されていたのではないでしょうか。

【参考文献】
奈良県教育委員会『藤原宮跡出土木簡概報』奈良県文化財調査報告第10集（1968）
御影雅幸・木村正幸編『伝統医薬学・生薬学　増補』南江堂（2009）
傳田伊史「日本古代の大黄の貢進について」『古代信濃の地域社会構造』同成社（2017）

東アジア世界とつながる善光寺の本尊

織田顕行

はじめに

全国でも屈指の知名度を誇る信州の霊場、善光寺。「善光寺如来」「一光三尊仏」とも呼ばれる善光寺の本尊は、天竺、百済、日本の三国を伝来した日本で最初の仏像、生きている仏などと喧伝され、鎌倉時代以降にはその“分身”が数多く鋳造され、善光寺の信仰は全国に広まっていきました。源頼朝、武田信玄、豊臣秀吉といった時の権力者たちをも魅了し、時代を超えて今もなお絶大な信仰を集める善光寺の本尊は、信州から全国に広まったブランドの一つといってもよいかもしれません。

この善光寺の本尊がなぜこれほどまでに信仰を集めることになったのか。それにはさまざまな理由が考えられるわけですが、本稿では、時人々を魅了したそのすがたかたちの真相に迫ってみたいと思います。それでは、善光寺の本尊を手がかりに、信州から東アジアまで広がる壮大な仏教文化の世界をのぞいてみることにしましょう。

なお、「善光寺」と名乗る寺院は全国に数多くありますが、本稿で記す「善光寺」は、すべて長野市の善光寺のことを指しています。

1　善光寺如来あらわる

「善光寺縁起」と呼ばれる寺の創建の物語を紐解いていくと、善光寺の本尊がどんなことをきっかけに、どのようにして生み出され、善光寺に祀られたのかが語られています。

以下、「善光寺縁起」の概略を述べていきましょう。

天竺（インド）の毘舎離国の月蓋長者という大富豪の娘である如是姫が病にかかり、どんな名医でも治すことができません。困り果てた王は釈迦にすがりました。釈迦は極楽浄土に住まう阿弥陀如来という仏に祈りを捧げるが良いと諭し、長者はその教えに従います。姿を現した阿弥陀如来は一尺五寸に身を縮めて光を放ち、病の原因となっていた悪鬼を退散させます。喜んだ長者は偉大な阿弥陀如来の姿をこの世に留めておきたいと再び釈迦にすがり、高弟である目連尊者を竜宮城に遣わします。そこで竜王から閻浮檀金という特別な黄金を授かり、阿弥陀如来の分身を鋳造しました。かくして誕生した仏像がのちに「善光寺如来」と呼ばれるようになります。その仏像は天竺、百済を経て、飛鳥時代に日本へとやってきて、仏教が公に認められるきっかけとなります。そして崇仏派の蘇我氏と排仏派の物部氏との争いに巻き込まれて水に沈められていたその仏像を救い出し、のちに善光寺を開いたのが本田善光でした。

こうした「善光寺縁起」の説明によって、その仏像はこの世に姿を現した生身(しょうじん)の仏として、また仏教公伝とともに日本に最初に伝わった仏像として、「善光寺如来」「一光三尊仏」などと呼ばれるようになり、時代を超えて全国区で信仰を集めることになります。

善光寺では数え年で７年に一度、本尊の御開帳が行われます。しかし、実際に拝することができるのは「前立本尊」、つまり本尊の前に立つ鎌倉時代に模刻された像であり、オリジナルの本尊がお出ましになることはありません。あくまで“絶対秘仏”として、何人たりともその姿を拝することはできないのです。

2 「善光寺如来」のすがたを探る

誰もそのすがたを拝することのできない善光寺の本尊ですが、いったいどんなすがたかたちをしているのか、私たちには全くわからないのでしょうか。

幸いにして私たちは、鎌倉時代以降に全国で数多く作られた善光寺如来の“分身”というべき模刻像のすがたを拝することができます。先の「前立本尊」もこれに含まれます。これらは美術史の分野では「善光寺式如来像」「善光寺式阿弥陀三尊像」などと呼んでいます。こうした模刻像を手がかりに、“絶対秘仏”の本尊のすがたに迫ってみることにしましょう。

「善光寺式阿弥陀三尊像」の基本的なかたちは、素材は金属製、中尊の像高は１尺５寸前後（約45センチ）。中尊の阿弥陀如来とその左右に侍る菩薩をあわせた三尊からなり、それらが一つの光背を背にして立っているすがたであることから「一光三尊仏」とも呼ばれます。中尊は、手の人差し指と中指を伸ばして残りの指を屈する「刀印(とういん)」と呼ばれる独特な印を結ぶポーズを取り、両脇侍はそれぞれ胸前で揉み手をするような「梵篋印(ぼんきょういん)」と呼ばれる印をあらわし、それぞれ臼に似たかたちの蓮華の台座上に直立しています。

阿弥陀三尊像（前立本尊）（善光寺所蔵）

この「善光寺式阿弥陀三尊像」の形態的な特徴のポイントをまとめると、おおよそ以下の５点に集約することができます。

① 鋳造であること
② 像の大きさが一尺五寸前後であること
③ 一つの光背に三尊が収まる形態であること
④ 両手のポーズが通常の阿弥陀三尊と異なること
⑤ 台座のかたちが臼に似た蓮華の台であること

①の特徴は、複製を作ることができるため、②とあわせて、善光寺本尊の“分身”が鎌倉時代以降数多く作られることと深い関わりを見出すことができます。③④⑤は、日本では７世紀以前に作られた仏像にみられる特徴で、朝鮮半島や中国の仏像に源流を求めることができます。つまり「善光寺式阿弥陀三尊像」の原型は、分身を

作ることが可能な技法で作られた、少なくとも7世紀以前の大陸由来の仏像と推測されます。そうだとすれば、善光寺の本尊は、信州はもちろん国内でも最古級の仏像ということになります。

3　大陸とつながる古代の信濃

それではなぜ、大陸からも都からも遠く離れた信州の善光寺に、こうした大陸由来の古い仏像が本尊として迎えらなければならなかったのでしょうか。それには善光寺の創建について触れなければなりません。寺の伝えでは、その創建を皇極天皇3年（644）としているわけですが、善光寺は創建以来たびたび火災に見舞われており、創建当時の面影を伝える遺物はほとんどありません。しかし、境内やその近隣から、渡来系の氏族が住んだ滋賀県愛知（えち）郡一帯からの出土物に起源を持つ「湖東式（ことうしき）」の瓦や、中央の官寺であった川原寺（かわらでら）と近い特徴を持つ白鳳時代の瓦（軒丸瓦）が出土しており、また周辺の発掘調査の状況からみてもこの時期に善光寺が存在したことは確実であると考えられています。7世紀頃には地方の役所である「郡家（ぐうけ）」「駅家（うまや）」に近接して寺院が建てられる例が全国的にもあり、善光寺もそうした寺院の一つであった可能性もあります。

また、善光寺が位置する北信濃およびその周辺地域は、仏教が伝わる以前の古墳時代には大陸の騎馬文化である馬の生産地として栄え、渡来系とりわけ朝鮮半島の文化の影響を受けた地域とされています。この地域には松川村・観照院の菩薩半跏像はじめ大陸由来とみられる白鳳仏の優品が伝わっており、当地には渡来系の文化を受け入れる下地が早くから出来上がっていたと考えられます。善光寺の創建にそうした渡来系の人々が直接関わったかどうかは確かめることはできませんが、善光寺の境内から「湖東式」瓦が出土していること、本尊の源流が国内ではないことなどから考えても、善光寺が何らかのかたちで大陸の影響を受けて7世紀に創建されたとみることは不自然なことではありません。

4　源流は中国、朝鮮半島の仏像に

善光寺の本尊は、天竺、朝鮮半島を経て日本に伝わった“三国伝来”の仏像などといわれて信仰を集めてきました。そうしたいわれは仏典に基づくもので、先に述べた大陸文化との関係と安易に結びつけることには慎重にならざるを得ません。

しかし、善光寺の創建時期が、日本が大陸文化と密接に結びついていた7世紀に求められること、朝鮮半島や古代中国に「善光寺式阿弥陀三尊像」と似た作例が少なからず現存することは看過できません。

先に示した「善光寺式阿弥陀三尊像」の①～⑤の特徴をすべて満たす仏像を現存する作例のうちから見つけることはかなり難しいのですが、5～6世紀の中国南北朝時代とりわけ北魏（ほくぎ）の仏像にその源流を求めることができることは従来から指摘されてきました。

モンゴル系の鮮卑拓跋部（せんぴたくばつぶ）という部族が建国した北魏は、439年に華北部を統一したのち、一時は道教を保護して廃仏を行います。しかし5世紀半ば以降は時の皇帝たちが仏教を復興し、世界遺産にも認定される雲崗（うんこう）（山西省大同市）や龍門（りゅうもん）（河南省洛陽市）といった大規模な石窟寺院を創建しました。それ以前の古代中国の仏教美術にはインド・マトゥラーやガンダーラ様式の影響が見受けられますが、雲崗や龍門石窟にみられる北魏時代の仏像は作風の中国化が顕著です。

日本では、こうした北魏の様式を受け継ぐ作例として、法隆寺金堂の本尊釈迦三尊像がよく知られています。異説はあるものの622年に渡来系の仏師鞍作止利（くらつくりのとり）が制作したことが知られ、①③④の特徴があてはまります。日本の飛鳥時代には、大陸の仏教文化が積極的に導入され、中国や朝鮮半島から渡ってきた人々によって豊かな仏教文化がもたらされ、彼らの仏像観に基づいた大陸風の仏像が寺院に安置されました。確認されている例は多くないものの、都から遠く離れた地方においても、大陸の影響を残す仏像が少なからず残されており、「善光寺式阿弥陀三尊像」の原型もそうした一例であると考えられます。

銅造如来及び両脇侍像 朝鮮・三国時代
（献納宝物 143 号、東京国立博物館所蔵）

従来、「善光寺式阿弥陀三尊像」の像容に言及する際にしばしば引き合いに出されてきたのは、東京国立博物館が蔵する法隆寺献納宝物（№143）の如来及び両脇侍像です。金銅製で中尊の像高は約28センチ、6～7世紀の制作で百済系の作例とされています。朝鮮半島に由来する7世紀以前の仏像自体それ程数多く現存していないので、かつてはもっと類例があったことでしょう。さらに北魏まで範囲を拡げれば、善光寺の本尊のすがたを想像させるような作例をより数多く確かめることができます。大陸から日本にもたらされたか、あるいは渡来系の仏師によって日本で制作されたのか、どちらの可能性もあり得るでしょう。

私たちは善光寺の本尊を直接目にすることはできません。しかし、その模刻像とされる「善光寺式阿弥陀三尊像」を手がかりにすることで、北魏を源流とする仏像に近いかたちであると推定することが可能となるのです。

おわりに

以上みてきたように、善光寺の本尊が、東アジアの仏教文化の影響を色濃く反映した仏像である可能性について述べてきました。それも、本尊そのものではなく、その分身である模刻像やそれと類似する古代の仏像などの“かたち”の特徴から、間接的にその実像に迫ろうとしたわけです。善光寺の本尊は、そのすがたを現さなくとも、わたしたちを豊穣な東アジアの仏教文化の世界に誘ってくれるのです。

【主要参考文献】

『善光寺御開帳記念 “いのり”のかたち 善光寺信仰展』長野県信濃美術館編（2009）
牛山佳幸『善光寺の歴史と信仰』法藏館（2016）

信濃の善光寺はなぜ信仰を集めたのか
――善光寺縁起と史資料にみる善光寺信仰の広がり

傳田伊史

長野県長野市にある善光寺は、科学的思考が広まり、価値観が多様化した今日でも、著名な霊場の一つとして、如来との結縁(けちえん)を求める多くの善男善女の信仰を集めています。信濃にある古刹(こさつ)が、なぜこれほどまでに有名になったのでしょうか。この問いを考えるために、まずは善光寺とその本尊である善光寺如来の由来を説く善光寺縁起についてみていきましょう。

『扶桑略記』の仏教伝来記事

現在流布(るふ)している善光寺縁起は、善光寺信仰の長い歴史の中で、さまざまな取捨選択が行われながら整えられてきたものです。その時の流れをさかのぼり、私たちが目にすることができる最も古い善光寺縁起は、『扶桑略記(ふそうりゃっき)』欽明(きんめい)天皇13年（552）10月13日条に引用されているものです。『扶桑略記』は日本の歴史を仏教を中心に編年にまとめた歴史書で、平安時代後期の12世紀初頭前後の成立とされます。『扶桑略記』同条では、まずA「百済国の聖明王(せいめいおう)から金銅釈迦(しゃか)像一体と経論(きょうろん)・幡蓋(ばんがい)等が贈られたといういわゆる仏教公伝と、それを受けいれるか否かという崇仏(すうぶつ)論争の経過」が記されます。続いて、別の史料を引用してB「聖明王が献じたのは阿弥陀(あみだ)仏像（長一尺五寸）と観音勢至(かんのんせいし)像（長一尺）である」ことが記されます。さらにまた別の史料を引用してC「この仏は信濃国善光寺の阿弥陀仏像で、推古(すいこ)天皇の壬戌(じんじゅつ)年（602）に秦巨勢大夫(はたのこせのたいふ)に命じて信乃国に送った」ことが記されます。そしてこれらに続いて「善光寺縁記」（「かの寺の本縁起の文」）が引用されます。

善光寺縁起の成り立ち

『扶桑略記(ふそうりゃっき)』の善光寺縁記について詳しくみていきましょう。

D①欽明天皇13年（552）に阿弥陀三尊(さんぞん)が百済国から海を渡って摂津(せっつ)国難波津(なにわのつ)に着いた。これが日本最初の仏像である。

D②推古天皇10年（602）に仏の託宣(たくせん)により、天皇の命で信濃国水内(みのち)郡に移した。

D③この善光寺如来はもとは天竺毘沙離(てんじくびさり)国の月蓋長者(がっかいちょうじゃ)が阿弥陀三尊仏を鋳写した金銅仏である。千年あまりの後、百済国に飛び到り、その後本朝（日本）に浮び来たった。今の善光寺三尊がこの仏像である。

このうち、D①とD③の部分については、もとになった記述が存在することがわかっています。まずD①は『日本書紀』の欽明天皇13年10月条がもとになっています。『扶桑略記』のAの部分も、この『日本書紀』の記述にもとづいています。しかし、『日本書紀』やAの記述と、D①が違

月蓋長者の屋敷で阿弥陀如来と善光寺如来が並び立つ場面（『善光寺縁起絵巻』 17 世紀前　英勝寺所蔵）

うのは、D①には聖明王が贈ったという記述がないことと、『日本書紀』やAでは釈迦仏金銅像と記されているのに対して、D①では阿弥陀三尊仏像とされている点です。聖明王が登場してこない理由は、D③のところで詳しく述べます。仏が異なることについては、『扶桑略記』の著者自身は、『日本書紀』をふまえてAで釈迦仏と記しているにもかかわらず、続けてB、C、善光寺縁起D①と阿弥陀仏とする記述を3つも引用しています。このことから、欽明天皇13年に百済から贈られた仏像は、実は阿弥陀仏で、それが今の善光寺の阿弥陀三尊像であるとする見解が、『扶桑略記』が成立した12世紀初頭以前の段階で、少なからず広まっていたことがうかがえます。

次にD③の月蓋長者のもとに阿弥陀三尊が現れる話は、『請観世音菩薩消伏毒害陀羅尼呪経』（『請観世音経』）という経典にもとづいています。この経典はインドで4世紀中頃に成立したといわれ、8世紀前半には日本に伝わっていたことが確認できます。

そもそも、古代からの日本の仏教的世界観では、仏教は発祥の地である天竺から中国、そして日本に広まったとされます。12世紀ごろに成立したといわれる『今昔物語』も天竺（インド）、震旦（中国）、本朝（日本）の三国構成となっています。しかし、善光寺縁起では、阿弥陀三尊は天竺→百済→本朝と流転し、中国は登場しません。善光寺信仰の「三国伝来の如来様」の三国は、天竺、百済、本朝ということになります。それは、D①がいう欽明天皇13年の仏像が善光寺の阿弥陀三尊像であるために、縁起では百済国が重要であったからです。それでは、なぜD①のような見解が生まれたのでしょうか。あくまで仮説ですが、もともと古代の信濃は百済と深いつながりがあり、善光寺三尊像も、百済ゆかりの仏像とする伝承があったからではないかと思われます（「古墳時代のシナノと渡来人」「東アジア世界とつながる善光寺の本尊」の項を参照）。

また、『扶桑略記』の善光寺縁起に百済国の聖明王が登場してこないのは、善光寺三尊の流転が、如来自らの意思でなされたという立場で記されているからです。仏の本来の望みは、仏法が広まっていない地に現れて教え導くことにあります。この立場からすれば、天竺よりはるか東辺の地である日本の、さらに都から遠く隔たった信濃に現れた善光寺三尊こそ阿弥陀三尊そのものであると説くことができます。

最後にD②ですが、ここには阿弥陀三尊を信濃に安置した人物、すなわち善光寺を開いた人についての記述が全くありません。Cには秦巨勢大夫に命じて送らせたとありますが、平安時代の終わり頃の史料には、三尊を信濃に運んだ具体的な人物として信濃国の「若麻続東人」が登場します。それが鎌倉時代後期の史料では、「若麻続東人善光」あるいは「若麻続善光」に変化し、室町時代以降の縁起で「本田善光」が定着します。したがって、寺名の由来など善光寺の創建事情に関する部分は、当初の縁起にはなく、時代が下るにしたがって創りあげられていった可能性が高いと考えられます。

以上のように、『扶桑略記』が引用する善光寺縁起は、D①とD③を中心にして、善光寺三尊像が日本最古の仏像であること、釈尊（釈迦）が在世のときの天竺で、阿弥陀三尊そのものを鋳写した仏像であることを説き、その圧倒的な霊験を伝え広める内容に仕立てられているといえます。この霊験こそが、善光寺が全国に知られる霊場となっていった大きな要因であるのはいうまでもありません。

「善光寺」の登場

すでにふれましたが、善光寺三尊の霊験は、12 世紀初頭以前の段階で少なからず広まっていました。善光寺の名も、『扶桑略記』が成立した時期の 12 世紀初め頃には、『扶桑略記』以外の史料にも登場してきます。『中右記』（右大臣藤原宗忠の日記）の永久 2 年（1114）5 月 9 日条には、平安京の法勝寺内で善光寺別当の従者が小さな乱行におよんだと記録されています。また『長秋記』（皇后宮権大夫源師時の日記）の元永 2 年（1119）9 月 3 日条には、摂津・播磨での船遊びのなかに善光寺別当清円の船が記録されています。『中右記』や『長秋記』は、当時、朝廷の中枢にいた人物の日記です。これらに記される善光寺別当とは、善光寺を統括・監督する地位にある人を示していると考えられます。このことから、善光寺が確固とした組織をもつ寺院であったこと、そしてその名が京、畿内周辺にそれなりに知られていたことがうかがえます。逆に、『扶桑略記』より以前の史料には、善光寺やその縁起についての確実な記述はありません。このことから考えると、善光寺の存在や善光寺三尊の霊験が広まったのは、12 世紀初頭より前、つまり 11 世紀頃ではないかと推測されます。そしてその背景には、当時の浄土思想や阿弥陀信仰の高まりがあったと考えられます。

一遍が善光寺に参詣する場面 『一遍聖絵』 正安元年（1299）（清浄光寺所蔵）

善光寺信仰の広まり

善光寺の名がさらに全国に広まったのは、平安時代の次の鎌倉時代です。それを私たちに示してくれるのは、善光寺三尊像を模した仏像、善光寺式阿弥陀三尊像と、それを安置するために各地に建立された新善光寺です。善光寺の本尊である善光寺三尊像は、絶対秘仏とされ実際に見ることはできません。そのこともあって善光寺式阿弥陀三尊像がたくさん造られます。そのうち紀年銘などから造立年がわかるものが41例あり、その7割以上は鎌倉時代で、とくに13世紀後半に集中します。また、新善光寺も、史料によって中世に実在したことが確認されるものの7割以上が鎌倉時代の建立です。

善光寺式阿弥陀三尊像　建長6年（1254）（東京国立博物館所蔵）

鎌倉時代以降に、霊場としての善光寺と善光寺三尊の霊験を各地に広めたのは、聖あるいは遁世僧とよばれた宗教者でした。彼らは善光寺を拠点に、あるいは善光寺参詣を目的の一つとして各地を巡りながら、人びとにその霊験を説きました。また、善光寺の造営・修理、善光寺式阿弥陀三尊像の造立、新善光寺の建立などのために浄財を募ったほか、社会事業などさまざまな活動を行いました。彼らの代表的な人物が、時宗の開祖、一遍（智真、1239-89）です。一遍は伊予国の出身で、各地の霊場を巡りながら阿弥陀如来への信仰を深めていきました。善光寺には文永8年（1271）と、弘安2年（1279）から翌年にかけて二度参詣し、悟りを開く大きなきっかけを得たと伝えられています。また、二度目の善光寺参詣の際には、佐久郡小田切里（または伴野氏館）で、はじめて踊り念仏を行ったといわれています。一遍のほかにも、史料にその名が残らない多くの「善光寺聖」たちの活動によって、善光寺信仰が全国に広まり、形作られていったのです。

【参考文献】

上原昭一ほか編『善光寺　心とかたち』第一法規出版（1991）
『長野市誌　第2巻　歴史編　原始・古代・中世』長野市誌編さん委員会（2000）
長野県立歴史館『善光寺信仰　流転と遍歴の勧化』開館15周年春季企画展図録（2009）
牛山佳幸『善光寺の歴史と信仰』法藏館（2016）

諏訪信仰とモンゴル襲来
――『諏方大明神画詞』にみる中世の世界観と国防意識

中澤克昭

さまざまな諏訪信仰

諏訪大社（もとは「諏方社」、「諏訪神社」と称されましたが、第二次世界大戦後に「諏訪大社」と改称されました）は、日本全国に数千あるといわれる諏訪社の総本社です。古代から朝廷と結び付いてきた伊勢社（皇大神宮、神明社）、都の近くに祀られてきた八幡社（石清水八幡宮）や天神社（北野天満宮）のような大社は、各地に所領を持っていましたし、末社もたくさんあります。そうした大社に匹敵する数の諏訪社があるのです。都から遠く離れた信州諏訪の神が、なぜ全国各地で祀られるようになったのでしょうか。

諏訪大社は、諏訪湖をはさんで上社と下社があり、建御名方刀美神と、その妃とされる八坂刀売神を祀っています。上社は前宮（茅野市）と本宮（諏訪市）、下社は春宮（諏訪郡下諏訪町）と秋宮（同町）からなりますが、これら四つの社殿の周辺にはいくつもの小祠や信仰の場が点在しており、諏訪信仰のあり方は多様です。古代から湖の竜神あるいは霊蛇の信仰があったようで、諏訪の神が現れる場合に巨大な蛇の姿形をとると考えられてきました。上社本宮は神殿を持たず、背後の山を神体山としており、石や木などの自然物、自然現象に対する信仰も顕著です。土地の精霊的な性格をもつと考えられるミシャグジ（御左口神、社宮司、石神とも）信仰との関係も指摘され、風を鎮める神具とされる薙鎌は、諏訪信仰のシンボルになっています。狩猟・害獣除けの神、農耕の神としても信仰されました。各地で祀られるようになったのは、諏訪信仰にこうしたさまざまな性格があったからだとも考えられるのですが、全国的に展開するようになったのは、いつ頃のことだったのでしょうか。

『諏方大明神画詞』の成立

南北朝時代の1356年（延文元年）、諏訪氏の庶流の一つ小坂家の出身で室町幕府の奉行人となっていた円忠（1295–1364年）が『諏方大明神画詞』（『諏訪大明神絵詞』とも）を制作しました。『諏方大明神画詞』（以下『画詞』と略記します）は、「縁起」5巻・「祭」7巻の全12巻で、絵と詞書からなる絵巻物でしたが、原本は行方不明で、詞書部分のみの写本が伝わっています。「縁起」には、諏訪社の歴史や霊験（神仏が発揮する不思議な力）が、「祭」の巻には年間の神事が詳述されており、中世の諏訪社のあり様を伝える最も重要な史料とされています。

円忠は、失われた『諏方社祭絵』の再興を意図して『画詞』を制作したようですが、これは円忠一個人の事業ではありませんでした。各巻の外題（タイトル）は、時の後光厳天皇（北朝、持明

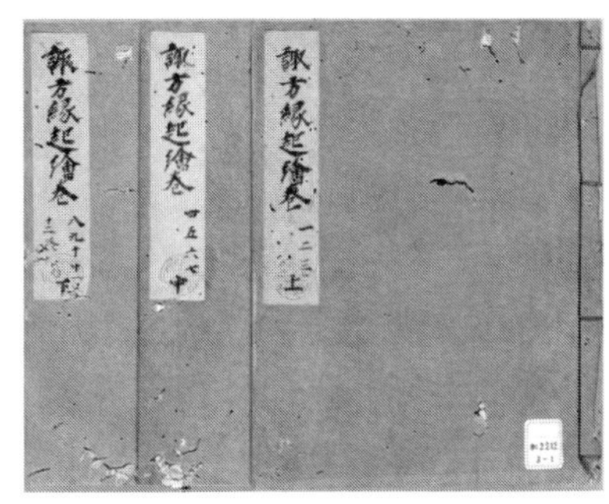
『諏方大明神画詞』写本の表紙
（梵舜書写『諏方縁起絵巻』、東京国立博物館所蔵）

院統）の直筆、巻末には将軍足利尊氏の奥書がありますから、『画詞』は京都において、朝廷と足利政権の支援のもとで制作されたことは明らかです。『画詞』の成立は、鎌倉時代に諏訪信仰が高まり、都の人々の間でも諏訪の神が重要視されるようになっていたことを示す出来事だったと言えるでしょう。そして、この時期の信仰の高まりには、鎌倉幕府とモンゴル襲来（蒙古襲来、のち「元寇」とも）とが深くかかわっていました。

鎌倉幕府と諏訪社

源頼朝にとって、ライバルだった源（木曽）義仲に味方した信濃武士たちをどのように従わせるかは、重要な問題でした。信濃一国をあげて行われる諏訪社の祭祀は、信濃の武士をまとめる手段として有効だったでしょうし、諏訪社の最高位で現人神ともされた大祝が、信濃の武士たちに与える影響も小さくなかったのでしょう。1187年（文治2年）、大祝が幕府に対し、諏訪社の狩猟神事をせず、拝殿の造営を妨げる武士を訴えると、幕府は大祝の権威を認め、すぐに大祝の指示のとおりに神役を勤めるよう命じています（『吾妻鏡』同年11月8日条）。

1221年（承久3年）の承久の乱に際して、諏訪上社大祝が戦勝を祈り、巻数（願主の依頼に応じて読誦した経文などの題名や度数を記した文書）を幕府に献じます（『吾妻鏡』同年6月8日条）。乱後、幕府は戦勝の報賽（祈願が成就したお礼）として伊勢の内宮・外宮、鶴岡八幡宮、そして諏訪社に所領を寄進しました（同前8月7日条）。幕府にとって諏訪は、伊勢・八幡とならぶ重要な神社だったのです。

鎌倉時代の後半、幕府政治は得宗（執権を出す北条氏嫡流の当主）を中心とする専制的な体制に向かいますが、得宗の北条時頼と諏訪盛重（蓮佛）は親密な主従関係を結びました。その後も諏訪一族には得宗家の被官（御内人）となる者が多く、幕政において重要な役割をはたすようになります。1333年、鎌倉幕府が滅亡する際、最後の得宗北条高時の子時行が御内人であった諏訪頼重にかくまわれ、その2年後、幕府の再興を期して諏訪で挙兵したのも（中先代の乱）、北条得宗家と諏訪一族とが特別な信頼関係を築いていたからにほかなりません。

軍神として

幕府と結び付き、東国（東日本）を代表する大社となった諏訪社は、どのような神として信仰されていたのでしょうか。12世紀に都でつくられた今様（流行歌）の歌集『梁塵秘抄』には、つぎのように軍神を列挙する歌がみえます（巻2、248番歌）。

関より東の軍神、鹿島・香取、諏訪の宮、また比良の明神
安房の洲滝の口や小鷹明神、熱田に八剣、伊勢には多度の宮

諏訪は軍神でしたが、この頃は東国各地の神々とならぶ軍神の一つに過ぎませんでした。ところが、13世紀後半に成立した『平家物語』には、つぎのように神功皇后（仲哀天皇の皇后で新羅を討ったとされる伝説上の人）を助ける軍神として登場します。

> 昔、神功皇后が新羅を攻撃した際、伊勢神宮から軍の先頭に立って戦う二神が派遣され、新羅をたやすく攻め落とした。帰国後、一神は摂津国住吉にとどまった。住吉大明神である。一神は信濃国諏訪にあらわれた。これが諏訪大明神である。今も、この二神が朝敵をほろぼしてくれるものと皆たのもしく思っている。（意訳、巻11「志度合戦」）

こうした「神功皇后の三韓征伐」（この「三韓」は高句麗・新羅・百済のこと）の物語は、中世によく語られるようになるのですが、諏訪社はそこに西の住吉とならぶ、東国を代表する軍神として登場するのです。

神仏の力が信じられていた中世には、国土も仏教的な世界観に基づいて理解されており、日本は独鈷（密教の祈祷で使用する武器型の仏具）の形であるとイメージされることが多くなりました。そのため、本州の東（北）端と西端は尖った形状に描かれるのですが、14世紀の初めに比叡山延暦寺の僧がまとめた百科事典『渓嵐拾葉集』に掲載された日本図では、独鈷の一方の先端部分に「諏訪」とあって、諏訪の神が日本の東を守っているとイメージされていたことがわかります。

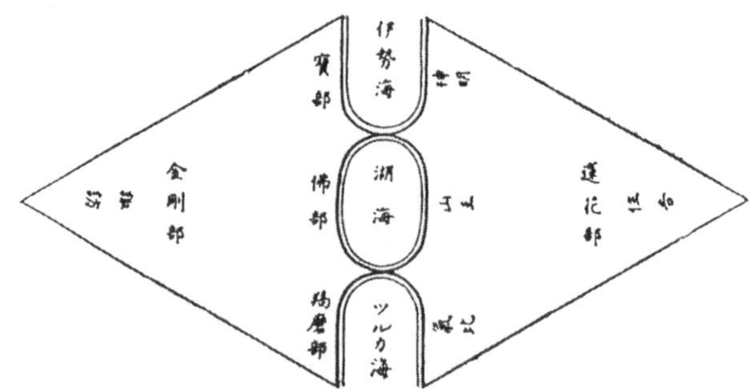

『渓嵐拾葉集』に掲載された日本図（『大正新修大蔵経』所収）

モンゴル襲来の恐怖と「異国降伏」の祈祷

1274年（文永11年）と1281年（弘安4年）のモンゴル（元）来襲は、日本にとって未曾有の危機でした。朝廷だけでなく、幕府もその指揮下で戦った武士たちも、たいへんな恐怖を感じていたはずです。そのため、異国警固番役や石築地（博多湾岸の防塁）の構築といった物理的な防衛策だけでなく、神仏にすがり、神仏に味方してもらうことも重要な防衛策だと考えられ、「異国（敵国）降伏」の祈祷が盛んに行われました。

異国降伏の祈祷は、全国の主要な寺社で継続的に行われ、この時期、「神」に対する信仰が高まりました。日本が元の侵攻を退け、国を護ることができたのは、日本の神々の力によるとされ、日本＝「神国」とする考え方も強まります。弘安の襲来は夏のことで、たまたま九州北部を襲った暴風によって、元軍は壊滅的な損害を出して退却しましたが、日本ではこの暴風を「神風」と呼ぶようになり、「「神国」日本は外国から攻撃されても必ず「神風」が吹いて敵国軍は敗れ去るのだ」という、近代まで続く迷信を生み出しました。

元が日本との交渉を断念してからも、元に対する恐怖は消えず、異国降伏の祈祷も続けられ、各地の神社では、神がどのように味方したかを説く物語がつくられるようになります。

『諏訪大明神画詞』が語る神の力

『画詞』は、諏訪の神の「本朝（＝日本）擁護の神徳、異賊（＝敵国）降伏の霊威」を説き、その証拠として、①神功皇后の三韓征伐、②坂上田村麻呂の蝦夷追討、③文永・弘安の蒙古撃退、④鎌倉時代末期に蜂起した蝦夷の鎮圧をあげています。①は、『平家物語』に語られた話とほぼ同じで、新羅に攻めこんだ日本軍は、「諏方・住吉」を「先陣」として進み、「神風」によって勢い付いたと語っています。②は、桓武天皇から「征夷大将軍」に任じられた田村麻呂が、「東関第一の軍神」である「諏方大明神」に「祈願」し、その「神兵」によって蝦夷を追討したとしています。蝦夷追討がクローズアップされているのは、鎌倉時代末期に東北地方北部で紛争が勃発していたことが鮮明に記憶されていたからでしょう。④はその時のことで、ある夜、信州諏訪社から明神が大きな竜の姿で現れ、黒雲に乗って「艮（東北）」の方へ向かった。同じ夜、奥州に諏訪の神が現れ、蝦夷は降参した、と語られています。

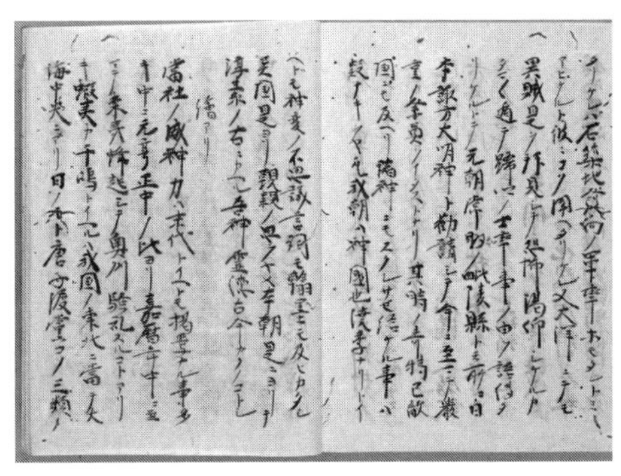

諏訪の神の威力を語る『諏方大明神画詞』
（梵舜書写『諏方縁起絵巻』上巻、東京国立博物館所蔵）

そして、③によれば、文永の蒙古襲来時、「尊神の御発向」によって「賊の船」が沈んだ。さらに、弘安の襲来時にも、諏訪社から「大竜」が「雲」に乗って西へ向かうと、「悪風にわかに吹来て、彼の兵船あるいは反覆し、あるいは破裂して、軍兵皆沈没」、つまり暴風によって元軍は壊滅した。これは、諏訪明神の力によるものだ、と説いています。

モンゴルの襲来によって、諏訪の神の「異賊降伏の霊威」にすがろうとする人々が増え、各地の武士たちが、みずからの本拠に諏訪社を祀るようになり、その「霊威」は、都の人々にも知られるようになりました。諏訪信仰の全国的な展開には、13世紀後半に日本が直面したモンゴルに対する恐怖が深くかかわっていたのです。

【参考文献】
黒田日出男『龍の棲む日本』（岩波新書）岩波書店（2003）
佐藤弘夫『「神国」日本 ──記紀から中世、そしてナショナリズムへ── 』（講談社学術文庫）講談社（2018）
中澤克昭『肉食の社会史』山川出版社（2018）

供犠の比較史

── 諏訪信仰から探る自然観

中澤克昭

御頭祭の供物

諏訪大社は、6年ごとの御柱祭で知られていますが、毎年行われている神事・祭礼にも興味深いものがあります。上社の御頭祭（「御頭」は祭礼に奉仕する当番「頭役」のこと）は、豊作を祈願する大祭で、現在は4月15日に行われていますが、かつては旧暦3月の酉の日に行われていたので、「酉の祭り」とも称されました。上社前宮の十間廊において行われる神事の供物として鹿の頭がならぶことで知られています。現在は剥製ですが、江戸時代には各地の猟師から獲物が奉納されました。享保9年（1724）の地誌『信府統記』には、「この時の供物の中に鹿頭七十五並供ふ」とあります。江戸後期に日本各地を歩き、珍しいことを記録した菅江真澄も、この御頭祭の供物には驚いたようで、そのスケッチをのこしました（図1）。茅野市の神長官守矢史料館は、こうした江戸時代の史料をもとにして、御頭祭の供物の復元展示を行っていますが、様々な動物が供物とされていることに驚く観覧者が少なくないようです（図2）。

図1　菅江真澄がスケッチした御頭祭の供物
（『菅江真澄民族図絵』下巻、岩崎美術社、1989年）

図2　神長官守矢史料館の展示

人類の歴史とともにある供犠

神に動物を供えることは世界の諸民族にみられ、そうした宗教儀礼を「供犠」と称します。供物となる動物は、「生贄」とも称されますが、ここでは「犠牲」としておきましょう。犠牲となる動物は、実に様々です。ユダヤ教の儀礼では、牛・羊・山羊などの家畜が犠牲とされますが、アジアでは豚も犠牲になります。鳥や魚をささげることは、日本の神社でもひろくみられ、蛙や昆虫を供物とする例もあります。解体の際の流血を好まない地域もありますが、血を重要な供物とする民族もありますし、肉を焼く儀礼を重視する民族もあります。

供犠が行われる時や場も様々です。季節の変り目や毎年の記念行事だけでなく、王位就任時や遠征開始時、罪や穢れ、病の祓いの際などに行われることがありますし、居住地や住居を画定するために、その空間の境界で動物を殺す儀礼が行われる地域もあります。目的に一貫性が無いように感じられるかもしれませんが、いずれも通常の状態からの変更や場所の移動あるいは時間の推移など、状況の変化の境界において供犠がみられると言ってよいでしょう。そこでは、神霊の聖なる世界と俗なる私たちの世界との一種のコミュニケーションとして、供犠が必要とされるのです。

宗教儀礼は、その地域の風土や人々の生業と深くかかわっています。農耕・牧畜はもちろん、狩猟や漁撈をはじめとする山野河海の生業も、地域の自然環境≒神々と折り合いをつけることで成り立っていると考えられていましたから、神々を祀ることは人々の暮らしにとって必要不可欠でした。なかでも、動物の殺害をともなう供犠のあり方は、その地域の文化を理解する重要な手がかりになることがあります。各地の供犠を比較することで、それぞれの文化の個性や特徴がみえてくるのです。

例えば、牛や羊は牧畜民の伝統的な生活を支える重要な家畜です。それゆえ、贖罪の犠牲とされたのでしょう。日本でも古代には一部の神祀りで牛や馬の供犠が行われたようですが、平安時代以降、家畜の供犠はみられなくなります。儒教の釈奠は、古代中国に始まった孔子およびその門人をまつる儀式で、牛・羊・豚などが供物とされました。日本でも朝廷の大学寮などで釈奠を行ったのですが、家畜ではなく、鹿や猪、のちには兎や鳥・魚といった野生の動物を供えました。諏訪大社の供物には、野趣あふれる山の幸が豊富に含まれており、山国信州の暮らしを象徴していると言ってよいでしょう。

諏訪の勘文

現在も諏訪大社では、「鹿食免」と「鹿食箸」が授与されています（図3）。「鹿食免」は、鹿肉などの獣肉を食べても「穢れ」の差し障りがないとする免罪符で、「鹿食箸」は、この箸で食べれば「穢れ」の心配がないとする、いわば免罪箸です。こうした札と箸は、諏訪の本社だけでなく、京都や東北の諏訪神社で出されていたことが知られており、諏訪信仰に特徴的なものです。

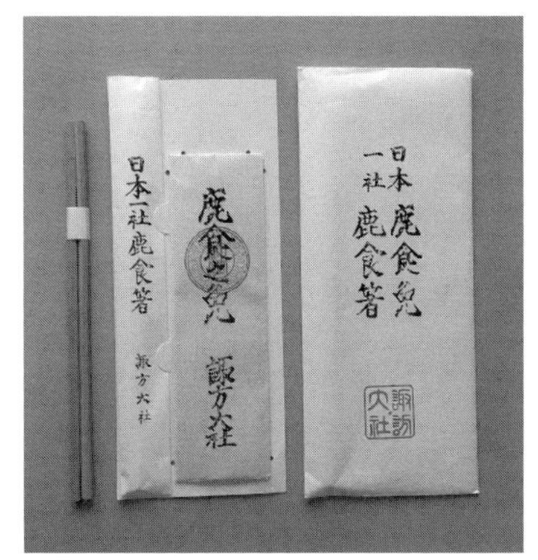

図3　鹿食免と鹿食箸

「鹿食免」・「鹿食箸」の袋には、この札と箸の根拠となる「諏訪の勘文」、「業尽有情、雖放不生、故宿人身、同証仏果」の16文字が記されています。「業の尽きた生物は、放っても生きられない。したがって人の身に宿してやって（つまり殺して食べてやれば）、人と一緒に成仏できる」という意味で、もとは諏訪の神の託宣とされ、「諏訪の偈」あるいは「諏訪の祓え」とも称されました。

この「諏訪の勘文」が初めてみえるのは、14世紀中頃に成立した『神道集』と『諏方大明神画詞』（以下『画詞』）です。『画詞』には、つぎのようにみえます。

当社生贄の事、浅智の疑い殺生の罪、去りがたきに似たりと云ども、業尽有情、雖放不生、故宿人身、同証仏果の神勅を請け給われば、まことに慈悲深重の余りより出て、暫属結縁の方便を儲け給える事、神道の本懐、和光の深意、いよいよ信心をもよおすものなり。

智恵の浅い者は、諏訪社の生贄を罪深い殺生ではないかと疑うが、これは「業尽有情、雖放不生、故宿人身、同証仏果」の神のお告げに基づき、「慈悲」の心で生き物を成仏させる手段なのだと説かれています。

生類を殺し、その肉を食べるのは、生類を成仏させる功徳であるとする論理を、「殺生功徳論」と言います。「諏訪の勘文」は、殺生功徳論のなかでも最も広く流布しているのですが、「殺して食べてやるのが動物のため」とは、あまりにも人間中心主義の理屈だと思われるかもしれません。この理屈によれば、際限の無い殺生もゆるされることになるでしょう。諏訪信仰において、このような論理が生み出され、ひろめられたのは何故なのでしょうか。

神社の供物をめぐる苦悩

古代には各地に鳥獣を供物とする神社があり、鹿を神前に供えることはめずらしくなかったと考えられます。ところが、仏教の影響によって平安時代以降、殺生を罪悪とし、肉食も穢れとして忌避する傾向が強まります。各地の神々と仏教の仏菩薩とを一体のものとみなし、両者を一緒に祀って信仰する神仏習合（神仏混淆）の考え方は、明治元年（1868）に神仏判然令が出され、その混淆が禁止されるまで一般的でした。そのため、神への供物をめぐって大きな疑念が生じます。神の真の姿が仏であるならば、殺生を戒めている仏が、なぜ狩猟や肉食をするのか、という疑問です。獲物を捧げて神を祀らなければ祟りがあるかもしれない。しかし、殺生を重ねれば地獄に堕ちるらしい。人々は神信仰と仏道の教えとの間で苦悩することになりました。

12世紀の初めの『今昔物語集』などにみえる、近江国（滋賀県）の園城寺（三井寺）の説話に、生類は神に供えられることで仏と結縁して救われるのだと説く部分があります。どうやらこの頃には、天台宗の僧侶たちによって殺生功徳論が語られ始めていたようです。13世紀の初めに成立した『発心集』や建長6年（1254）成立の『古今著聞集』には、殺生功徳論に基づく説話がみえますし、モンゴル襲来直後の弘安6年（1283）に成立した『沙石集』にも、狩猟や漁撈をする人々は、神に供えることで殺生の罪を免れると説く説話がみえます。

さらに、『沙石集』の写本の中には、比叡山（あるいは園城寺）の僧が、琵琶湖で船に飛び込んで来た鮒に、「おまえの身が私の腹に入れば、私の心はおまえの身に入る。私の行業はおまえの行業ともなって必ず解脱できる。だからおまえを喰ってとむらってやる」と説いて、その鮒を殺した、という説話がみえます。これは、「諏訪の勘文」とほぼ同じ理屈だと言ってよいでしょう。

諏訪社の狩猟神事

殺生功徳論は、必ずしも諏訪信仰の専売特許だったわけではありませんでした。しかし、鹿や猪を供物にする神社が少なくなった中世において、諏訪社では盛大な狩猟神事と動物供犠が続けられ、「狩猟の神」と称されるようになります。御頭祭が年中最大の祭となったのは江戸時代以降のことで、『画詞』によれば、中世の諏訪上社においては、5月初めの五月会と7月末の御射山こそが信濃一国を挙げて行う盛大な祭礼でした。どちらも諏訪社最高位の大祝を中心とする神官が頭人（祭礼に奉仕する当番の武士たち）を率いて、五月会は八ヶ岳の山中、御射山の場合は御射山社（諏訪郡富士見町・原村）周辺の狩場でそれぞれ3日間、鳥獣を狩る狩猟神事でした。

前章でみたように、鎌倉幕府は諏訪社を重視していました。13世紀後半以降、朝廷も幕府も、禅宗や真言律宗など、戒律を重視する仏教を尊重するようになります。最高権力者である執権北条時頼も禅に帰依し、律宗の僧侶を鎌倉に招いていますが、一方で諏訪の一族を近臣としています。仏教の戒律と諏訪社の神事、どちらも幕府にとっては重要で、諏訪社の狩猟神事や動物供犠を続行するためには、それらを正当化しなければなりませんでした。さらに、モンゴルの襲来に際して、軍神諏訪に対する崇敬は一段と高まり、その信仰は発展します。仏教の戒律を重視する傾向も強まりましたから、狩猟神事と動物供儀を正当化する論理は国土の防衛を担う武家にとっても必要でした。この頃、幕府に近い天台僧たちによって、「諏訪の勘文」が生み出されたのでしょう。

供犠から考える人と自然の関係

現代の私たちが「残酷だ」と感じる犠牲の殺害や流血がイメージされ、供犠—残酷—野蛮と連想されがちかもしれません。無作法で荒っぽく、無教養なことを「野蛮」というならば、供犠の現場の多くは無作法ではありません。供犠には細かな規則があり、実践する人々はそれを守ろうとします。また、殺生功徳論を生み出した宗教者たちがそうだったように、知識や教養があったからこそ、悩み、葛藤し、供犠を正当化する論理を考え出したのです。

殺すことが「残酷」で「野蛮」だと言うならば、現在の私たちはどうでしょうか。私たちの社会は、中世よりもはるかに多数の動物を殺しています。流通・販売の都合で大量の食品が廃棄されていることは問題視されるようになっていますが、そもそも食品が命ある動植物だったことを思い、悩み、葛藤している人はどれほどいるでしょうか。供犠の意味を考えることは、人と動植物、人と自然との関係を考えることにほかなりません。

【参考文献】
中村生雄『祭祀と供犠——日本人の自然観・動物観——』法藏館（2001）、のち法蔵館文庫（2022）
原田信男『神と肉——日本の動物供犠——』平凡社新書（2014）
中澤克昭『肉食の社会史』山川出版社（2018）

《コラム》

日本遺産「信州上田・塩田平」の国際性
―― 安楽寺八角三重塔

和根崎 剛

上田市の塩田平・別所温泉には、山間にたくさんの仏閣が点在しています。その光景は「信州の鎌倉」と例えられ、国宝・重要文化財をはじめとした貴重な文化財が集中しています。鎌倉幕府の連署・北条義政を祖とする塩田北条氏３代（義政、国時、俊時）が居を構えたことにより、当時、幕府の保護を受けた臨済禅の影響を強く受けた色濃い鎌倉の仏教文化が塩田平にもたらされました。

そのうちのひとつ、国宝・木造八角三重塔（写真 1）の流麗かつ荘厳な姿に圧倒される安楽寺は、信州最古の禅寺として知られています。鎌倉時代に臨済宗の寺として開山したのは、信州木曽出身の樵谷惟僊と伝えられています。その生涯には不明な点が多いのですが、13 世紀半ばに宋に渡って禅を学び、鎌倉建長寺の開山・蘭渓道隆が来日する際の船に同乗して寛元４年（1246）に日本に帰国したと伝えられています。続く拗牛恵仁住職は宋の人で、やはり蘭渓道隆と同じ船で来日しています。境内の「伝芳堂」（開山堂とも）には、椅子に腰掛けて竹篦を握った、ふたりの等身大の像が並んでいます。こうした禅宗のリアルな祖師像を頂相といいます。鎌倉から遠く離れた別所温泉の地に、禅の文化を開花させた亡き師の徳を慕う門弟たちによって造られたものと考えられています（写真 2）。

写真１　石段から見上げた塔

写真２　安楽寺の頂相

鎌倉時代の安楽寺は、塩田北条氏により保護されていたとみられます。幕府滅亡後も、嘉慶２年（1388）に「諸山」という高い寺位を与えられるほどの名刹だったようですが、やがて衰退。天正８年（1580）頃に高山順京によって再興され、曹洞宗の寺院となりました。

本堂から続く何段もの石段を上った、境内の一番奥に聳える国内で現存唯一の木造八角塔は、文化財保護法のもとで昭和 27 年（1952）に松本城とともに信州で最初の国宝に指定され、令和２年に認定された日本遺産「レイラインがつなぐ「太陽と大地の聖地」～龍と生きるまち 信州上田・塩田平～」の主要な構成文化財にもなっています。石段の途中から見上げると、軒裏の見事な造形に誰もが目を奪われてしまう、そんな不思議な魅力を醸し出す塔です。

写真３　昭和初期の絵葉書

写真４　禅宗様の特徴が色濃い軒裏

写真３は昭和初期に発行された絵葉書。タイトルには「八角四重の塔」とあります。「えっ？三重塔じゃないの？」実はこの塔、国宝に指定されるまでは「四重塔」と呼ばれていたのです。ではなぜ「四重塔」が「三重塔」と呼ばれるようになったのでしょうか……。それは単なる見解の違い。国宝指定にあたり、最下は「裳階（もこし・ひさし）」とされ、「裳階付きの三重塔」とされました。当時の別所村時報は、地域の宝が国宝に指定されたことを喜ぶ半面、びっくりするほど不可解な名称変更に戸惑う村民に対し、その経過と新たな見解についてページを割いて報じています。

塔の高さは 18.75 メートルで、屋根は桧の薄い板を重ねた「こけら葺」です。軒裏の扇垂木（垂木を放射状に配置）、詰組（組物：軒の出を支える構造材）を柱の上だけでなく柱間にも付けること、柱の下に見られる礎盤という台。そして、初重の天井には「藻井（そうせい）」と呼ばれる宋の建築様式が採用されています。こうした特徴は当時、鎌倉で盛行した正統派の「禅宗様」を示す（写真４）ものですが、初重内部に大日如来像が安置されるなど、奇異な点もみられます。国内にはひとつしか現存しない木造八角塔ですが、中国にはいくつか例があるようです。

宋で禅を学んだ樵谷惟僊が開山した安楽寺。そして、宋から渡来した蘭渓道隆は開山と、拗牛恵仁とともに八角三重塔の造立に大きく関わっていると考えられています。なかでも鎌倉建長寺の開山となり、幕府と強い関係を築いた蘭渓道隆は、塩田北条氏の祖・義政とは何かしらの縁があったのでしょう。安楽寺木造八角三重塔をはじめとした宋に由来する禅宗文化。信州上田・塩田平に見られる国際性は、この３人の僧の存在を抜きにして語ることはできないでしょう。

【参考文献】
「安楽寺八角三重塔」「木造惟僊和尚坐像」「木造恵仁和尚坐像」『上田市誌』文化財編　上田市・上田市誌刊行会（1999）
「安楽寺八角四重塔の話」別所公民館報「をがみ」第9号 昭和 27 年 1 月 1 日（『別所時報縮刷版』別所時報復刊刊行会、1980）

東アジア喫茶事情から考える中世信濃の茶

祢津宗伸

お茶の飲みはじめはいつ？

長野県人はお茶好きで知られています。最近は少なくなりましたが、お茶うけの漬物をつまみながら、急須に湯を足し続け、出がらしになったお茶を延々と飲む光景は一昔前まではどこでもよく見られたものです。では、そのお茶を信濃の人たちがいつから飲みはじめたのか？　これは意外に難しい問題です。しかも日本で急須が普及しはじめるのは19世紀になってからです。つまり、それ以前は茶の飲み方も今とは異なるのです。そこで信濃での喫茶のはじまりを東アジア史との関連で考えてみましょう。

中国の茶

茶の原産地は中国南部といわれ、茶は中国の特産品として知られてきました。9世紀、唐の時代に陸羽という文筆家が現存する世界最古の茶の書物である『茶経』を著します。そこで述べられている茶はおもに煮て飲む茶、煮茶です。陸羽は茶に混ぜ物を加えず、そのまま茶の風味を嗜むことを勧めています。実はその頃の茶は様々な食材と一緒に煮て飲むことが多かったのです。また茶がそれほど普及していなかったため、『茶経』を読んで初めて茶を知る人びともいました。そのためか唐の詩人たちは茶を飲む詩は作っていません。彼らが好んだのは「一杯一杯復（また）一杯」（李白）というような酒を飲む詩でした。

中国で茶が本格的に普及するのは10世紀以降の宋の時代になってからです。大量の茶が生産されるようになり、茶は北方遊牧民へも輸出されました。詩人たちも茶を飲む詩を作るようになります。また宋代には茶が仏教寺院でも用いられ、特にこの頃にさかんになった禅宗では、茶を飲む作法が修行の一環としてこと細かに定められるようになりました。

では宋とその後の元の時代の茶はどのようだったのでしょうか？　それを知る格好の史料が14世紀、元の時代に王禎という人物が中国の農業についてまとめた『農書』です。王禎は元朝に仕える地方官として中国各地をめぐる経験のなかで農産物や農具について詳しく述べた『農書』を著し、そこに茶についての記述があります。それによると当時の中国の茶には蠟茶、末茶、茗煎の3種類があったとしています。

蠟茶は皇帝専用の高級茶、末茶は日本の茶道でいう抹茶で、ともに微細な茶の粉末に湯を入れ、茶筅で泡立てて飲みます。茗煎は茶葉を煮出した茶で陸羽の煮茶、日本の晩茶（番茶）に相当します。また王禎は、ほとんどの人が茗煎を飲み、蠟茶と末茶はまれであると記しています。つまり

14世紀までは緑茶、烏龍茶、紅茶など茶葉を急須やティーポットに入れ、湯に浸して飲む茶はまだなく、煮茶・茗煎といった煮出した茶が主流であったのです。茶葉を湯に浸して成分を抽出するには、製茶過程で茶葉に撚りを入れる必要があり、その手法が開発されるのは15世紀以降、明の時代に入ってからで、緑茶、烏龍茶、紅茶の登場はこの時代から後になります。また明代になると茗煎は引き続き飲まれていますが、中国では蠟茶と末茶が消滅してしまいます。

日本での喫茶のはじまり

8世紀から9世紀の遣唐使派遣によって中国から日本へ茶がもたらされますが、ほとんど普及しませんでした。茶の本格的流行は鎌倉時代（12世紀末〜14世紀前葉）からです。鎌倉時代には宋や元との貿易が活発になり、商人だけでなく日本人僧の渡航や中国人僧の来日が相次ぎ、銅銭・磁器・一切経（仏教経典全集）などとともに喫茶の風習も日本で普及するようになります。

鎌倉時代の茶というと栄西の『喫茶養生記』が有名です。栄西は中国仏教を日本に導入しようとして二度にわたって宋まで赴いて学びを深め、日本ではまだ知られていなかった禅宗（臨済宗）とともに茶も紹介したのです。中国の禅宗寺院では茶を飲む作法が定められていたので、禅の修行には茶が不可欠でした。その栄西が書いた茶の本が『喫茶養生記』なのです。

これまで栄西の茶は抹茶であると考えられてきました。鎌倉時代後半になると抹茶を飲んだことを記録した史料もいろいろと出てきます。したがって鎌倉時代からの中世喫茶は、この抹茶の喫茶が流行したのだと考えられてきました。

ところが中世喫茶＝抹茶説には2つの大きな欠陥があります。まずは考古学発掘調査の結果です。中世の遺跡からは天目茶碗など茶碗は多数出土するのですが、茶臼はきわめてまれです。抹茶を飲むには茶臼が不可欠ですので、茶臼が出土しないということは抹茶が飲まれていない、茶碗は茶を飲むためでなく別の用途、例えば飯碗に使われていたという解釈も成り立ちます。中世信濃でも天目茶碗などはたくさん見つかりますが、茶臼は数えるほどしか出土していません。つまり中世の喫茶が抹茶であったとするならば、信濃では茶はほとんど飲まれていなかったということになってしまうのです。

そして『喫茶養生記』です。実はこの本は、茶筅や茶臼のことについては全く触れておらず、粉末の茶を「極熱湯」で飲むと書かれています。しかも入れる茶の分量は約5 ccの匙で2、3杯が標準で、さらに濃くした方がおいしくなると記されています。抹茶を茶碗に入れる分量としては明らかに多過ぎです。

これらのことをふまえると、中世の茶が抹茶だけであったかのような解釈には明らかに無理があります。身分の高い人びとが好んだ特別なもてなしのための抹茶があったのは確かですが、普通の茶は王禎のいう茗煎、つまり煮出した晩茶（番茶）であったと想定した方が合点がいきます。したがって『喫茶養生記』の茶は抹茶ではなく茗煎であり、粉茶を釜で煮出すことを述べていたと考えられるのです。王禎が記した中国と同様に、日本でも一般庶民も含めた多くの人びとが煮出した晩茶（番茶）を天目茶碗などで飲んでいたとすれば、茶臼がないのに茶碗だけが出土する理由もわかります。

中世信濃の喫茶

鎌倉時代後半から流行しはじめる抹茶は、同時期には日本以外の東アジア地域では衰退し、やがて消滅していきます。千利休により侘び茶（茶道・茶の湯）に発展した抹茶の喫茶は、まさしく日本独自の文化です。しかし、その一方でアジア地域に共通する茗煎（煮出し茶）が日本にだけなかったと想定することも不自然です。茶碗はたくさんあるのに茶臼がほとんどない中世遺跡の出土状況を考えると、高貴な身分の者がもてなしのために用いた特別な抹茶と一般庶民をふくめた多くの人びとが日常的に飲む煮出した茶の２種類の茶があったと考えるべきでしょう。

そして、そのことを裏づける史料が木曽郡大桑村の定勝寺にあります。定勝寺には15世紀の寺院備品目録と支出目録が残されており、備品目録には茶碗などの茶道具のほかに石磨と焙炉が、支出目録には「吉茶」と「火屑（簸屑）」が記されています。「吉茶」は高価で高級な抹茶と考えられます。「簸屑」とは粗悪な粉茶のことで煮出して飲んだのでしょう。石磨は茶臼かもしれません。焙炉は製茶に使う道具で、定勝寺は茶を購入するとともに茶を栽培して製茶していたことがわかります。つまり特別なもてなしのための抹茶と普段使いの煮出し茶の二本立てであったのです。

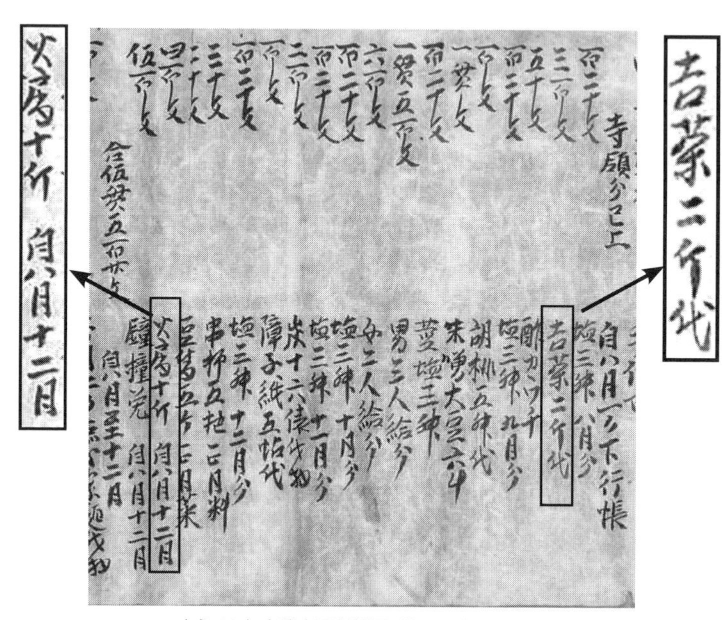

応永28年定勝寺下行帳写（部分、定勝寺所蔵）

また飯田市の開善寺は16世紀末の検地帳に茶畑が記載され、17世紀に作成された絵図では境内のほとんどが茶園になっています。信濃でも中世から茶の栽培がおこなわれていました。そして栽培された茶のほとんどは煮出した晩茶（番茶）として消費されたと考えられるのです。

世界史のなかの茶

17世紀初頭にイエズス会宣教師が日本語の意味をポルトガル語で解説した『日葡辞書』を制作しました。そのBancha（番茶）の項には「上等でない普通の茶」と記されています。どうやら私たちは抹茶を喫する日本独自の文化である茶道の圧倒的存在感に押され、普通の茶である晩茶（番茶）の存在をないがしろにして来たようです。しかし、東アジアの喫茶事情をふまえたうえで日本列島での茶の歴史をたどってみると、茶筅でたてる茶道の茶だけではなく、多くの人びとが日常的に飲む煮出した茶の拡がりが浮かび上がってくるのです。

17世紀からイギリスに輸出された中国の茶は、やがて産業革命期労働者の重要な飲料となり、

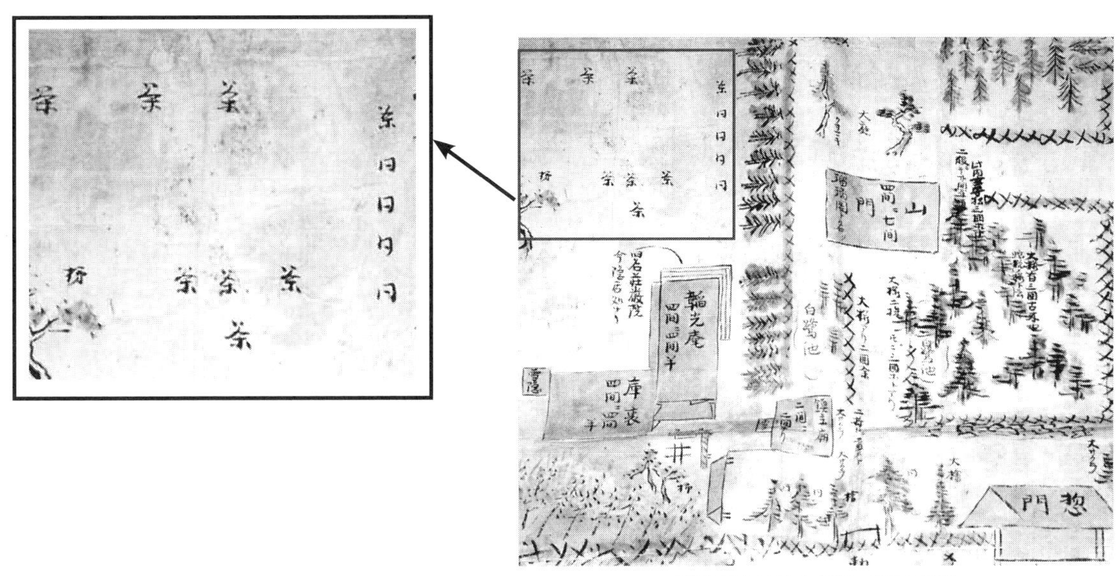

開善寺境内絵図（部分、開善寺所蔵）

また東インド会社の茶貿易はボストン茶会事件などからはじまるアメリカ独立戦争や清朝滅亡のきっかけとなるアヘン戦争をひきおこしました。茶は世界史を動かした農産物でもあったのです。文字通りの日常茶飯事であるお茶にも人類の古くからの営みが反映されているのですが、わかっていないことも多いのです。というわけで、お茶を飲みながら、その来歴や世界史のなかでのはたらきについて思いを馳せてみてください。

【参考文献】
祢津宗伸『中世地域社会と仏教文化』法藏館（2009）
祢津宗伸「鎌倉時代禅宗寺院の喫茶」、村井章介編『東アジアのなかの建長寺』勉誠出版（2014）
祢津宗伸「東アジア仏教文化と中世信濃の喫茶 ── 王禎『農書』の茗煎・末茶・蠟茶に基づく考察 ── 」永井晋編『中世日本の茶と文化 ── 生産・流通・消費をとおして』勉誠出版（2020）

海を渡った信濃の禅僧

村石正行

国際的だった中世の信濃

長野県は山岳に囲まれた海なし県。皆さんはこの中世という時代の信濃はきっと閉鎖的な地域だったと思う人もいるかもしれません。その点を検証するために、中世の信濃の位置づけを東アジアという国際的な環境から眺めてみましょう。

当時中国から伝来し広がった仏教諸派のなかに臨済宗（りんざいしゅう）があります。臨済宗は鎌倉幕府の歴代の執権（しっけん）が帰依（きえ）したことから首都鎌倉にその中心となる禅宗寺院が多くつくられました。そこには中国から渡ってきて禅の教えを伝えた渡来僧（とらいそう）も数多くいました。禅宗は、座禅（ざぜん）というストイックな修行を通じて自ら悟（さと）りを開くという点で、日本の武士の積極的な共感を得ていたのです。

南宋（なんそう）の禅僧蘭渓道隆（らんけいどうりゅう）（1213–78）はモンゴル（元（げん））の圧迫により日本へ亡命しました。執権北条時頼（ほうじょうときより）の要請で鎌倉に建長寺（けんちょうじ）を開山し、京都建仁寺（けんにんじ）住持を経るなど指導的な僧でした。

ところがフビライハンによるモンゴル戦争（元寇（げんこう））時には、道隆は元のスパイとして甲斐国（かいのくに）（山梨県）東光寺（とうこうじ）に配流（はいる）されてしまいます。この時期、道隆は諏訪の法華寺（ほっけじ）（諏訪市）、伊那郡西岸寺（せいがんじ）（飯島町）・実際寺（じっさいじ）（同）・建福寺（けんぷくじ）（伊那市高遠町）、小県の保福寺（ほうふくじ）・長安寺（ちょうあんじ）（上田市）など信濃国の諸禅寺を開山しています。

モンゴルの禅僧一山一寧（いちざんいちねい）（1247–1317）はモンゴル戦争後、元の国使として日本へ朝貢（ちょうこう）を督促（とくそく）する使者として派遣されてきました。元軍再来を警戒した鎌倉幕府は一寧を伊豆修禅寺（しゅぜんじ）に幽閉（ゆうへい）しました。その後許されて、鎌倉建長寺を再建し、円覚寺（えんがくじ）、浄智寺（じょうちじ）の住持を経て、諏訪慈雲寺（じうんじ）、中野太清寺（たいせいじ）の開山となりました。

このように信濃国には大陸の最先端をいく禅宗の法統（ほうとう）がダイレクトに入ってきていたのです。また中世信濃国では鎌倉時代後期から室町時代前期にかけて、数多くの著名な臨済宗の僧侶を生み出しました。しかも中国大陸へ渡唐（ととう）していることは、古くからよく知られています。室町時代初期の高僧義堂周信（ぎどうしゅうしん）は次のように信濃国を評しています。

> 信（しん）は山峻抜（しゅんばつ）にして地気寒冽（ちきかんれつ）、厥（そ）の俗（ぞく）は勇敢剛烈（ゆうかんごうれつ）の身（み）に加（くわ）ふといえども、その膚撓（はだたわ）むことなし、氷雪（ひょうせつ）の酷苦（こっく）、その操変（みさおへん）することなし。故（ゆえ）に人物儁偉（しゅんい）多し、間佳衲子（ままかのうす）の出でて大方（おおかた）に拠（よ）りて法幢（ほうとう）を建つるあり。葦航然公（いこうねん）・規庵圓公（きあんえん）・玉山璇公（ぎょくざんせん）・今の此山在公（しざんざい）のごとき者、固（まこと）にまた衆（おお）し（『空華集（くうげしゅう）』）

安楽寺八角三重塔（筆者撮影）

信濃は山が険しく気候も寒さがきびしいことで知られている、その人々の性格は勇敢で激しいものであり、気力は決して撓むことはない、氷雪の苦しさでもその精神は決して変わることはない、そのため人物には才能が優れたものが多い、とくに素晴らしい禅僧が世に出て、大道場で法幢を建てるものがいる、と記しています。臨済宗の高僧は室町時代には将軍の帰依を受けたり、外交僧として活躍するものがいました。

中国から渡ってきた蘭渓道隆と同じ船で帰国したのが信濃国出身の樵谷惟仙です。上田市塩田にある安楽寺の開山となった禅僧です。安楽寺には日本で現存する唯一の八角三重塔（国宝）があり、これは中国式堂塔として極めて珍しい建築です。

雪村友梅

臨済宗楊岐派の法脈を伝えた雪村友梅も数奇な運命をたどりました。雪村友梅は越後国白鳥郷（新潟県長岡市）の人で、母は信州須田氏の出であると言います。須田氏はもともと千曲川中流域の高井郡砂田（現在の須坂市）を出自としています。この須田氏が越後信濃川下流域にも所領を持っていました。その縁故で越後の武士と婚姻関係を結んだようです。正応3年（1290）東大寺俊乗房重源が母の夢枕にたち、目を覚ますや懐妊、こうして生まれたのが雪村であったといいます。なお水墨画家で著名な雪村周継とは別人です。

天凜秀抜の才だった幼少の雪村は、鎌倉に出て、渡来僧一山一寧の侍童となりました。このとき一山は三名を特に名付けて、友松・友竹・友梅としました。雪村は京に上り受戒し、建仁寺に住しました。18歳（1308年）のとき入元を決意し「大船着岸、観光2年」、すなわち江南の地を2年周遊したと言います。元の水墨画家趙孟頫は唐の書家李邕に酷似した雪村の文字を見て驚嘆したと伝えられています。友梅は能書家でもありました

雪村はその後一山一寧と同門の叔平隆のもとに赴いて教えを請い、その博学多聞で徳深い師の禅風を学んだと伝えられます。

しかし日本遠征後の元は、対日関係がきわめて冷却していました。そのため多くの日本人とともに雪村は日本のスパイという嫌疑をかけられ幽閉されてしまいます。この禍により雪村の師、叔平隆も幽閉され獄死してしまいます。この2人の禅僧の幽閉理由については、日本人商人と元の慶元路軍との戦闘と住民の暴徒化による混乱があったと思われます。禅僧だけでなく当時の中国や朝鮮には多くの日本人商人が行き来していました。

雪村は異国の地で斬首刑に処せられる運命にありました。雪村は処刑直前、元の支配を嫌って日本に亡命した僧無学祖元の詠んだ七言絶句の詩を刑吏の面前で朗々と詠じました。彼らは恐懼し、雪村は図らずも死刑は免れました。しかし帰国は許されず、その後も大陸に留め置かれます。雪村が日本に帰国できたのが元徳2年（1330)、上陸から22年目のことでした。

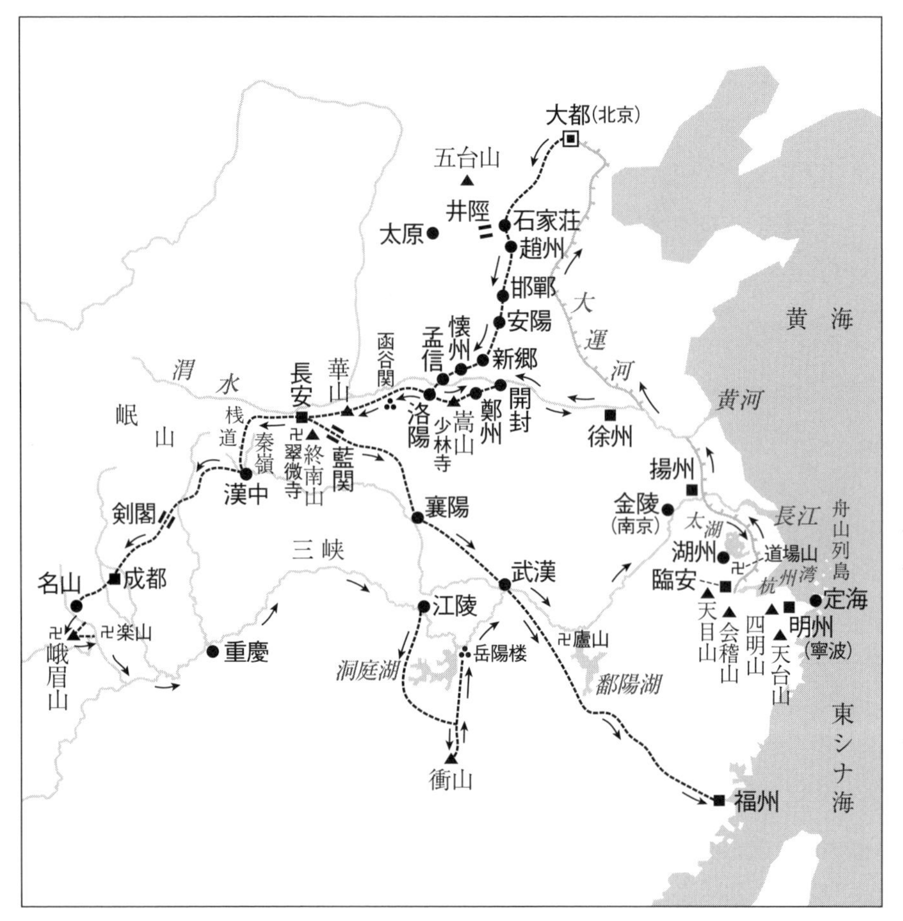

雪村友梅の中国周遊ルート（今谷明著書より作成）

雪村が当時の外交の玄関口の博多から鎌倉へ入りました。鎌倉玉雲庵に住した後、諏訪郡慈雲寺（諏訪市）が無住となっていたため、得宗被官諏方氏の師でもあった一山一寧を勧請開山とし、雪村は住持となります。さらに筑摩郡徳雲寺（松本市）の開山一世となりました。その後の雪村は、嵯峨野の西禅寺（京都市）住持、播磨守護赤松円心の帰依を請け法雲寺（兵庫県上郡町）開山となるなど、地方有力武士の保護と崇拝をうけました。五山万寿寺・建仁寺住持を勤め五山僧として立身出世を遂げることになります。

天与清啓

室町時代の臨済宗外交僧として信濃国出身の天与清啓を忘れるわけにはいきません。天与は伊那郡国人と知久心源（飯田市）の子として生まれました。叔父の法全寺伯元清禅のもとで出家しました。京都に上洛する師にしたがい、建仁寺の塔頭で信濃守護小笠原氏の祈祷寺禅居庵の庵主となりました。禅居庵は南北朝時代、小笠原貞宗が元の渡来僧清拙正澄に帰依し、清拙を開山として建立した寺院です。清拙が開祖となる臨済宗大鑑派の寺院は小笠原氏との縁で飯田を中心に勢力が広がりました。渡来僧を祖とし、清規（禅僧が拠るべき規範）を重視し、厳しい修行で知られる大鑑派は、大陸の禅宗様式を強く意識した、極めて中国的な法統として知られています。

天与は足利義政が派遣する宝徳年間の遣明船に遣明正使東洋允澎に随行し従僧として明の首都北京に赴きました。帰国後、享徳3年（1454）12月にその功績として能登国安国寺（諸山）住持となり、次いで信濃国開善寺（十刹）住持となりました。当時の官立寺院は諸山→十刹→鎌倉・京都五山（最上位）として格付けされていました。天与はその住職として出世を遂げました。

さらに幕府は天与の外交手腕を評価し、寛正元年（1460）に彼を遣明正使に任命しました。天与は再度上洛し、この功でついに京都五山建仁寺の住持となりました。

天与が実際に明に入ったのは応仁２年（1468）のことでした。足利義政の書状を明の皇帝に届けています。この渡来に付き従った有名な人物に、儒学の薩南学派の祖桂庵玄樹、水墨画の大成者となる雪舟等揚などがいます。のちに周防国大内氏のもとに滞在中、天与は雪舟の描いた水墨画にあわせ七言律詩の漢詩を寄せました（これを賛といいます）。禅僧は漢文の素養が必須でしたが大鑑派の僧は特に中国風漢詩に長けていました。

湖亭春望図（複製 長野県立歴史館所蔵）

湖亭の春望
湖曲の寒さ残り梅いまだ尽きず。新晴の散策閑遊を恣にす。
塵間回首するに百年の鬧。世外に蹤を蔵して万事休む。
暮嶂に層々とする千仏の頂。春波は渺々とする一僧の眸。
夕嵐の渓上に湧く孤塔。遠眺は吾をして終日留めしむ。

（早春の湖の周りには梅の花が尽きることを知りません。思索にふけり散策するのにとてもよい季節なのです。世情を顧みれば百年の騒がしさ。だから世間を離れ一切を心静かに過ごしています。僧の目には、西日に照らされた夕方の峰々は千仏の頭のように連なり、寄せる波がゆったりと果てしなく映っています。夕方の風が仏塔をひときわ存在感を増して浮かび上がらせます。遠い眺めに私は終日飽きることがありません。）

文明元年に天与一行は帰国しました。すでに京都は応仁・文明の乱で混乱の中でした。幕府への正式な報告もできずに、天与は飯田に戻り法全寺で生涯を終えたと考えられます。

室町幕府の中で国際的感覚を身に着けた禅僧は、外交的な面で登用されていきました。純粋な意味での中国語「漢文」は東アジアの公用語といっても過言ではありませんでした。漢詩を駆使する多くの禅僧を生み出した信濃はその意味で、当時、東アジア世界の中の日本で、最前線に位置していたといっても過言ではありません。信濃の禅宗の歴史は、東アジア世界と信濃とを結びつける格好の素材といえるでしょう。

【参考文献】

阿部芳春編『信濃名僧略傳集』 信濃毎日新聞（1934）
今谷明『元朝・中国渡航記』宝島社（1994）
伊藤幸司「吉川史料館蔵「湖亭春望図」の著賛時期」信濃史学会『信濃』第63巻12号（2011）
村石正行「雪村友梅の母」信濃史学会『信濃』第63巻12号（2011）

諏訪湖御神渡りと気候変動

村石正行

諏訪湖御神渡に見る気候変動

昭和 53 年の御神渡り（八釼神社提供）

今年は諏訪湖に御神渡があるかどうか。信州人にとっては毎年冬の風物詩。現代においてもなお広く関心を持たれる自然現象です。御神渡は湖面の結氷期に諏訪上社から下社側に向かって生じる氷の亀裂です。諏訪上社の男神（建御名方命）が下社（下諏訪町）の女神（八坂刀売命）に逢いに行く足跡と伝えられてきました。結氷後、最初に出現した南北方面に走る御神渡を「一の御渡」、続いて同じ方向に現れた「二の御渡」、東岸からできて、一・二の御渡に直交するものを佐久新海明神の足跡として「佐久の御渡」と呼んでいます。その生じ方をやつるぎ八釼神社の宮司が判定と神事をつかさどり吉凶が占われました。鎌倉時代からこの記録が注されたとされていますが、実際に残っているのは、室町時代中頃からのものです。

この諏訪湖結氷の子細を記録して室町幕府に注進したものを「御渡注進状」といいます。注進状の原本は、幕府の滅亡により残存していませんが、諏訪にはその発給文書の手控えとして、諏訪社大祝（諏訪社の最上位の神職で生き神とされた）によって書き留められたものが幸いにして残されています。嘉吉 3 年（1443）から江戸時代前期の元禄時代までの記録が「当社神幸記」と呼ばれる冊子 5 冊です。具体的に一例を見てみましょう。

（1）当大明神御渡之事

十一月十七日夜、湖水結ぶと擬さしむ、
同十九日辰剋、当社浜平池より下御す、佐久新海明神は、浪柳渡より下御す、
湖中において御参会す、この旨を以て御披露あるべく候、恐惶謹言
永正十二年乙亥十一月十九日　　　　大祝神頼満
進上　御奉行所

永正四年丁卯ヨリ甲戌ノ年マテ御渡これなきにより、注進あたわず候

（2）当大明神重御渡之事

同廿一日、卯剋、栗林北方高畠より渡り下御し候、この旨を以て御披露あるべく候

恐惶謹言

永正十二年乙亥十一月廿一日　　　　　　　　　　　大祝神頼満

進上　御奉行所（「諏訪神幸記」）

永正12年（1515）の結氷を注進する文書の写です。これによれば、まず11月17日（現代暦12月12日）には浜平池（岡谷市）側から、新海明神は浪（並）柳渡より下り、湖の中途で出会ったと奉行所へ報告しています。続いて（2）では11月21日（現代暦12月26日）には栗林北方高畠より亀裂があり下ったという報告を奉行所へ送進しています。（2）の御神渡りを重御渡といいます。かならず二度の報告を諏訪大祝が行ったのです。江戸時代は、小和田村の拝手と呼ばれる役人が諏訪社五官外記大夫千野氏に結氷の様子を報告しました。外記大夫は報告書の案文（控え）を大祝へ提出し、それを大祝が奉行所へ提出しています。おそらく中世も同様の方法で行われたものと思われます。

ここで注目したいのは、「永正4年から11年までの7年間も、諏訪湖の結氷が見られなかった、従って幕府への注進状が作成されなかった」と注記している点です。

例えば当時の記録には、「永正十一年雪が一シーズンに一、二度しか降らなかった」（「妙法寺記」）、「冬暖、梅花発、二月の如し」（「暦仁以来年代記」）とあるように、全国的な暖冬の時期に当たったようです。諏訪社の記録で長期間にわたり御神渡が観測されなかったのは16世紀初頭のこの時期だけです。

信濃の諏訪氏と京都の諏訪氏

中世の大祝が注進状を送った「奉行所」が具体的にどこだったかは、先の史料に続けて写し取られた幕府からの反応によってあきらかです。

この時御太刀一腰、御馬一疋索進すべきの由仰下される也、よって執達件のごとし、

諏方散位

奉行所伊勢守

これによれば、室町幕府将軍足利義稙の意を奉じた伊勢守および諏方散位の連署により、太刀と馬を幕府へ貢ぐように諏訪上社側へ求めたことがわかります。伊勢守は政所執事伊勢貞陸、諏方散位は室町幕府奉行人諏方長俊であることが知られます。注進状が届けられた奉行所は、室町幕府政所であったことがわかります。ここにみえる諏方長俊は京都諏方氏という、諏訪上社を出自とする幕府の役人一族です。次の天文16年の注進に対しての幕府からの返書も、京都諏方氏が注進状受理の担当であったことを明示しています。

諏方大明神御渡事注進到来し訖んぬ、いよいよ御祈禱精誠を抽んずべき由仰せ下さるると

ころ也、よって執達件のごとし

天文十六年三月二日　　　　　　　　　　　　　　　　　　大和守

伊勢守

当社大祝殿

「右諏方指し合いの間飯和これを調進す」(「足利義輝御内書案」)

この史料は室町幕府将軍の発給した御内書を書き止めた書類に載った文書です。将軍足利義輝の意を受けた奉行人飯尾大和守尭連と伊勢伊勢守貞孝が諏訪社大祝へ出したものです。内容は諏訪御神渡の注進状が幕府政所に到着した、さらなる祈祷をするように大祝に命じた、というものです。御内書は担当奉行と呼ばれる奉行人が案件ごとに調進（文書を調えて発信すること）します。追筆部分から、奉行人諏方氏の差図で飯尾尭連が担当奉行人として作成したことがうかがえます。ここでいう諏方氏は奉行人諏方晴長です。

諏訪神事を統括する諏訪大祝からの報告を幕府で受理する担当が、同族の京都諏方氏だったことが注目されます。吉凶を占う信濃の諏訪大祝。注進された報告書を京都で受け取り幕府へ取り次ぐ同族の京都諏訪氏。そして幕府は諏訪大祝に対して、祈祷をしっかり行うように京都諏方氏を通じて命じる。これは諏訪と京都の同族による分業といえます。

15・16 世紀の気候

過去の気候変化をみる指標に海水面の変動という指標があります（海水準）。日本で著名なのは縄文時代の温暖化を示す「縄文海進」です。奈良・平安時代中頃は寒冷期で海水準が今よりも1メートル程度低かったという研究もあります。平安時代後期から温暖化が進みましたが13世紀後半には再び寒冷期となりました（パリア海退期）。16世紀中頃までには再度海進して気温が上昇したことが知られますが、江戸時代までは現在よりも寒冷な気候であったことが分かっています。

宮中の観桜会の日付や京都の降雪率をもとに吉野正敏氏は16世紀の気候について15世紀よりも温暖であったと推定しています。これは、生育環境中の水や気候条件に反映する酸素同位元素分析を屋久島の屋久杉の年輪から行った結果から得られた気候変動とも一致しています。屋久杉の一つ一つの年輪の成長幅だけでなく、酸素の含有比率から年輪の形成された当該年の気候を推定する方法です。

諏訪湖の結氷記録が室町時代中頃から江戸時代中頃までしっかりと記録されています。二の御渡や新海明神渡がなかったり、途中で消えるなどの年もありましたが、永正年間の7年間のほか天文16年、寛文11年を除けばほぼ全面結氷していたことがわかります。このことは、信州に残る歴史史料から、「パリア海退期」という小氷期を実証することができることを示しています。まさに地域からグローバルな歴史像を復元することができるのです。

慶長六年、上杉景勝の家臣として有名な前田慶次郎が京都から米沢へ移動する道中、下諏訪に滞在しました。慶次郎は有名な御神渡を楽しみにしていました。しかし旧暦11月3日（現代暦1601年11月27日）では早過ぎて御神渡どころか諏訪の結氷すらありませんでした。慶次郎は「凍らぬは神や渡りし諏訪の海」と詠みます。上社の男神が下諏訪の女神に逢いに行く際に結氷するという

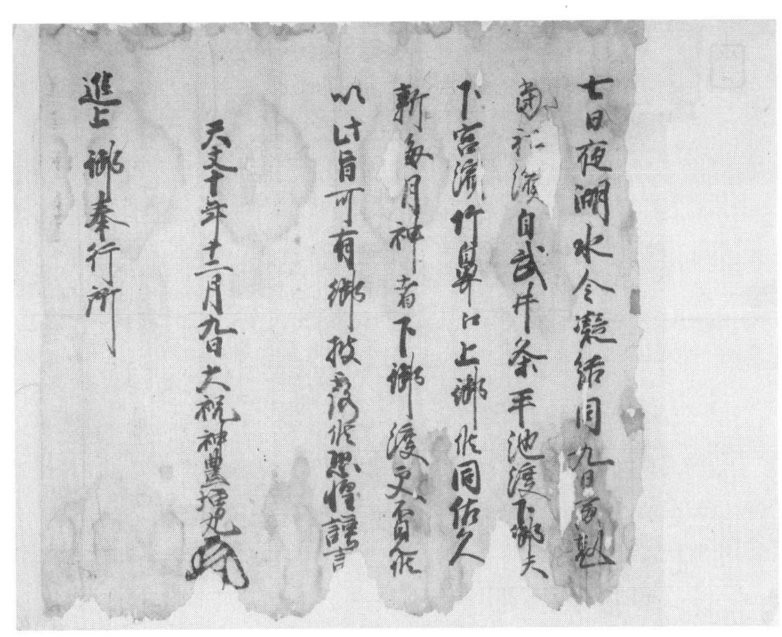

御渡注進状（諏訪市博物館所蔵）

伝説を慶次郎は知っていました。慶次郎は既に神渡は終わったものと誤解したのです。しかし大祝の記録によれば、この年は12月7日に結氷し10日に一の御渡、13日に二の御渡がありました。しかも新海明神の御渡も出現しています。慶次郎は1ヵ月早く諏訪へ来たため、御渡に遭遇できなかったというのが真相です。これは御神渡が当時いかに知られた自然現象だったか知ることのできるエピソードでしょう。

【参考文献】
茅野市神長官守矢史料館史料図録『御渡　史料と科学からみる諏訪の不思議』（2018）
吉野正敏「世界と日本の古気候」『気象研究ノート』147、日本気象学会（1983）
峰岸純夫『中世災害・戦乱の社会史』吉川弘文館（2001）
村石正行「中世後期諏方氏の一族分業と諏訪信仰」福田晃・徳田和夫・二本松康宏編『諏訪信仰の中世　神話・伝承・歴史』三弥井書店（2015）

鉄炮を運んだのは誰か？

村石正行

地侍から領主へ

室町時代、商品作物の栽培がさかんになると商業やそれに伴う流通が急速に進展していきます。戦国時代には戦国大名のもとで商業がコントロールされていきました。商人や輸送業者は富を蓄え、その経済力を背景に広範囲に活動した有徳人や蔵本と呼ばれる人々が全国で活躍します。彼らは戦国大名の領国の枠を越えて広範囲に多面的な活動をしていました。

戸隠山のふもと広瀬荘（長野市）出身の立岩（立屋）氏もそのひとりと考えられています。広瀬荘は久安２年（1146）、大法師行智が六勝寺のひとつ崇徳上皇の祈願寺成勝寺に寄進して成立した山間地の荘園です。室町時代には地域の武士落合氏の活動する領域でした。もともと立岩氏（立屋＝長野市上ヶ屋）をはじめ、鑪・桜・香坂・上野・得間（徳間）・江本などは落合氏の一族でした。彼らは乙名という村落の有力な地侍たちでした。飯縄明神千日次郎大夫との関わりから、もともとは戸隠・飯縄社の山伏集団の一員といわれています。

川中島合戦で葛山城を守備していた落合氏が武田信玄により分断され城が落ちると、立岩氏らは降伏し武田家の家臣となったのです。武田氏は千曲川河北地域の新たな地域支配を行うため、彼らを「衆」に編成し、集団で地域を支配する領主としました。これが「葛山衆」です。武田勝頼の時代から葛山の地には料所（特別の費用をまかなう領地）が置かれていました。

天正10年に武田家が滅亡後、北信濃は織田信長領、ついで上杉景勝領となりました。葛山は島津忠直が城将であった長沼城領となり、葛山の乙名衆は長沼に移って奔走するように景勝の腹心直江兼続から命じられています。実は、上杉領となった北信濃の武士の中には兼続の直臣集団（与板衆）になっているものも多くいました。

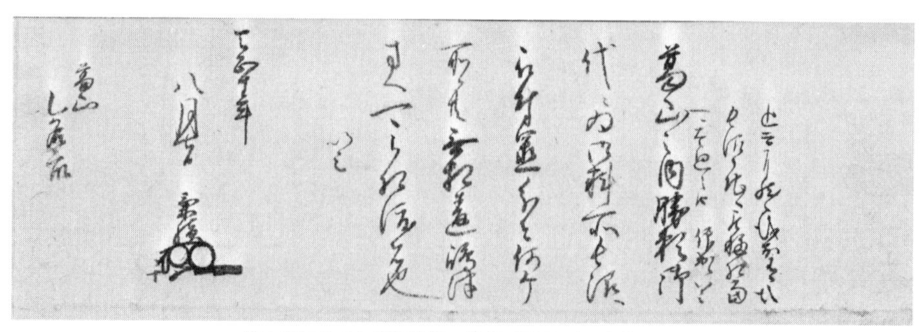

葛山衆にあてた直江兼続の書状（長野県立歴史館所蔵）
武田氏時代の御料所だった葛山の地は、上杉家臣島津氏に付置されたことがわかる。

「上乗」立岩喜兵衛の活躍

山伏たちは信者を得るために各地を廻り、檀那から寄附を募るなかで富を蓄えていきました。山伏や御師とよばれる信仰を伝える人々のなかには独自のネットワークを用い、領内だけでなく幅広い地域で商いを行うものも多かったのです。山伏と関わりの深い葛山衆立岩喜兵衛は、各地にその足跡を残しています。

まず豊臣秀吉の朝鮮出兵のときには上杉氏の兵糧米の輸送や管理を任され、さらに朝鮮へ鉄砲など武器を輸送したことがわかっています。またその富を背景に米の貸しつけを行う商いも直江兼続の指揮の下で行いました。

天正19年（1591）8月、立岩は秀吉の朝鮮出兵の前線基地である肥前国名護屋（佐賀県）に上杉景勝の陣所を建設するための先遣隊として派遣され、兵糧米を貯蔵する蔵屋敷を建設しています。

文禄元年（1592）4月、兼続は立岩喜兵衛に対して次のように命じています。

(1) 立岩が輸送した船八艘に積載された米三千石は上杉家から豊臣秀吉に進上するので名護屋にいる五奉行の増田長盛へ渡しなさい

(2) 米の引渡し方法は増田・直江方で相談したので使者から指示がある

(3) 石見国（島根県）の高野聖（諸国をめぐる高野山ゆかりの僧侶）が注文した米の分は、運賃分をそこに含んで計算させた注文書を受け取るように。

などと記しています。兼続はこのとき景勝とともに名護屋に在陣していました。立岩は9月にも米をやはり信濃出身の上杉家臣駒沢権右衛門を通じて秀吉方に運び込んだことが知られています。立岩は上乗という、積荷管理を行う船主だったのです。広瀬荘という戸隠周辺の山間地出身の山伏が、大海原の船乗りだったというと少し驚きです。

兵站を担う立岩喜兵衛

上杉氏は文禄2年（1593）には朝鮮に渡海し、景勝は熊川倭城（大韓民国慶尚南道昌原市）を構築しています。

文禄2年2月、秀吉の正妻北政所が、信濃国川中島の苧麻（イグサ科多年草のからむしの繊維）千貫目を直江津から名護屋へ輸送するために下関（山口県）で継いで輸送するように、と下関の役人に命じた文書があります。北政所は大坂奉行を管理していたため、直江・新潟津から輸送された苧麻はいったん敦賀か小浜（福井県）で陸揚げされ京都・大坂に運送され、再度船で瀬戸内から下関を経て名護屋に輸送されたと考えられています。この苧麻は、秀吉が建造を命じた大型船に使用する綱とかがす（大網）の原料となるものと考えられています。実際、信濃や甲斐の苧麻が秀吉により買い占められていました。文禄2年8月、兼続は立岩に次のような書状を送っています。

(1) 立岩の船で多くの兵を移送していること。

(2) 信濃武士である滝沢が渡海してきた。滝沢は鉄炮の使い手として派遣しているものだ。

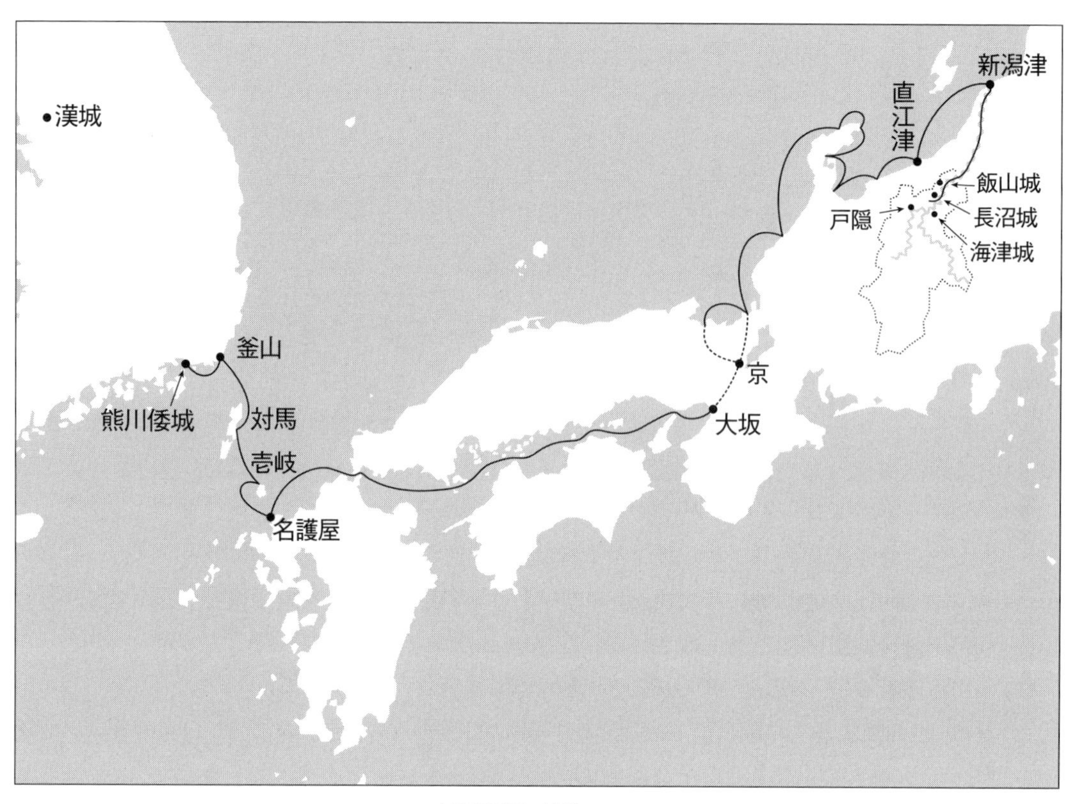

立岩喜兵衛の輸送ルート

(3) 石田三成方から米を借用しているので、その返済しなければならない。そこでまず立岩の米を上杉の奉行人泉沢久秀が借用し返済に充てたい。

(4) 使者の滝沢を通じて上杉家で信州出身の弓組大峡覚兵衛のうちから弓・矢じり・槍、さらに与板衆の土橋維貞の足軽衆のなかから良い鉄炮を調達させなさい。

などと記しています。景勝の渡海にあたって、立岩は兵糧米だけでなく、武器の輸送にも関係していたことが分かります。また、米の貸借もしていたことが知られます。このような戦場における前線へ武器や食料を補給する後方の機能を兵站といいます。立岩が上杉景勝の朝鮮出兵の兵站を担っていたのです。立岩が担った越後・信濃産の米も、先に見た苧麻と同様の輸送ルートで運ばれたと考えられます。立岩は信濃から千曲川・信濃川をくだり新潟津（もしくは関川から直江津）へ出て日本海・瀬戸内ルートを経て九州、朝鮮へ至る海運を担ったということになります。

立岩たちを支えたもの

朝鮮から帰った立岩は、故郷の戸隠神社再建に関わったとされ、上杉領だった庄内（山形県）の金山開発の差配を任されています。

慶長３年（1598)、秀吉の命令で上杉氏は越後・信濃の替地として米沢（山形県）・会津（福島県）・信夫へ国替えとなりました。北信濃の武士は景勝の移封とともに東北へ移っていったのです。武士身分は東北へ移り、百姓身分は残留したこの移封は、太閤検地により一地一作人の原則が作ら

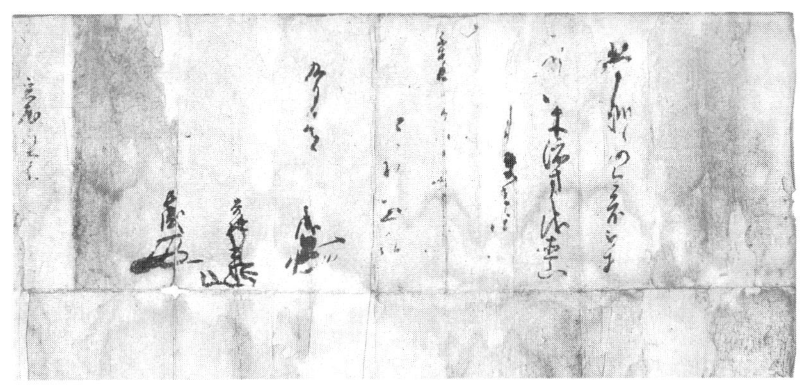

石田三成ら連署状（長野県立歴史館所蔵）

れていた北信濃でも、名実ともに兵農分離の近世社会となっていく出来事でした。
さて、この移封に際して上杉家では次のような命令が出ました。

> 越後より若松へ御国替の刻、先方衆・諸浪人御かゝへの時鉄炮の師匠を仕者かゝへ申さるべし（「鉄炮一巻之事」上杉家文書）

この命令では、会津へ加増された移封を契機に直江兼続が先方衆や浪人のなかから鉄炮技術者を領内に囲い込んだことがうかがえます。先方衆とは上杉氏譜代の家臣ではなく、のちに服属した武士たちを指します。とくに天正10年に景勝配下となった信濃武士たちも含まれています。実際に朝鮮出兵での兵站を支えた大峡は、現在の須坂市を中心にする地侍井上衆のうちの一人で、やはり兼続の配下となりました。鉄炮を調達した土橋も与板衆です。兼続に関係する信濃武士には鉄砲に関わる職能を有するものが目立っています。のちには井上衆の一人町田元秀は鉄炮衆に加えられています。兼続の妻の実家である飯山の武士尾崎氏には「岸和田流鉄炮術」の口伝書が伝わっています。木島又次郎（飯山市）は鉄炮衆を預かっています。高井郡の八町長忠と北村孫兵衛は兼続の命で鉄炮の買付を任されています。兼続は鉄炮製造に力を注いだといわれ、米沢に鉄炮屋町を建設したことはよく知られている話です。

秀吉の死後に勃発した関ヶ原の合戦では、米沢城（山形県）を守備する兼続は、石田三成に呼応し、与板衆を率いて出羽山形城の最上義光領内へ侵入しています。江戸時代に最上家の絵師が描いた屏風には、兼続と与板衆が最上方の長谷堂城（山形県）を攻撃するようすが描かれていますが、そこでやはり兼続は鉄炮隊を率いており、その書込みには春日・高梨・芋川・綱島など信濃武士の名前が記されています。のちに関流という砲術流派を米沢で建てた関之信ももとは松代（長野市）出身でした。葛山衆の膝下である守田神社（長野市）には戦国期以来の鉄炮秘伝書や火薬調合秘伝書がのこされています。

このように葛山衆など北信濃の武士たちが早い段階で鉄炮や火薬に関わった事実は大変興味深いものがあります。また立岩が金山開発に関わった点も注目されます。ひとつには山岳信仰や、呪術と開発の関係も指摘されています。また武田氏による鉱山開発などの技術の担い手という問題もあります。前者は、山伏が広範囲な活動範囲を持っていたこと、檀那を通じた勧進活動で富が集積され、それを元手に鉱山開発の担保となったことなどが考えられます。中世では職人と商人の両方を兼ねる場合が多くみられました。科学と呪術が未分化だった前近代では、山伏のような存在が開発技術の知識も有していたのでしょう。

広範な足跡を有する立岩喜兵衛。彼の活動をみることで、信濃の歴史が東アジアの歴史に直結しているということに改めて気づかされるのです。

【参考文献】
井原今朝男『中世のいくさ・祭り・外国との交わり──農村生活史の断面』校倉書房（1999）
村石正行「戦国時代の国際海運業」『信濃の歴史と風土 13　あきなう人びと──交易と交流──』長野県立歴史館（2007）
村石正行「直江兼続と信濃侍──中近世移行期の北信濃国衆の動向──」『信濃』第 60 巻 10 号（2008）
宇田川武久『江戸の砲術師たち』平凡社（2010）

近 世

松本城

浅間山

龍岡城全景
（佐久市教育委員会・解説パンフレット表紙より引用）

豊臣秀吉の「村切り」と「たのめの里」

岩下哲典

信州で豊臣秀吉の「村切り」が今でもはっきりとわかる所を見たければ、JR東日本の中央線塩尻駅で支線小野線に乗り換え、小野駅で降りてください。小野駅を背にして右手、国道153号線を塩尻方面に向って歩いてみてください。左に歩けば小野宿や問屋、小野光賢光景記念館あるいは銘酒「頼母鶴」「夜明け前」の小野酒造がありますが、今回はそちらとは反対側に、善知鳥峠（越えれば松本平、最初の町場は塩尻）の方に向かって歩いてください。しばらく歩くと小さな、あまり水も流れていないような唐沢川を渡ります。この唐沢川までが、辰野町小野地区、唐沢川から先は塩尻市北小野地区です。この川が、ご当地では秀吉による「村切り」の境界線とされているものです。

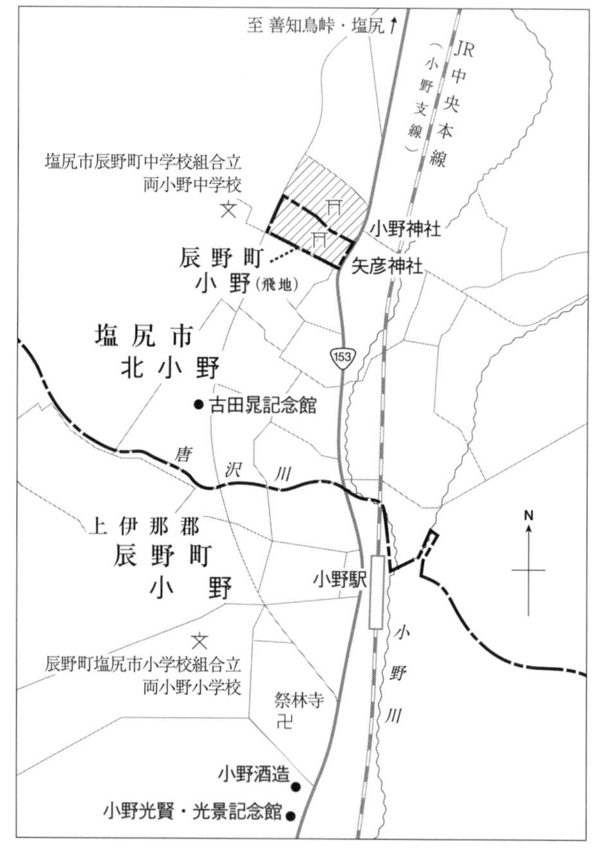

では、もう少し、塩尻方面、つまり善知鳥峠に向かって歩きましょう。なだらかな坂道の先に神社の鳥居が見えてきます。こんこんと湧き出る御手洗の手水舎もあります。そこから鳥居をくぐって入ると、そこは矢彦神社です。矢彦神社は辰野町小野地区の神社です。有栖川宮熾仁親王親筆「矢彦神社」の額がかかった大きな舞殿があります。その後ろには勅使門、さらにその奥に日光東照宮陽明門のような拝殿（立川和四郎作、神明造）が見えます。お賽銭を入れ、二礼二拍一礼しましょうか。それから、さらに右の方に歩いていくと、小さな川を越えて、また矢彦神社と同じくらいの規模の神社がすぐにあります。

こちらは小野神社、塩尻市北小野地区の神社です。拝殿は出雲大社系の大社造。舞殿と拝殿が一体化した造りです。小野地区の矢彦神社と北小野地区の小野神社は、一つの杜の中に並んでいて、両神社の境界線も小さな川なのです。

そして驚くべきことに、小野地区の矢彦神社は、辰野町小野地区から離れて、矢彦神社だけが、塩尻市北小野地区の中にあります。実は矢彦神社の敷地はそっくりそのまま辰野町の飛び地です。塩尻市域の中に、矢彦神社だけが辰野町域、つまり辰野町の飛び地として存在しているのです。先ほど辰野町と塩尻市の境界線唐沢川を越えて塩尻市に入ってから、最初に出会う神社が辰野町小野地区の矢彦神社でした。なんとなんと秀吉は神社の敷地までも切ったのです。これも「村切り」のひとつでしょう。「宮切り」「社切り」とはさすがに言いません。おそらくそのような例はきわめて少ないからでしょう。それにしてもどうしてこのようなことになったのでしょうか。

両村分割の歴史

そもそもこの村は、平安時代には「たのめの里」と呼ばれ、10世紀末から11世紀初頭の清少納言の『枕草子』の「里は」の段にも記されていました。そのまま行けば、田野母村とでもいうことになったでしょう。ところが、松本平の筑摩郡と伊那谷の伊那郡の境界にあったために両方の係争地になり、たのめの里の村人は筑摩郡か伊那郡か、どちらか一方を「頼む」ようになったのだと思います。そうしてもともと一つだった神社も、すでに戦国時代、16世紀中頃甲斐の武田信玄による信濃攻略の頃には、小野北方・小野南方の両神社に分かれていたと考えられます。信玄が集めたとされる安曇の豪族仁科盛政の起請文（生島足嶋神社文書）の前書きには「小野北南大明神」と書かれていて、たのめの里の小野神社はどうやら、この頃には南北に分かれていました。しかし当時、神社の敷地が明確に分かれていたかどうかはわかっていません。

やがて武田家が勝頼の代で滅び、豊臣秀吉の安土桃山時代になると、松本に石川数正が入部し、飯田に毛利秀頼が入って、両者の境界を明確にする必要に迫られたと思われます。この地域の伝説では、石川・毛利両大名が秀吉に境争いを持ち込み、秀吉の裁定で、この地域の絵図の中央部に境界線が引かれ、その証拠として現地では人工的な唐沢川をつくり、また神社の境界にも川をつくって分割したということになっています。しかしながら、それらを証明する裁許状や絵図などは現在一切残っていない状態です。江戸時代中期の在地農村文書の中にこうした伝承が書かれているだけです。今後、さらなる追求が必要です。ですが、江戸時代には明らかに伊那郡小野村と筑摩郡北小野村に分かれていますから、近世初頭に「村切り」が行われたことは間違いないと思います。

こうして、耕地の入り作や出作が整理され、居住地もどちらかに居住するように整理が行われたと考えられます。そうしなければ領主は、村に税金や課役などを課すことができないからです。小野村は、幕府直轄領（幕領）の時期や旗本千村氏（尾張藩士でもあった）の預かり地の時期もありました。また北小野村は松本藩領や幕領、松本藩預かり地の時代がありました。同じ幕領ではあっても、預かりの領主が異なるなど、双方の領主が全く同じになったことは一度もなかったのです。それでも村という共同体が明確になったことは重要でした。要するに地域で平和に暮らすための基盤が出来たのです。そして明治期も伊那郡小野村、東筑摩郡筑摩地村と別々の自治体であり、現在も辰野町小野と塩尻市北小野となっています。つまり江戸時代の村は、現在の大字であり、地域の重要な生活単位なのです。地域の生活単位をつくることが「村切り」だったと言えるでしょう。

ところで、小野地区と北小野地区のような形態の境界はなかなか珍しいのではないでしょうか。なかでも一番珍しいのは、神社の境界です。おそらく、日本全国探してもこのような神社の境界線や神社だけが飛び地になっているのは珍しいと思われます。

世界に目を転じると、形態的に似ているのは、1945年以降の東ドイツの首都ベルリンの東西ベルリンでしょう。1948年には東西ベルリンに分割されました。東ドイツが東西ベルリンを分断するために強固な境界ベルリンの壁をつくり、越えようとする市民を銃撃して殺害までしていました。しかし、ソ連共産党書記長ゴルバチョフによるペレストロイカ（改革）政策が推進された結果、ベルリンの壁は崩壊し、1990年東西ドイツは統一されました。

ブランデンブルク門（ベルリン）

越えられない壁をつくると人間は越えたくなるものです。しかし、普段から何気なく越えている自治体の境界や神社の境界は別になんとも思わないのではないでしょうか。なんとも思わない境界線、それがかえってよかったのかもしれません。はっきり区別することが、必ずしも最善ではないことの証拠ではないでしょうか。

平和の基盤「刀狩」

以上の「村切り」とともに平和に暮らすための、もう一つの知恵が「刀狩（かたながり）」です。そもそも鎌倉幕府は僧侶の帯刀を禁じていました。織田信長政権でも一揆鎮圧後、没収した武器で民生品をつくったこともありました。それらを1588年に大々的に行ったのが秀吉なのです。秀吉の「刀狩」は、農民の武器所持の禁止と武器の没収、それらを大仏の釘やかすがいとして寄進することで農民たちは極楽浄土に行けるとする、農民は農具により耕作に専念すれば安寧（あんねい）に生活できる、というものでした。確かにある程度の強制力はあったかもしれませんが、刀は成人男性のシンボルであり、魔物から自分を守るものであったため、代表的な刀は供出しても、すべての武具・武器を供出したのではなかったのです。

しかしながら、江戸時代に入って、領主により次第に公式の行事において帯刀が許されるといった形で規制が行われ、特定の身分の者だけが帯刀を許されました。帯刀していても、めったに抜くことのない刀はあくまでも身分表象（ひょうしょう）となり、これも平和に暮らすための知恵になったのです。

そして明治の廃刀令によって天皇の軍隊と警察だけが武器を携帯することが許され、第二次世界大戦後の連合国軍（占領軍）による旧軍の武装解除、その後の銃砲刀剣類所持等取締法（じゅうほうとうけんるいしょじとうとりしまりほう）などによって、現代でもわれわれ一般庶民は武器を持たずに平和に暮らせる稀有な国家を作り上げたというわけです。

「村切り」と「刀狩」によって平和な日本が形成されたといってもよいのです。

【参考文献】

藤木久志『豊臣平和令と戦国社会』東京大学出版会（1985）

岩下哲典『江戸情報論』北樹出版（2000）

藤木久志『刀狩』岩波書店（2005）

岩下哲典他『東アジアのボーダーを考える』右文書院（2014）

同「豊臣秀吉によって分断された信州『たのめの里』が、ユネスコ世界遺産（複合遺産）になりうる可能性について」『Journal of Hospitality and Tourism』Vol.12,No.1（2016）

徳川政権と在地権力（諸藩）

山本英二

徳川家が征夷大将軍を代々世襲し、武士が支配身分となり、全国を統治する徳川政権は幕藩体制とも呼ばれます。幕藩体制は、幕府と藩が領主として領域支配を行うところに最大の特徴があります。

大名や旗本は将軍と主従関係を結んでおり、御恩＝権利として領地を与えられるかわりに、軍役などの奉公を果たす義務がありました。大名は武士ですから戦場で戦うことが本来の役目ですが、元和元年（1615）の大坂夏の陣によって豊臣氏が滅亡すると、その後は島原・天草一揆（島原の乱）をのぞいて、幕末まで大規模な戦争はほとんど発生しておらず、軍役を勤める機会はほぼありませんでした。代わりに大名手伝普請のような河川などの土木工事や城郭作事、江戸幕府の老中などの役職、江戸城諸門の警備などが幕府から命じられるようになります。こうした平時の大名の職務から江戸時代の様子を詳しく知ることができるのです。ここでは江戸時代の大名名鑑である『武鑑（ぶかん）』を手がかりに信州の大名について考察してみたいと思います。

信濃国と小藩分立

信濃国の大名配置は、10万石以下の小さな所領規模の藩がそれぞれの地域支配を担当する小藩分立に特徴があります。主な藩としては、北信地方には飯山藩・須坂藩・松代藩、東信地方には上田藩・小諸藩・岩村田藩、中信地方には松本藩、南信地方には高島藩・高遠藩・飯田藩がありました。信州最大の大名は、最初は上田藩主、のちに松代藩主となった真田家の10万石です。この他にも越後国椎谷藩の飛地（とびち）などが北信地方にありました。また幕末には三河国奥殿藩大給松平家（おぎゅうまつだいらけ）が佐久郡田野口に居城（龍岡城）を移して田野口藩となりました。これら信州の藩領の特徴は、関ヶ原の戦い直前までは豊臣系大名、いわゆる外様大名が配置されることが多かったのですが、時代が下ると次第にいわゆる譜代大名が配置されるようになります。また松代藩や松本藩では一時期、徳川家と血縁関係のある家門の大名も配置されていました。やがて18世紀に入ると譜代大名がその大半を占めるようになります。また松代藩真田家・須坂藩堀家・飯田藩堀家などは外様大名に分類されますが、近世後期には幕府の老中や若年寄に任命されることもあり、事実上は譜代格の大名です。

大名格式からみた信州の諸藩

一般に教科書的な大名の分類としては、前述の石高による基準のほかに、親藩・譜代・外様がよく知られています。ですが江戸時代の記録に親藩という表記はほとんど使用されておらず、家門のほうが適切です。また徳川家と主従関係を結んだのが関ヶ原の戦い以前なのか、以後なのかで譜代と外様に区別するのも大名類型の一つに過ぎません。じつは大名の類型は様々です。一国規模の大名を「国持」、居城を構える大名を「城主」といった区別もあります。信州には国持大名はいませんが、城主は松代藩や松本藩を始めとして、飯山藩・上田藩・小諸藩・高島藩・高遠藩・飯田藩はいずれも城主の大名です。

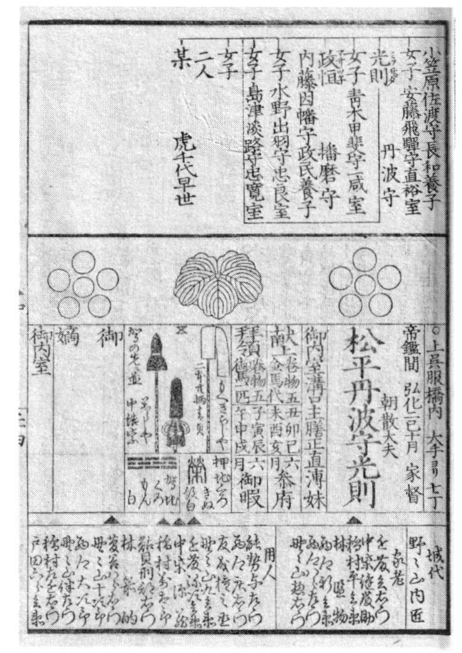
小笠原佐渡守長和養子
女子 安藤飛騨守直裕室
光則 丹波守
女子 青木甲斐守一蔵室
政恒 内藤因幡守政民養子 播磨守
女子 水野出羽守忠良室
女子 島津淡路守忠寛室
女子 二人
某 虎七代早世

帝鑑間 弘化三巳十二月 家督
松平丹波守光則 朝散大夫
御内室 溝口主膳正直溥妹
献上 巻物五 金馬代
御暇 参府
御嫡
御内室

『安政武鑑』

なかでも江戸時代の大名たちにとって、最も身近な大名類型は江戸城の殿席（でん）による区分です。殿席というのは、大名が江戸城に登城した際に、本丸御殿で控えたり詰めたりする部屋のことです。殿席は大名の家格によって異なり、大廊下・大広間・溜間（たまりのま）・帝鑑間（ていかんのま）・雁間（がんのま）・柳間・菊間があります。文政元年（1818）の『武鑑』を見ると、信州の大名のうち、飯山藩（本多家）・松代藩（真田家）・松本藩（松平丹波守（たんばのかみ）家）・上田藩（松平伊賀守（いがのかみ）家）・高島藩（諏訪家）が帝鑑間、小諸藩（牧野家）・高遠藩（内藤大和守（やまとのかみ）家）が雁間、須坂藩（堀淡路守（あわじのかみ）家）・飯田藩（堀大和守家）が柳間、そして岩村田藩（内藤豊後守（ぶんごのかみ）家）が菊間でした。帝鑑間の大名は古来からの譜代、雁間と菊間の大名は新規取立の譜代、柳間は5位（従5位下）の外様です。

大名の職務と参勤交代

帝鑑間の大名は古来からの譜代ですから、本来の職務は番方で、合戦に軍事動員されて戦う大名でした。雁間や菊間の大名は新規取立の譜代で詰衆とも呼ばれ、戦乱の収まった時代に大名に取り立てられたこともあり、役方として行政に携わることが多い大名です。一般に江戸時代の大名は、参勤交代で1年おきに領地と江戸を往復します。領地から江戸へ行くことを「参府（さんぷ）」、反対に江戸から領地に行くことを「在所（ざいしょ）へ暇（いとま）を賜る」といいます。信州には一国を支配する国持大名はいませんから「帰国」ということはできません。暇というのは休暇を意味します。これは江戸時代の大名は江戸にいることが基本で、在所へは将軍から暇を与えられて帰ることを許可されるということです。一見するとおかしな表現に思われますが、参勤交代で江戸に参府した大名にはそれぞれ職務があるため、こうした表現が用いられました。大名の主な職務には、老中や若年寄、奏者番（そうじゃばん）などの行政職と江戸城諸門の警備があります。石高や家格などによって警備を担当する門が決まっています。松本藩6万石の松平丹波守家の場合は、西丸大手門と内桜田門のどちらかを、松代藩真田家であれば大手門の警備を勤めていました。なお老中や奏者番などに就任すると江戸城の諸門警備から除外されます。

また信州の大名が参勤交代する時期を文政元年の時点で調べてみると、おもしろいことがわかります。参勤交代をする時期は全ての大名が6月です。参勤交代をする年を十二支で見ると、子・寅・辰・午・申・戌年の6月に参府するグループは飯山・小諸・高島・高遠・飯田の5藩で、丑・卯・巳・未・酉・亥年の6月に参府するグループは須坂・松代・上田・岩村田・松本の5藩です。半数交代で参勤交代をしており、信州の大名が江戸か在所のどちらかに集中することは避けられていることがわかります。くわえて特定の地域において大名が不在とならないように信州国内での地域的なバランスも考慮されている様子がうかがえます。ただし老中や若年寄になると基本的に江戸に留まることが多くなります。江戸時代は約260年にわたりほとんど戦乱のなかった平和な時代と思われがちですが、信州の大名はもしもの有事に備えて、与えられた領地を守っていたことがわかります。

信州の大名の献上品

文政元年の『武鑑』には大名が将軍に献上した月次献上品も記載されています。月次献上といっても毎月ではなく、信州の大名はだいたい2ヵ月に1回程度です。なお岩村田藩は献上をしていません。主な献上品を見ると、松代藩は9～10月に小布施栗を献上しています。飯山藩は11月に蕎麦と芽独活を、高遠藩は寒中に寒晒蕎麦をそれぞれ献上しています。氷餅を献上しているのは小諸・高島・飯田藩です。漬蕨は飯山藩と松本藩は7月に、小諸藩は10月に献上していますし、飯田藩は暑中に蕨粉を献上しています。高遠藩は8～9月に松茸、寒中に岩茸を献上しています。江戸時代の信州らしい献上としては、松本藩・上田藩・高島藩が鷹献上を、くわえて松本藩と上田藩は不定期に駒（馬）を献上しました。魚関係では、千曲川が流れる松代藩では正月に塩鮭を、6月に塩鱒を、諏訪湖のある高島藩では3月に鮒鮨献上があります。鳥類では松本藩が3月に塩雉子を、上田藩と高島藩が寒中に雉子を献上しています

信州の大名の献上品は、山国である信州らしい特徴が現れていますし、蕎麦や小布施栗のように今でも信州を代表する名物が江戸時代から既に登場していたことが読み取れます。その一方で松代藩の塩鮭献上からは、現在の千曲川ではほとんど見られなくなった鮭の遡上が江戸時代には日常だったことがうかがえ、環境の変化も教えてくれています。

【参考文献】

石井良助監修『編年江戸武鑑　文政武鑑』第1巻、柏書房（1982）
深井雅海『江戸城』中央公論新社（2008）

《コラム》

高遠藩主保科正之、山形、そして会津へ
── 戊辰戦争に至る遠因

遠藤由紀子

高遠城主の変遷

高遠（伊那市高遠町）という地名には、「鷹が遠く空高く飛ぶ地」、「高くて遠くの地がみえる地」という由来があります。「高遠城」は、南北朝時代から諏訪氏の一族である高遠氏の居城で、三峰川と藤沢川の合流点の断崖の突端に構築された平山城です。鉾持桟道から眺めると、武将の兜のように見えたため兜山城ともいわれました。

戦国時代の 1545 年、武田信玄が伊那谷を攻略するために高遠へ侵略すると、7 代当主の高遠頼継は降伏し、高遠城は武田氏の居城となりました。その後、山本勘助が大規模な改築を行い（現在、勘助曲輪と呼ばれる）、武田勝頼（信玄の四男）、武田信兼（信玄の弟）、仁科五郎盛信（信玄の五男）が代々の城主となりました。高遠は南信濃を守る交通の要所であり、重要な拠点であったのです。

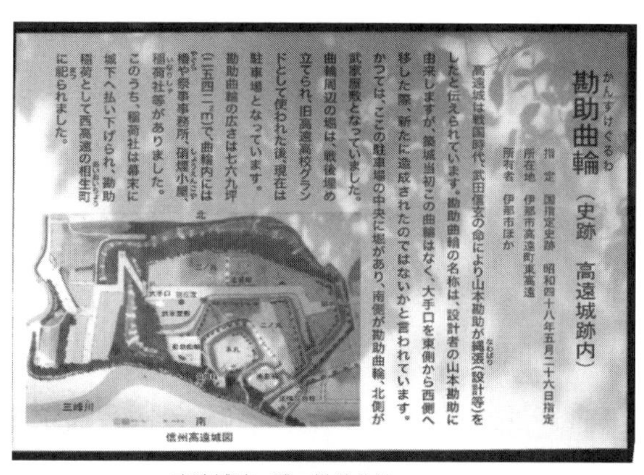

高遠城跡に残る勘助曲輪について

伝・高遠城大手門（昭和59年までこの地にあった高遠高等学校の正門として使用されていた）

高遠城からみた風景

現在の高遠城（2017 年 10 月筆者撮影）

高遠公園碑（1881 年建立）「高遠之城　拠信山東陬」で始まる白文、楷書の碑文は漢学者・三島中州による名文で、高遠城が公園地に決定されるまでの沿革が記されている。明治の三筆といわれた巌谷小六の筆。

高遠城址公園入口

1582年2月、織田信忠（信長の長男）が高遠城に攻め込んできました。この時、籠城した盛信の妹・松姫（信玄の六女）は信忠の元婚約者でした。婚約したのは1567年のことで、松姫7歳、信忠11歳の時でした。幼いふたりは文通をしていましたが、武田家と織田家が敵対関係になり破談、松姫は政略結婚を拒否し続けました。盛信は壮絶な最期を遂げ、高遠城の落城からまもなく勝頼も天目山で自刃、武田氏は滅亡、信忠もまた、本能寺の変で亡くなります。その後の松姫は八王子に落ち延び出家、信忠と松姫の一字ずつをとった信松院を開きました。

現在の高遠城は曲輪や土塁・空堀などを残すのみですが、城跡は千数百本の「コヒガンザクラ」（長野県天然記念物）の名所となっています。コヒガンザクラが鮮やかなのは、盛信たちの流した血のせいだと伝えられています。

高遠藩と保科正之

仁科氏滅亡後、豊臣政権下での高遠城主は保科、毛利、京極と代わり、関ケ原の戦い後、武田氏の旧臣保科正直の子・正光が高遠藩の藩主（2万5千石）に就封しました。1631年には保科正之が家督を継ぎ、3万石に加増となりました。正之は、2代将軍徳川秀忠の庶子にあたります。

秀忠の正室お江与（江、信長の姪）は気丈夫で嫉妬心が強く、秀忠が側室を持つことを許しませんでした。が、秀忠の乳母に仕えていた奥女中・お静（志津とも、神尾伊予栄加の娘）が秀忠の寵愛を受けました。秀忠はお静の懐妊が知られると禍が及ぶと考え、見性院（信玄の次女）に協力を頼みます。妹にあたる信松院（松姫）も尽力したとする記録もありますが、「武田氏出身の尼」という曖昧な記述の誤解だという説もあり、真相はわかりません。

1611年、極秘のうちに神尾家で生まれたのが「幸松」、のちの正之でした。見性院の住まいである江戸城田安門内の比丘尼屋敷で育てられた幸松は、7歳の時、見性院が信頼していた保科正光の養子となりました。1617年11月8日、江戸を発った幸松とお静ら一行は、14日に高遠に入ります。囲碁を好んだ幸松は、囲碁棋士の安井算哲（古算哲）が音をあげるほどに上達し、また儒学を深く学び、三峰川が合流する天龍川で向井流泳法を修めるなど、文武両道の少年時代を送り、26歳まで高遠で暮らしました。

1629年、正之は3代将軍徳川家光と初めて対面します。聡明な異母弟の存在を知った家光は、1636年に出羽山形藩（20万石）へ異例の加増転封を命じました。当時の奥羽地方はまだ政情不安の地で、反徳川勢力の抑えとして徳川の血を引く正之を必要としたのです。突然の加増で家臣が足りず、高遠や伊那からの武田遺臣の多くを集めて家臣団を再編成したと伝わっています。7年後の1643年には、奥羽地方の要である会津の地（23万石）へ入封となりました。会津は、源頼朝の奥州征伐以来、蘆名氏が治めていましたが、伊達政宗以降はめまぐるしい領主の交替が続いていました。正之が入封して会津松平藩が確立、幕末まで会津松平家が治めることになります。

保科正之とお静の像（高遠町歴史博物館）（筆者撮影）

正之は、４代将軍徳川家綱の後見役となり、慶安事件（由比正雪の乱）などで動揺した幕政を安定させ、文治政治を推進したことで知られています。会津藩領内では、家臣団の編成や領内の新田開発、社倉（しゃそう）の採用、常平法（米の値段の変動を抑える）、殖産興業（蝋（ろう）・漆（うるし）の生産奨励と専売制を実施）などに手腕を発揮しました。特に、武家諸法度の寛文令に条外ではありますが「殉死の禁止」を加えたのをはじめ（天和令で明文化）、藩内では間引きの禁、行き倒れの旅人を静養させること、老人には扶持米を与えることなど、命を慈しみ、他人を思いやるという「仁」の思想をもった政策を多く実行しました。

「家訓十五ケ条」と会津藩の海防

「会津松平家というのは、ほんのかりそめの恋から出発している。」（司馬遼太郎『王城の護衛者』）といわれることがあります。出産後のお静は、秀忠との対面は叶うことはなく、秀忠も正之を実子であるとのお披露目をしませんでした。秀忠の胸中はどのようであったのでしょう。

現在の鶴ヶ城（2022年４月筆者撮影）

蛸（たこ）（多幸）薬師の名で知られる成就院（東京都目黒区）の境内には、お静が正之の大願成就のお札を奉納したことで知られる７体の地蔵があり、「お静地蔵」の愛称で親しまれています。

お静は晩年まで高遠で過ごし、1635年に亡くなりました。高遠の長楽寺に葬られ、法名浄光院に従い浄光寺と改名、山形、会津（会津若松市宝町）にも移転され、正之は母の菩提を弔い続けました。

正之は、会津藩の家臣に「家訓（かきん）十五ケ条」を制定しています（家老友松氏興が建言し、正之と朱子学者・山崎闇斎が作成）。会津武士としての在り方が盛り込まれており、代々の藩主に受け継がれていきました。第一条には「会津藩は他の藩よりも徳川家への恩義を忘れてはならない、二心を抱くことなく忠誠を尽くすこと」とあります。「家訓」は毎年３回、城中において家臣一同で拝聴する慣わしとなりました。以後、200年にわたり、会津藩の精神的支柱として存在します。

その後の５代藩主松平容頌（かたのぶ）の時代、家老田中玄宰（はるなか）が儒家の教化精神と周の制度を民政の参考とし、また藩祖正之の「家訓」と治教を盛り込んだ藩政改革を行いました（1787年）。第一条には「武備を充実して士卒を訓練すること」とあり、軍事操練を重視する長沼流へ改編しました。

18世紀後半、日本近海に異国船が出没することが多くなってきました。それに加え、ロシアの南下（樺太（からふと）や択捉島（えとろふ）への襲撃など）が課題となり、1808年に会津藩士1600名が樺太警備に派遣されることになりました。樺太での長沼流の軍事操練にはアイヌ80名を招いており、その時の宴の儀式「オムシャ」の様子が『会津藩樺太出陣絵巻』（函館市立図書館所蔵）に描かれています。

その後も会津藩の海防は続き、1810年からの10年間、江戸湾警備に総勢1000名以上の会津藩士が従事しました。ペリー来航前にも江戸湾警備を拝命し（1847年）、８代藩主松平容敬（かたたか）は積極的な海防意見を述べています。1853年に品川沖に台場を築造となると、会津藩は第二台場を護ります。日露和親条約締結後には、蝦夷地警備を拝命し、幕末に至るまで多くの会津藩士が沿岸警備の任を担いました。このように、会津藩は内陸にありながら「海洋国家」の国境警備の任を担い、「異国」を常に近くに感じていました。

福島県立博物館の高遠桜（2022 年 8 月筆者撮影）

1862 年、９代藩主松平容保が京都守護職を拝命します。長沼流は、京都では大いに武威を示し、孝明天皇からも絶賛されましたが、鳥羽伏見の戦いでは西洋式の新政府軍に敗れたので、1868 年３月に会津藩も西洋式への軍制改革を行いました。それは、士分以上に洋式銃の練習を義務付け、年齢別に編制（朱雀隊、青龍隊、玄武隊、白虎隊）するなど、画期的な改革でした。会津城下での悲劇を生んだ白虎隊の戦いぶりは有名ですが、会津藩は藩の純正な精神である「徳川家に二心抱くことなく忠誠を尽くす」という正之の「家訓」に従い、戊辰戦争で徳川家と共に最後まで戦うことを選びました。

高遠と会津をつなぐ桜

戊辰戦争で敗北した会津藩には反骨精神を持った人物が多く、横浜のヘボン塾で学び、明治学院２代総裁となった井深梶之助、イェール大学に留学し、東京帝国大学の総長を歴任した山川健次郎、岩倉使節団女子留学生のひとりである山川捨松（薩摩出身の大山巌夫人）など、近代になり国際的にも活躍した人材を輩出しました。彼らの遠祖は高遠にあります。

2000 年、高遠と会津は親善交流の盟約を締結しました。伊那でお盆に食べる天ぷら饅頭は会津の名物でもあり、食文化のつながりを感じます。会津に定着した辛味大根のおろし汁と焼き味噌（店や言い伝えにより様々である）をだし汁にした「高遠そば」は、高遠ではすでに失われていましたが、平成に入り、会津との交流で復活しました。

春になると、鶴ヶ城址にある福島県立博物館（会津若松市）の庭には、高遠より贈られた「コヒガンザクラ」が咲き誇ります。1986 年、博物館の竣工記念として植樹されました。小ぶりで可憐ながら、赤みを帯びた美しい桜は、高遠城に関わりながら芯のある生き方をした人々を現わしているようです。長い時を超え、保科正之は高遠と会津の人々に大きな影響を与え続けているのです。

【参考文献】

会津若松市編『会津藩政の始まり』会津若松市５、会津若松市（2001）
遠藤由紀子「命を愛した会津の殿様」「保科正之血族事典」『名君保科正之と会津松平一族』新人物往来社（2005）
遠藤由紀子「会津藩誕生秘話」『八重と会津戦争』洋泉社（2013）
豊田武監修『会津若松史』第４巻　会津若松市（1966）
豊田武・小西四郎監修『会津若松史』第５巻　会津若松市（1966）
長野県編『長野県史』通史編第４巻近世一、長野県史刊行会（1987）
長谷川正次『高遠藩の基礎的研究』図書刊行会（1985）

蘭学・洋学の発達と信州

青木歳幸

江戸時代、信州は10の小藩に分かれ、川の流域や盆地ごとに個性ある地域文化を形成してきました。中山道・甲州道中だけでなく、塩の道、中馬の道などを通して、人の往来や商品流通がさかんになると、長崎や江戸からの情報がさまざまに伝播し、信州人の外へ向ける目もまた大きく広がっていきました。幕末の開国により、信州人は横浜を通じてさらに海外情報を得て国内外に発信していきます。

『解体新書』と信州

安永4年（1771）に杉田玄白らが、西洋医学解剖書の『ターフェルアナトミア』のオランダ語版を苦心の末に翻訳し刊行しました。この本で、神経とか軟骨とか盲腸とか現代につながる医学用語も生み出され、人体内部を正確に観察する西洋医学が導入されるようになりました。さらに、西洋医学書を中心に西洋の自然科学書などの翻訳・刊行も始まり、西洋学術を取り入れるようになりました。

この『解体新書』刊行に大きく貢献した信州人がいました。信濃出身の有阪基馨という杉田玄白の門人です。じつは『解体新書』の刊行前に、オランダの風俗や言語を描いた『紅毛談』という本が発禁処分になりました。玄白と基馨は、もし処分を受けるなら自分たちが責任をとろうという決意で、まず『解体新書』の内容見本図「解体約図」（5枚1組）を発売して、反響をみることにしました。さいわい、この「解体約図」は大好評だったため、翌年、玄白らは『解体新書』の刊行にこぎつけ、蘭方医学という新しい医学の夜明けが始まったのでした。有阪基馨はのちに安東基馨として『和蘭医事問答』などの刊行に尽力するなど、草創期蘭学をささえる重要な人物になりました。

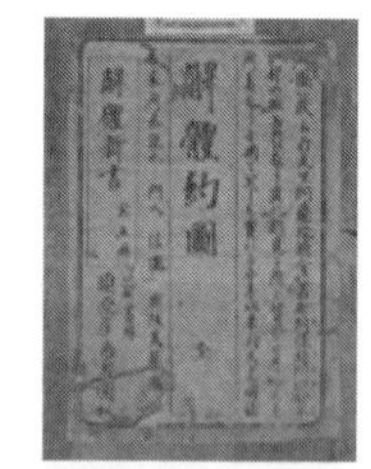

解体約図の包み紙
（東京大学総合図書館所蔵）

『解体新書』が全国に普及し始めると、人体内部に深い関心をもち、人体内部を精巧に模した解体人形とよばれる人体模型をつくる農民まで現れました。田野口村（現・佐久市）の農民小林文素です。文素は文政4年（1821）から翌年にかけて、和紙や針金や桐材を組み合わせて、身長55cmの解体人形を作りました。女性のお腹のなかには胎児がいて、生殖器を交換すると男性にもなる精巧なものでした。『解体新書』刊行後、50年も経つと、オランダからの医学、西洋医学に関心をもつ農民が現れるようになったのです。

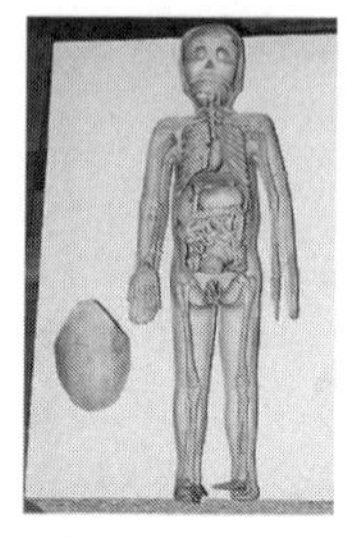

解体人形（個人蔵）

シーボルトの外科手術と信濃の農民

文素が解体人形を制作した文政年間には、全国的に寺子屋が普及し、庶民文化が一段と高まって、学問好きな農民のなかには、学者や医者などになる者も現れました。

オランダ商館医シーボルトが長崎にやってきたのは、文政6年（1823）のことでした。医師でもあり、日本の動植物らを調査する目的で来日した彼は、市民への治療を理由に長崎郊外の鳴滝に塾を開きました。噂を聞いて全国から西洋医学を学びに優れた医師らが長崎に集まりました。

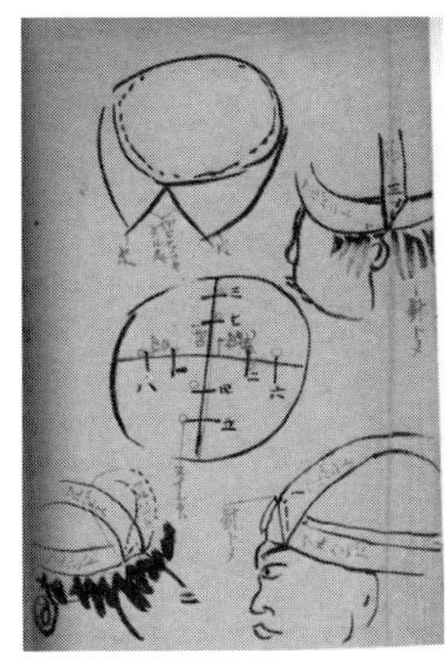

宮原良碩筆『シーボルト治療日記』の一部（天理大学付属図書館所蔵）

文政9年（1826）に長崎へ医学修業に旅立った農民がいました。上山田村（現・千曲市）の農民宮原良碩（幼名は浜重）です。彼は長崎でオランダ通詞の塾生となり、オランダ語を勉強しはじめました。その塾へシーボルトがやってきてメスで痔の手術や腫瘍切除手術しました。初めて外科手術を臨床した彼は、感動しつつ『シーボルト治療日記』や『シーボルト治療法』を記録しました。この貴重なシーボルトの手術記録は、現在、奈良県の天理大学付属図書館に収められています。良碩は、長崎で修業後、信州に戻り、松代藩医に取り立てられ、その医術を地域の人々のために尽くしました。

松代藩の洋学者たち

松代藩は10万石という信州最大の藩で、文政6年（1823）に8代藩主となった真田幸貫（ゆきつら）は、藩政改革に取り組み、殖産興業や文武奨励につとめ、佐久間象山（しょうざん）などの優秀な学者を登用し、洋学研究や人材育成にあたりました。

佐久間象山は、儒学や陽明学を学んだ学者でしたが、アヘン戦争で中国（清）がイギリスに敗れたことに衝撃を受け、西洋の学問である蘭学を学び始めます。その受け入れ方は、「東洋道徳、西洋芸術」というもので、道徳や精神は東洋・日本の思想を大事にしつつ、西洋の芸術（技術や学芸など）を受け入れるというものでした。この考えは、幕末から明治にかけて日本にとって海外文化学術の導入の仕方に大きな影響を与え、明治期には「和魂洋才」という意味と同様に使われていきます。

幕末の松代藩には、村上英俊という藩医がいました。もとは下野国（栃木県）の医家出身でしたが、江戸で蘭学を学び、松代藩医となりました。象山は、英俊の語学力の高さに注目し、フランス語の習得をすすめました。英俊は、『化学提要』のフランス語版を翻訳し、安政5年（1858）の開国による日仏条約の翻訳にも従事し、元治元年（1864）には、日本初の本格的な日仏辞書『仏語明要』を編纂するまでになり、わが国のフランス語学の祖といわれるようになりました。

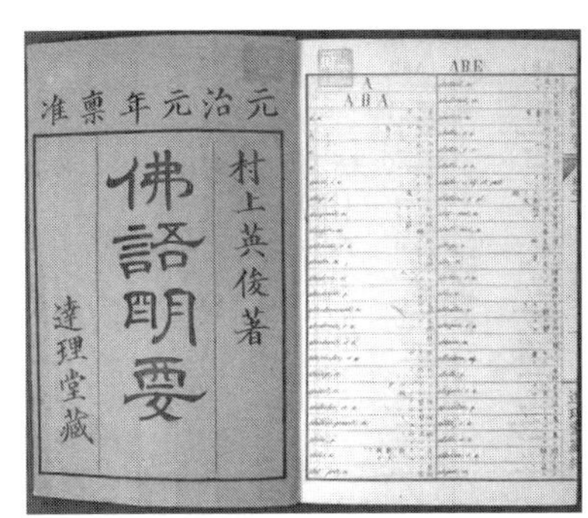

『仏語明要』（個人蔵）

フランス語に訳された農民の養蚕書

幕末の開国以降、わが国の輸出産業の主力となったのが、生糸と蚕種（蚕の卵）でした。その蚕種の全国的な有力産地の一つが、信州上田の上塩尻村（現・上田市）でした。この村の蚕種販売農家の人たちは、たね屋と呼ばれ、分厚い和紙に蚕の卵を産みつかせた蚕種紙を、秋から冬にかけて、信州各地から関東、東北地方へまで、販売に歩いていました。

たね屋の一人に清水金左衛門がいました。彼は研究熱心で、独自の経験と工夫を『養蚕教弘録』（上下2巻、弘化4年・1847）と題する書物にまとめました。金左衛門が数えで25歳のときです。

彼は蚕種を売りながら、この本を養蚕農家に配って技術指導をしました。さらに蚕種を海外に輸出すべく、慶応元年（1865）に横浜を訪れた金左衛門は、そこで出会ったフランス人ムリエにも『養蚕教弘録』を見せたところ、のちにフランス語に翻訳され、フランス国内やイタリアにも紹介されました。フランスの養蚕は微粒子病にやられ、日本の蚕種に強い関心がもたれていたからです。

写真の右は、明治元年（1868）にムリエが翻訳したフランス語版表紙で、フランス語版のタイトルは『DE L'EDUCATION DES VERS A SOIE（養蚕の教育）』となっています。

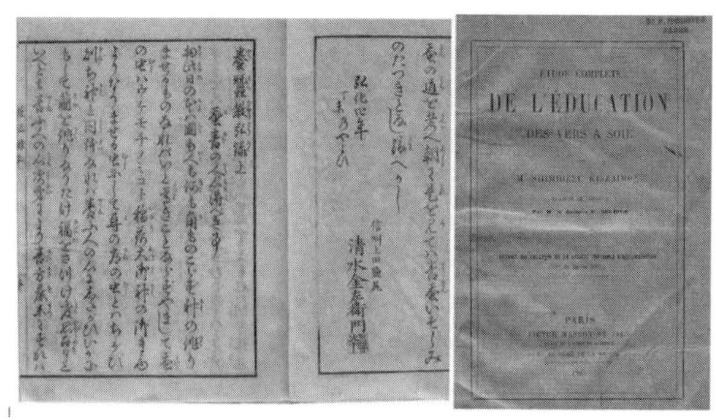

清水金左衛門の『養蚕教弘録』（左）とそのフランス語版（右）
（出典：しみずたか『蚕都物語──蚕種家清水金左衛門のはるかな旅路』幻冬舎ルネサンス、2008年）

【参考文献】
青木歳幸『在村蘭学の研究』思文閣出版（1998）
清水たか『蚕都物語』玄冬舎（2008）
湯浅隆「1860年代のフランスにおける日本蚕書の評価──『養蚕教弘録』仏訳の意味──」『国立歴史民俗博物館研究報告』26号（1990）

《コラム》

信州中馬と塩の道
——江戸時代の交通革命

山本英二

長野県歌・信濃国の第１番の冒頭は、「信濃国は十州に、境連ぬる国にして、聳(そび)ゆる山はいや高く、流るる川はいや遠し」の歌詞から始まっています。10 州というのは、府県制以前の旧国名で越後・越中・飛驒・美濃・三河・遠江・駿河・武蔵・甲斐・上野の 10 ヵ国を指し、信濃が 10 の国と境を接する大きな国だったことを意味しています。またこれらの国々に囲まれた海のない山国だったこともわかります。海のない山国・信濃では、大規模河川である木曽川や天龍川、千曲川を利用した河川交通と、中山道を始めとする陸路をつなぐ陸上交通によって人と物が移動する交通・物流ルートが発展していきます。このうち木曽川や天龍川は、材木を運搬する河川交通が発達しましたが、千曲川は信越国境に大きな断層があるため物資の運搬には適していませんでした。ですから信濃国では、在来種の馬や牛の背や、人の背によって荷物が運ばれる陸上輸送が主要な手段となるわけです。

中馬とは

信州中馬模型（長野県立歴史館所蔵）

信濃国の陸上交通と物流網を担っていたのが中馬(ちゅうま)です。中馬は手馬(てうま)（自分の馬の意）から転じたといわれるように、主に江戸時代に行われた馬を利用する民間の運送稼ぎのことをいいます。信濃国には、五街道の中山道と甲州道中が通じていますが、五街道の宿駅は伝馬役と人足役を負担するかわりに荷物の運送や手数料を徴収する権利が幕府から認められていました。逆にいえば、公認の宿駅は街道を行き来する領主の需要を満たすもので、庶民の利用は二の次になります。加えて宿駅の荷物は宿から宿へとリレー方式で継ぎ送られるため、宿ごとにいちいち荷物を付け替えなくてはなりません。

一方で信濃国の主要都市である善光寺や松本には五街道は通じておらず、そのため公的な宿駅輸送網はそれほど発展することなく、代わって民間輸送の中馬がもっぱら活動することになります。信州と日本海側を北からつなぐのは糸魚川街道＝千国(ちくに)道です。それに対して南方から信州と太平洋側を結んでいるのが伊那街道です。初期の中馬が活動の基盤としたのが伊那街道（三州街道）です。

中馬は、17 世紀の寛文年間、18 世紀の元禄年間、明和年間の宿駅との争論を経て、信州ではその活動が公認されます。信州の物産を各地に搬出するだけでなく、信州に移入する物資を運ぶ中馬は、18 世紀後半には江戸・名古屋・高崎・岡崎・吉田を終点とするまで活動範囲を広げていきました。塩の道といわれるように信州では自給できない塩も、こうした中馬によって運ばれていたのです。

【参考文献】

古島敏雄『古島敏雄著作集　第４巻　信州中馬の研究』東京大学出版会（1975）
長野県立歴史館『信濃の風土と歴史 24　みち』長野県立歴史館（2018）
松本市立博物館『鰤のきた道』オフィスエム（2002）

《コラム》

近世信州の城と世界遺産

岩下哲典

国宝姫路城が世界遺産に登録されたのは、1993年でした。世界遺産条約に批准した翌年です。その後、国宝彦根城が登録を目指しましたが、すでに姫路城が登録されていたため登録には至りませんでした。国宝松本城も同様です。

ところがフランスのロアール渓谷沿いに100余りもある古城があります。最初はシャンボール城のみが登録されましたが、建設の経緯が、アンリ王の避暑に伴い、多くの貴族が競い合うように城を建設したので、シリアルノミネーションで「ロアール渓谷」として登録されるようなりました。ですから、日本の城の多くが何らかのストーリーで連続していると説明できない限り、追加登録は難しいでしょう。

また、日本の木造建築は時代を経ると古くなった部材と新しいものを交換して、大きく改変・改造が加わっています。ですから、世界遺産に登録する場合、遺産の真正性の点で問題となります。石の文化の西洋と木の文化の日本はおのずから文化や文化財に対する考え方に違いが出てきます。

小諸城大手門

上田城

さて、信州は大きく分けて4つの地区に分けられ、それらの地域はさらに細かく分割され、中心となる都市がそれぞれあります。その中で近世の城下町として栄えたのが、北信から東信では飯山、須坂、松代、上田、小諸、龍岡（92頁参照）、岩村田、中南信では、松本、諏訪高島、高遠、飯田です。それぞれに城跡があり、多くが公園として整備されています。その中で、近世のものとして現在も残っている現存天守は松本城だけなのです。全国でも現存天守は12（北から松前・弘前・松本・丸岡・犬山・彦根・姫路・備中松山・丸亀・高知・宇和島・伊予松山）しかありません。どうしてこんなに少なくなったのでしょうか。

もともと松本城の天守は近世城郭のなかでも巨大でした。大きすぎて破却するのに困り、町民の保存運動とも相まって破壊を免れました。今では松本観光の目玉として松本城は欠かせません。北アルプスを背景にした松本城の景観は、まさに松本を代表する景観といってもよいでしょう。松代城などは大手門など伝統工法で復元しました。小学校が移転した後の利用計画が龍岡城で進んでいるそうです。ともかく木造だからといってせっかく昔につくられた建築物を簡単に破却するのはやめたいものです。何年かしたら観光の目玉になるかもしれませんから。まずは保存を考えましょう。もちろん天守や門、櫓、塀、御殿などの建物だけではなく、石垣や付随した庭園や堀などもぜひ保存・維持していきたいですね。城を残すことは豊かな近世地方文化を残し継承していくことにほかなりません。ぜひともトータルで残していきたいものです。

さて、そもそも城とは何でしょうか。戦争で防禦するためのよりどころですね。普段は麓に住んでいても、いざ戦争になったら山に立てこもる。そして援軍が到着するまで持ちこたえて待つ。それが城です。最近日本では、中世の山城が人気のようです。石垣もない、空堀と土居があるだけの場所で当時のようすを想像するのが面白いのだそうです。戦国期には全国に大小３万から４万ともいわれる城がありました。信州にもかなり整備された荒砥（あらと）城（千曲市）などの中世城郭がありますが、これなどは特殊な方で、多くは未整備のままです。それはそれでも良いと思います。真夏は草木が生い茂り、よくわからない中世の山城も、晩秋から冬は雪がなければ空堀などの遺構を目視することができます。

さて、信長・秀吉・家康の天下統一のプロセスの中で、城も山城から平山城に移りました。小山に石垣をつくることで防禦能力を高めたのです。現存 12 天守のうち、丸岡、犬山、彦根、備中松山、高知、宇和島、伊予松山、半数以上は平山城です。さらに平城と呼ばれる、平地につくられた、巨大な城まで現れました。松本城はこの典型です。平城の場合は、人工的な高い石垣（高石垣）と広く深い堀をつくって防禦の要にしていました。そして天を衝くような巨大な天守です。しかし、豊臣平和令や一国一城令などで多くの城が破却されました。なんといっても城は抵抗の象徴でもあったからです。

原城跡

例えば破却された原城に立てこもったキリシタンや農民の反乱（島原キリシタン農民戦争）に手こずった徳川幕府は、諸大名のわずかに残った城の修復も厳しい許可制にしたのです。ですから城、特に天守はまさに権力の象徴でもありました。なお、江戸中期以降の平和な時代には、天守は、火災などで焼失しても、財政難を理由に再建されないこともありました。いかに権力の象徴といえども背に腹は代えられなかったものと思われます。

江戸時代では天守は藩主の所有するものでした。そのため天守の鍵は藩主が保管していたようです。そのうち時代が下ると鍵は藩主の側近が管理していました。ときどき風を入れなどが行われていたようです。

松本城

ところで、松本城の天守は、松本盆地に入ったとたんに旅人の目に飛び込んでくるのではないでかしょう。近世を旅した多くの旅人の旅行記には城下町に入ると必ず天守や城の記述があります。天守は、まさにランドマークだったのです。そこにはその地の権力者がいる、というランドマークでもありました。それはヨーロッパの城でも同様でした。つまり壮大な建築をつくることで権力の大きさを推し量るものでもありました。ただヨーロッパにはもうひとつ大きな建物があります。教会です。俗なる城と聖なる教会。日本では？　神社や寺院ですね。これもなかなか大きなものがあります。洋の東西を問わず、大きな建築物というのは権力の象徴なのですね。

【参考文献】
児玉幸多・北島正元監修『甲信越の諸藩』新編物語藩史、新人物往来社（1976）
田中薫『松本藩』シリーズ藩物語、現代書館（2007）
岩下哲典「外国人旅行記等にみる日本の城郭と城下町」岩下哲典ほか編『城下町と日本人の心性』岩田書院（2016）

《**コラム**》

ソバ（Japanese buckwheat noodle）の元祖は中山道の本山宿？

岩下哲典

ソバの花

ソバは蕎麦とも書きます。諸説ありますが、中央アジアあるいは中国雲南省が原産地といわれています。栽培されているのは、ダッタンソバと普通ソバです。ダッタンは韃靼で、8世紀に東モンゴルに現れたモンゴル系の部族の名前です。タタールとも言います。近世日本では女真族や清朝のことを蔑視して韃靼と呼んだり、アムール川中下流域を韃靼地方とも呼んでいました。また今日、東ヨーロッパやロシア、カフカス、シベリアのトルコ系住民をタタール人とも呼んでおり、ダッタンはかなり広い概念です。

それはさておき、普通ソバが中国・朝鮮半島から日本に伝わったのが、今日の日本ソバです。縄文時代からあるとされますが、食用にしたのは722年、干ばつで飢饉になったため、朝廷がソバを植えよと命じたのが記録上最も古いものです。ソバはやせた土地でも早く、よく育ちます。いわば救荒作物で、寒さで稲や麦が十分には育たない信州では、人々の食生活を支える重要な食物だったわけです。

食べ方としては、米に、皮を取ったソバの実を混ぜて炊くソバめしや、実を挽いてソバ粉にして、熱湯で練って少し大きな団子状にしたソバがきやそれを焼いたソバ餅がありました。

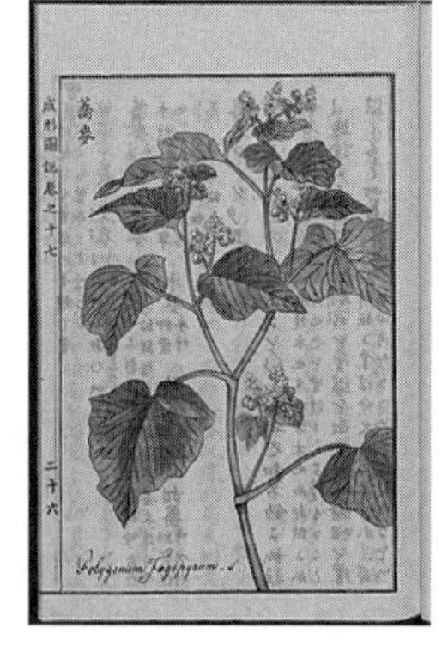
ソバ

麺状のソバキリ（蕎麦切り）の初出は、『慈性日記』慶長19年（1614）2月3日条「ソバキリ振舞被申候也（ふるまいもうされそうろうなり）」とされます。天台宗の僧侶で京都尊勝院住持と近江（滋賀県）多賀大社別当を勤めた慈性は、江戸でソバキリをごちそうになったようです。寺院では、動物性の食事が禁じられていることも多いので、単調になりがちな食生活にバラエティを持たせるため、調理法を工夫しています。僧侶は意外とグルメだったかもしれません。

ところでこれも寺院ですが、信州木曽の定勝寺（木曽郡大桑村須原、臨済宗妙心寺派）の史料に、すでに天正2年（1574）、仏殿の修理工事の時、ソバキリを振舞ったという記述があります。信州の寺院では早くからソバキリが食べられていたと思われます。

時代は下って、宝永3年（1706）に松尾芭蕉の門人森川許六が、編集した俳文集『風俗文選』に「そば切りというのは信濃の国本山宿より出て、あまねく国々にもてはやされた」という記述もあります。高冷地信州では早くからソバが食べられ、江戸中期には各街道沿いの茶屋などでソバキリが提供されていたと思われます。

その後、つなぎに小麦粉が使われたり、「もり」や「かけ」などの食べ方が考案され、「夜鷹蕎麦」といった屋台が江戸ではやりました。なお、信州の飯山藩や高遠藩、高島藩は、毎年季節を定めて将軍に領内の特産物を献上する「時献上」にソバを使っていました。徳川将軍も信州ソバを賞味したものと思われます。

やがて新蕎麦や引っ越しソバや大晦日の年越しソバなどの日本のソバ食文化が生まれました。海外でも、

中山道 本山宿

ソバガキ

ソバ

また日本に来る外国人でもソバをJapanese buckwheat noodleと好む人がいます。ただし重篤なアレルギーを引き起こす物質でもありますので、注意が必要な場合もありますね。

なお、近年、ソバには動脈硬化を予防する食品として注目されてもいます。ソバには毛細血管の強度をあげ、血圧を降下させる作用や記憶細胞の保護・活性化にも関係するルチンという成分が多く含まれています。ルチンはフラボノイド（抗酸化作用のある天然の化合物）の一種で、海外では医薬品として用いられてもいます。また、ソバには体脂肪の蓄積を抑える効果が期待できるタンパク質もあるようで、実に優れた健康食品です。ただし、漢方的には、体を冷やす効果もあるそうですので、食後にあたたかいソバ湯を飲むのは理に適っています。ソバ湯を飲む風習は、やはり長野県から始まったとされているようで、節約を尊ぶ県民性からのようですが、ソバ湯の中には水溶性のルチンが多く含まれていますのでとても理にかなっています。ただし、つけ汁を入れる場合には塩分摂取量が増えますから注意が必要のようです。

ソバは、飢饉のときの救荒食物だけでなく、優れた健康食品として見直されています。

【参考文献】
新島繁『蕎麦史考』錦正社（1975）
小川恭一編『江戸幕府大名家辞典』上巻、下巻、原書房（ともに 1992）
『食の医学館』（電子辞書版）小学館（2003 ~ 2005）
橋爪伸子ほか「比較食文化史年表について（日本：江戸期）」『会誌 食文化研究』6 号（2010）
同「比較食文化史年表について（日本：縄文期～安土桃山期）」『会誌 食文化研究』8 号（2012）
https://www.nichimen.or.jp/know/aiueo/mo/

中国発祥の臨済禅と飯山正受庵
――白隠禅師と幕末の鉄舟・泥舟

岩下哲典

飯山市の千曲川左岸の段丘上に正受庵（しょうじゅあん）があります。臨済宗妙心寺派直末の坐禅の道場です。地域の方々がボランティアで耕作・清掃・雪下ろしなどをしているそうです。地域に親しまれた草庵です。ここここそが臨済宗の中興の祖白隠（はくいん）禅師を育んだ場所で、白隠の師正受老人が創始した草庵なのです。

白隠は「駿河には過ぎたるものが二つある。富士のお山と原の白隠」と言われ、江戸中期の大名や武士、民衆にもたいへん人気のあった禅僧です。今日の臨済宗の僧侶はすべて白隠の法統を受け継ぐ弟子とされてます。その師である正受老人はまさに「師の師」なのです。正受庵が臨済宗の聖地と言われる由縁です。

臨済宗とは

そもそも臨済宗は、中国で成立した禅宗に始まります。禅宗は仏陀の坐禅瞑想の追体験を通して悟りを開く仏教です。インド出身の達磨が創始したとされます。日本の臨済宗に直接つながるのは、唐の臨済義玄（りんざいぎげん）とされます。なにものにもとらわれない境地に達するための瞑想を重視し、東洋的な自由の実践を追い求めました。戦乱から逃れる方法の一つです。

鎌倉時代に入宋した栄西（えいさい・ようさい）（備中国出身）が、臨済禅の伝授を受け、筑前国博多の聖福寺（しょうふくじ）で禅法を説きました。はじめは天台宗の圧迫を受けましたが、禅は最澄の教えを復古する鎮護国家の教えだと主張します。源頼朝の庇護を受け鎌倉に寿福寺を建立しました。また二代将軍頼家の依頼で京都に建仁寺を建立します。三代実朝には『喫茶養生記』を執筆して飲茶を奨めたのは栄西です。こうして臨済宗は、武家の生活習慣に合致したこともあり、また、中国から南北朝の戦乱や元の迫害を逃れた中国僧が来日し、多くの武家の帰依を受けました。室町期には、天龍寺船など日明交流や外交・貿易に関わるなど隆盛を極めました。戦国大名も多くが臨済禅僧に帰依しました。織田信長の葬儀は臨済宗大徳寺で行われました。

今日では南禅寺派、天龍寺派、相国寺派、建仁寺派、東福寺派、建長寺派、円覚寺派、大徳寺派、妙心寺派、永源寺派、方広寺派、仏通寺派、国泰寺派、向嶽寺派などに分かれています。明治中期、日本の仏教を研究した、東洋大学学祖井上円了（いのうええんりょう）は近世の臨済宗に関して「徳川氏の時代に至れば、愚堂（東寔（とうしょく））、（至道）無難、正受慧端（しょうじゅえたん）、白隠等の諸師ありて、よく宗風を扶持せり」と述べています。つまり、江戸時代の禅宗では、愚堂（ぐどう）・無難（むなん）・正受・白隠（はくいん）の法統が重要なのだというのです。

正受老人とは

正受庵

正受は、寛永17年（1642）飯山城内で生まれたとされます。父は松代城主真田信之、母は後に出家して李雪といい、信之の寵愛を受けた女性です。正受の出自や飯山城主松平忠倶に預けられた経緯は十分にわかっていません。忠倶の後継者の良き相談相手になるべく育てられようです。万治3年（1660）19歳の時、忠倶に従い江戸に出府しました。この時、江戸屋敷を出奔し、東北庵主至道無難の弟子となり突然出家してしまいます。無断出家は藩主への背信行為とされるのですが、忠倶はこれを許しました。正受は、無難の印可を受け、諸国を巡歴して東北庵に戻ります。寛文5年（1665）24歳の時、東北寺（東北庵が寺に昇格）住職就任の要請を断り、飯山に帰郷、翌年正受庵を建立し庵主となりました。その後、城主松平家転封の際、転封先に供することを請われますが、飯山残留を選びました。

正受老人

宝永5年（1708）正受67歳の時、24歳の若き白隠が意気揚々と正受庵にやってきたのです。そのいきさつはあとで述べましょう。その後、正受は80歳で遷化（死去）しました。その遺偈「坐死　末後一句　死急難道　言無言言　不道不道」は、「坐禅をしながらの入寂よ。末語の一句は……、もはや死が急に来ていうこともままならぬ。無言の言を遺言としよう。なに言うものか、やはり言うものか」という意味でしょう。正受の跡は弟子の宗覚が継ぎました。安永10年（1781）、すでに白隠は入寂（死去）していましたが、白隠の弟子東嶺円慈が正受老人60年遠忌に正受庵を訪れ、正受老人や母李雪の墓を建立し、それが今も残っています。

白隠とは

白隠は、前述の通り臨済宗中興の祖です。その教えは「衆生本来仏なり」「此の身即ち仏なり」です。つまり、生きている人間の中に仏性があることを説きました（『白隠禅師座禅和讃』）。白隠の和讃は今も多くの臨済宗の寺院・法会で読み継がれています。

白隠は、貞享2年（1685）東海道原宿（現、沼津市）長澤家に生まれました。正受とは43歳違いです。父は杉山権右衛門、母は長澤氏。元禄2年（1689）5歳の時「世の無常」を感じ、7歳で「法華経」講義を聴きました。11歳で地獄を連想して号泣し、13歳の時、出家を願うも父に許されませんでした。元禄12年、15歳の時、松蔭寺にて念願の出家をしました。20歳で岐阜瑞雲寺馬翁宗竹に師事。その後、若狭小浜、伊予松山、備後福山、備前、播磨、伊勢などで修行し、宝永5年（1708）24歳の時、越後高田の英厳寺で、正受老人の弟子宗覚と出会いました。こうして宗覚の師正受老人に参禅するため、信越国境を越えて正受庵に至り修行することになったのです。

正受庵での修行は8か月に及びます。最初の頃は正受老人の厳しい指導に白隠は心が折れそうになることもしばしばでした。正受老人は白隠の慢心を戒めて大悟することを期しました。それが現実になり、ついに白隠は悟りを啓くことができました。白隠は正受庵の後継者になることを正受老人から請われました。参禅する者も増えて、庵の維持が困難となったこともあって、白隠は正受庵を辞して、故郷原の松蔭寺に戻ります。正受老人は名残惜しく二里（約 8 km）ほど見送ったそうです。その後、白隠と正受老人は相まみえることはありませんでした。

白穏（松蔭寺）

白隠は 26 歳の時、禅のやりすぎによる精神疾患である「禅病」に冒されました。洛東白河山中で白幽真人から内観の秘法を授かったそうです。34 歳で妙心寺（現・京都市）第一座となり「白隠」と称しました。しかし、京都妙心寺には入らず、駿河の松蔭寺を拠点に活動し、次いで駿河三島の龍澤寺を創建し、弟子の東嶺円慈を開山としました。龍澤寺は、明治期、次に述べる山岡鉄舟が東京から徒歩で通い参禅したことで有名な臨済禅の道場です。明和 4 年（1767）、白隠は 83 歳で松蔭寺において遷化しました。遺偈はありません。「大吽一声」つまり大きく「うん」と一言云って入寂したのです。実に白隠らしい死に方です。「うん」は「わが命尽きたり」という意味です。多くの弟子を育て、多くの著作を発表した白隠ならではの生き方、死に方です。

山岡鉄舟・高橋泥舟と禅と正受庵再興

さて山岡鉄舟は、600 石の旗本小野家の出身。天保 7 年（1836）御蔵奉行小野高福の 5 男として江戸に生まれ、飛騨高山の郡代をつとめる父に従い、高山で少年期を過ごしました。幼名は鉄太郎といい、同じ旗本山岡家に養子に入りました。鉄舟は号です。幕府講武所世話役、浪士組取締役、精鋭隊頭などを務め、徳川慶喜の命を受けて駿府の西郷隆盛に単独での交渉に成功し、「江戸無血開城」の「一番槍」と慶喜から大いに称賛されました。明治初期には静岡県大参事、茨城県参事、伊万里県権令、明治 5 年（1872）からは侍従、庶務課長、宮内少丞・大丞・少輔を務め、子爵になりました。子爵は、公・侯・伯・子・男の爵位では下から 2 番目ですが、旗本で伯爵となったのは勝海舟しかいませんから、明治期は、海舟に次いで著名な旧幕臣といってよいでしょう。明治 21 年（1888）53 歳で胃がんで亡くなります。鉄舟は禅に傾倒し、達磨や白隠を先師と仰ぎ、国泰寺派全生庵（現・台東区）の開基ともなっています。

山岡鉄舟

鉄舟が入った山岡家は、旗本でも 100 俵の下級旗本でした。山岡家当主が不慮の事故で死去したため、小野鉄太郎（鉄舟）が山岡家の後継ぎとなりました。鉄舟は山岡英子の婿になったのです。英子の実兄は、槍術で有名な高橋泥舟でした。なお、泥舟が養子に入った高橋家も、100 俵の下級旗本で、泥舟の母親の実家でもあります。つまり鉄舟と泥舟は義理の兄弟となります。

泥舟は、天保 6 年生まれ、幕府勘定所御勘定、講武所槍術教授方出役、同教授となりました。役方から番方になったのは、槍術に優れていたからです。鉄舟とともに浪士取締役となり、文久期には上洛する慶喜の護衛をしました。京都で、朝廷から直接、従五位下伊勢守に任じられるという前

高橋泥舟

代未聞の昇進を遂げました。講武所槍術師範役、遊撃隊頭（かしら）となり、慶喜の江戸城退出、寛永寺での謹慎、水戸謹慎まで慶喜の護衛を担当しました。慶喜の信頼が最も厚い幕臣だったのです。静岡藩では田中城（現・藤枝市）を守衛する責任者たる田中奉行などを務めました。明治4年の廃藩置県以降は官には一切仕えず、槍を筆に持ち替えて揮毫（きごう）一本で生活しました。

明治11年の天皇の北陸巡幸の際、善光寺に宿泊した山岡鉄舟のもとに正受庵が荒れ果てているという情報がもたらされました。鉄舟は義兄高橋泥舟に実見を依頼します。泥舟は飯山まで出かけ、詳しく見聞をしました。そして、泥舟は正受庵の史料を保存し、正受庵再興資金募集に尽力したのです。さらにそれを受けて鉄舟は臨済宗各派に働きかけ、白隠の国師号「正宗国師」を明治天皇から授与されるのに成功しました。鉄舟・泥舟の正受庵への思いが白隠の「正宗国師」号諡号（しごう）につながりました。

白隠は、中国由来の臨済禅を「日本禅」に転換させ、日本人に合った禅の修行法を確立しました。諸衆を導く大衆禅と正受老人仕込みの厳しい禅の融合でした。白隠禅は幕末明治期には鉄舟・泥舟へと受け継がれ、両人による正受庵の発見と再興につながりました。

以上を要するとインド・中国から伝わった日本の禅は、正受老人、白隠、鉄舟・泥舟へと受け継がれ、明治期には臨済禅の興隆、ひいては明治維新の廃仏毀釈で傷ついた仏教界の復活・復興につながりました。

正受老人と白隠の厳しい修行の場正受庵が、鉄舟・泥舟の再興により、今日の臨済禅の興隆にもつながり、地域の宝となったのです。まさに正受庵は臨済宗の聖地であり、雪深い飯山の地で、正受庵が、未来永劫守られていくことが、国際的な、世界宗教たる仏教の聖地、特に禅の聖地を守ることであり、世界の歴史と宗教にもつながることになるのです。

【参考文献】

井上円了『禅宗哲学序論』（初版明治26年、1893）
伊吹 敦『禅の歴史』法藏館（2001）
圓山牧田・平井正修『最後のサムライ　山岡鐵舟』教育評論社（2007）
岩下哲典『江戸無血開城』吉川弘文館（2019）
岩下哲典「正受老人・白隠禅師と山岡鉄舟・高橋泥舟の関係について」大谷哲夫先生傘寿の賀論文集編集委員会編『禅の諸展開』鳳仙学報（2022）

《**コラム**》

小布施の高井鴻山と北斎・小栗上野介
── 世界につながる「ベルリン藍」と貿易商社

岩下哲典

松代藩の領地であった小布施は、松代藩主が徳川将軍に時献上する「小布施栗」の生産地でした。藩は栗の生産を管理して毎年約３万１千個の栗を蔵屋敷（松代城本丸東）にストックしました。生産された栗は、「献上栗」「次大栗」「升栗」の三種に分別されました。献上栗は、将軍への献上用、次大栗は、将軍以外の大名等への贈答用、升栗は、贈答予備や藩主等の食膳に供されました。宝暦３年（1753）の記録では、将軍家には３千個、老中以下 96 家に２万７千 600 個が贈られたといいます。

藩では、勘定所が地域の監督者たる御林守を把握し、その下に生産する農民がいました。不作や虫害の年もあり、また風雪による倒木など、その生産管理はなかなか難儀でした。桃栗三年といいますが、成長して十分収穫できるまでに８年ほどかかります。生産する農民は納税や借財に苦しめられることもあったようです。

栗の生産地小布施に生まれたのが高井鴻山です。村の豪商で京都公家の九条家や諸藩の御用達を勤めました。京都に２度も遊学し、漢詩人梁川星巌や大塩平八郎などとも交流がありました。江戸では儒学者佐藤一斎に学び、また松代藩士佐久間象山とも交わりました。鴻山自身も文人で画人でもあり、その徳を慕って葛飾北斎は再三小布施を訪れ、岩松院の天井に「八方睨み大鳳凰図」を描いたり、町内の山車に装飾絵を施しています。

高井鴻山

岩松院は、川中島に配流された豊臣系大名福島正則の廟所で、柏原（現、信濃町）の俳人小林一茶が「やせ蛙まけるな一茶これにあり」を詠んだ蛙合戦の池があります。

北斎の大鳳凰図は、嘉永元年（1848）、北斎 89 歳の作品で、鳳凰の目がどこから見てもこちらを睨んでいるように描かれています。それで「八方睨み」と称されます。図は間口 6.3 m、奥行 5.5 mの大画面を 12 分割しています。12 枚の板を床に並べて描いた後、膠で天井に取り付けたものです。朱、鉛丹、石黄、岩緑青、花紺青、べろ藍、藍などの顔料を用いています。周囲は胡粉、下地に白土を塗り重ね金箔の砂子が蒔かれている豪華なものです。

なかでも「べろ藍」は注目に値します。長崎からの輸入顔料で、プルシャン・ブルー、プロシャの青というものです。紺青ともよばれる化学顔料なのです。化学名は、ヘキサシアノ鉄酸鉄カリウムで、人工顔料として 18 世紀にドイツで発明されたものです。「ベルリンの藍色」から「べろ藍」と呼ばれるようになったようです。北斎の描くあの青は、ドイツ由来の人工顔料が、オランダ東インド会社（会社解散後はオランダ植民地省のバタビア政庁）のもとにあった長崎オランダ商館（出島商館）を経由して小布施に運ばれ、北斎が描くのに用いたということなのです。小布施は、まさにヨーロッパとつながっていたのです。

鴻山はさらに世界と小布施をつなごうとしました。安政開国の後、アメリカに遣米使節として派遣された旗本小栗上野介忠順の提唱する商社に参画しようとしたのです。小栗は、自分の知行所のある上州（群

北斎

岩松院鳳凰図

馬県）や近隣の信州から出資者をピックアップし、説得を試みていました。その商社の一つ兵庫商社は、大坂商人の鴻池屋、加島屋などを中心としたものでしたが、さらに積極的に輸出を展開するためには、地方の豪商・豪農の協力は不可欠でした。鴻山の名は小栗にも知られていて、鴻山も小栗を知っていたのでしょう。鴻山は小栗の商社設立事業を聴き、松代藩に次のように願い出ました。「小栗勘定奉行との話しで、信越の富裕者を集めて会社を興し、船を造って外国貿易をする計画がある。幕府の蒸気船借用ができそうで、組合を作って外国貿易を行いたい。これは、富裕者のためだけではなく国全体を富ませることになる。」小栗は、慶応４年（1886）の新潟開港をにらみ、越後や信濃の富裕者の出資による新潟商社を計画していたようです。新潟から信濃川・千曲川をさかのぼって外国物資が小布施に届き、小布施や周辺の品々が新潟に運ばれ、外国にもたらされる様子を想像したのでしょう。小布施の栗が輸出品として考えられたのかもしれません。

小栗上野介

小栗の商社計画は、徳川慶喜がいわゆる「大政奉還」を行い、旧幕府軍が鳥羽伏見の戦いで「官軍」に敗れ、「江戸無血開城」がなされた結果、主戦派とされた小栗上野介が「官軍」により裁判もなく斬首されてとん挫しました。しかし、その志は、信州とも関係が深い旧幕臣渋沢栄一によって明治時代に花開きました。日本は欧米列強に追いつき追い越せと産業を興し、貿易を拡大して、資本主義を発展させるのです。小布施の栗と小栗上野介、「栗」は、何かの縁でしょうか。

【参考文献】

小布施観光協会公式サイト「小布施日和」http://www.obusekanko.jp/spot/ganshoin
村上泰賢『小栗上野介のすべて』新人物往来社（2008）
原田和彦「幕府に献上された特産物・小布施栗」『日本の歴史を描き直す』文学通信（2021）

近代日本の魁・松平忠固と赤松小三郎、アメリカで活躍した松平忠厚とキンジロー・マツダイラ

関 良基

日本を開国させた松平忠固

上田市にある県立上田高校の正門は、もともと上田藩主屋敷の門でした。戦国武将の真田信之（のちに松代藩の藩祖）が築いた屋敷です。幕末にこの屋敷の主だったのが松平忠固（ただたか）です。松平忠固は、姫路藩から婿養子に入って、天保元年（1830）から安政6年（1859）まで上田藩主を務め、同時に日米和親条約と日米修好通商条約の二つの条約締結時に二度にわたって国政のトップである老中を務め、徳川政権の開国論を牽引した人物でした。最初の老中就任時は忠優（ただます）という名で、二度目に忠固と改名していますが、ここでは忠固の名前で統一します。

旧上田藩主屋敷門（現・上田高校）（筆者撮影）

忠固の政治の原点となった出来事は、上田藩主就任早々に直面した天保の大飢饉でした。飢餓で領民が苦しむ姿を目の当たりにした忠固は、米作に依存した自給経済がいかに脆弱であるかを痛感し、開国・交易こそが国を富まし、二度と飢饉を繰り返さない方途であると考えるようになりました。忠固は養蚕を奨励し、信州の特産品である生糸を輸出品にしようと努力しました。忠固の政策で領内では蚕の品種改良が積み重ねられました。

上田藩の農民の清水金左衛門が弘化4年（1847）に著した養蚕技術書である『養蚕教弘録』は、明治元年（1868）にはフランス語に翻訳され、フランスでも学ばれたほどです（70頁参照）。忠固が藩主であった時代に発展した上田の養蚕技術は、後にヨーロッパの養蚕地域が見習うほどの水準にあったのです。

忠固が老中に就任して5年目の嘉永6年（1853）、米国のペリー艦隊が来航します。攘夷論が吹き荒れる中、忠固は開国を主張しました。当時、徳川政権の海防参与を務め、尊王攘夷派の指導者として仰がれていたのは水戸藩の前藩主徳川斉昭でした。忠固は日米和親条約交渉時から交易の開始を計画しましたが、斉昭から激しい反発を受けました。そして日米和親条約では交易の開始は見送られ、条約調印の翌年の安政2年（1855）、ライバルの斉昭の建言によって忠固は老中から失脚してしまいます。

しかし安政4年（1857）、米国との間で日米修好通商条約の交渉が開始されることになると、忠固は開国派のリーダーとして老中に返り咲きました。このとき、新たに大老に就任した井伊直弼も

忠固のライバルとして立ちはだかりました。越前藩の『昨夢紀事』という史料によれば、井伊は条約の調印には天皇の勅許が必要であると訴えましたが、天皇を政治に巻き込んではならないと考えていた忠固は「公卿の意向など気にしていたらきりがなく、天下の大事を見誤る」と即時条約調印を主張しました。忠固は、井伊の反対を押し切るかたちで安政5年（1858）6月19日に条約の調印を断行し、その責任を一身に背負って、調印から4日後に再び失脚してしまいました。通商条約の調印は井伊直弼が断行したことになっていますが、実際には自らの政治生命と引き換えに調印に漕ぎつけたのは松平忠固なのです。

松平忠固の功績は、条約調印のみにあるのではなく、信州の特産品である生糸を日本の代表的輸出産品に押し上げた点にもあります。忠固は老中から失脚しても、家臣たちを集め「交易は世界の通道なり」と叱咤激励し、横浜開港に備えて生糸の輸出の準備をさせました。横浜開港後、いちはやく生糸輸出の先鞭を付け、諸外国に日本の生糸の品質の良さをアピールしたのも上田藩でした。忠固は、横浜開港を見届け、その3ヵ月後に死去しました。

忠固の努力は実りました。開国以降、江戸・明治・大正から昭和初期に至るまで、生糸は日本最大の輸出商品となって日本の近代化を牽引しました。そして信州は世界最大の生糸産地となって、高い品質の生糸を世界中に供給し、日本経済を支え続けたのです。

日本で初めて民主的な憲法草案を起草した赤松小三郎

つぎに松平忠固の家臣上田藩士で洋学者の赤松小三郎のことを紹介します。小三郎はもともと和算家でしたが、ペリー来航によって洋式兵学を志すようになりました。勝海舟の従者となって長崎の海軍伝習所に学び、長崎ではオランダ語の最新の兵書を何冊も翻訳しています。さらにオランダ語のみならず英語も学び、慶応元年（1865）にはイギリス陸軍の最新式の軍隊運用マニュアル（Field Exercises and Evolutions of Infantry）を訳出し『英国歩兵練法』と題して出版します。この本は、オランダ語を介さずに、直接英語から日本語に訳された最初の兵書でした。小三郎は、イギリス兵学の第一人者として知られるようになりました。「気をつけ」「前へならえ」「右向け右」などの号令は、小三郎が『英国歩兵練法』で用いたもので、それが現在まで使われています。慶応2年（1866）10月、小三郎は薩摩藩に招かれ、同藩の京都藩邸で藩士たちにイギリス兵学を教え、軍事訓練も行うようになりました。このときの小三郎の門人には、東郷平八郎、野津道貫、篠原国幹、樺山資紀、上村彦之丞など後年の日本陸海軍の指導者たちが多数含まれていました。

赤松小三郎（上田市立博物館所蔵）

同時期に赤松小三郎は、会津藩が京都に設立した洋学校の運営にも関わっていました。小三郎は、倒幕派とされる薩摩藩と佐幕派とされる会津藩の双方で教えていたのです。それは、対立する徳川と薩摩を和解させようと意図していたからでした。内戦が起これば国が分裂し、多くの人命が失われ、勝者と敗者が生み出され、後々まで禍根を残すことになってしまいます。小三郎は内戦を避け、天皇の下に日本が一つにまとまって、憲法をつくって議会政治を行うべきだと考えました。小三郎は、慶応3年5月、議会政治を求める建白書「御改正之一二端奉申上候口上書」を起草し、越前藩・薩摩藩・徳川政権など互いに反目し合っていた各方面の指導者に提出しました。

小三郎の建白書には、身分や財産に関係なくすべての国民が選挙権を持ち「入札（選挙）」で議会の議員を選出すべきこと、議会は国の最高の意思決定機関であること、国民皆が平等に扱われるべきこと、等しく教育を受けるべきこと、各々の個性を尊重し、やりたい仕事を自由に選ぶべきことなど、未来の日本の姿が建白されていました。それは日本最初の民主的な憲法草案と言ってよい内容だったのです。

しかし小三郎の願いもむなしく、薩摩藩は武力で徳川を打倒しようという討幕路線を選択してしまいます。小三郎は、武力に訴えようとする西郷隆盛を説得し、平和的な手段で新政権を樹立するよう働きかけました。しかし戦争の勃発が避けられそうもないことを知ると、故郷の上田への帰国を決意します。ところが薩摩の武力討幕派の中村半次郎（のちの桐野利秋）らの刺客が、上田に帰ろうとしていた小三郎を「幕奸（＝幕府のスパイ）」と呼んで暗殺してしまったのです。慶応３年（1967）９月３日のことです。

この後、日本は小三郎の願いに反して、戊辰戦争という国を二分した内戦に突入してしまいました。その戦争は、すべての人々が対等な立場で政府に参画するのではなく、長州・薩摩・土佐・肥前という一部地域の出身者による藩閥政治を生み出す原因となってしまったのです。

第二次世界大戦後、日本でもようやく男女普通選挙と、議会を国権の最高機関とする民主政治が実現するようになりました。それより80年前の江戸時代末に信州人の赤松小三郎は、現在の私たちが享受しているような自由で民主的な社会を構想していたことを知っておいてほしいと思います。

米国に渡って活躍した忠厚とキンジロー

上田藩主松平忠固の四男の松平忠厚はアメリカに渡って活躍します。その事績も紹介しておきましょう。忠厚は川中島の塩崎に領地を持つ旗本松平家の当主となります。明治２年、忠厚の領地に近代教育のために日新館が設立されますが、これは県内最古で全国でも２番目に古い小学校で、現在も川中島小学校として続いています。廃藩置県後、忠厚は塩崎陣屋の門を郷里の教育のためにと日新館に寄贈し、自身は米国のラトガース大学に留学しました。忠厚が寄贈した日新館の門は民間に移築されていましたが、2021年に川中島小学校に再び移築復元されました。

松平忠厚が教育のために寄贈した塩崎陣屋門。2021年に川中島小学校に移築復元された。（日新学校校門を復元する会撮影）

アメリカに渡った忠厚はカリー・サンプソンと恋に落ち、アメリカ人女性と国際結婚した日本人男性の第１号となりました。忠厚は得意だった数学の能力を活かし、ニューヨークで高架道路の測量士として活躍しながら、新しい測量器具など数々の発明をし、学術分野で多大な貢献をしました。

新聞『ニューヨーク・デイリー・トリビューン』紙（1880年２月29日付）は「日本人の発明家が高等数学の理論を駆使して、従来より簡単かつ迅速に計測できる画期的な器具を開発した」という見出しで、松平忠厚が余暇を利用して次々に画期的な発明をしていると報じ、「こうした数学的知識に加え、氏は11の言語を読むことができ、四角い知的な額と自らの持つ知性によって人を

松平忠厚（上田市立博物館所蔵）

感動させるような顔をしている」と結んでいます。『ポスト・アンド・トリビューン』（1880年2月21日付）は、「彼（忠厚）の発明の才能は、エジソンに匹敵する」と賞賛しています。忠厚は、国際的な研究・発明の第一線で活躍をした初の日本人となったのです。しかし結核にかかってしまい、1888年、大陸横断鉄道建設の測量のために移り住んだコロラド州において、37歳の若さで惜しまれつつ世を去りました。

忠厚の次男のキンジロー（欽次郎）も、父の血を受け継いで発明の才能がありました。キンジロー・マツダイラは、1912年の27歳のとき、温度で検知する火災報知器を発明し、特許を取得しました。他にもサーカス団の手品師や民間会社の会計主任など多才に活躍した後、1927年には首都のワシントンDCからほど近いメリーランド州エドモンストン市の市長に当選します。このキンジローこそ、在米の日系人として初めて市長に選ばれた人物でした。驚くべきことですが、日本とアメリカが太平洋戦争に突入し、アメリカ人の反日感情がピークに達していた1943年、キンジローは市民の声に推されてエドモンストン市長に再選されているのです。キンジローはこのとき、長年町を苦しめていた洪水の対策に手腕を発揮しました。日米が戦争中であったにもかかわらず、日系人のキンジローはアメリカで市長を務め、日本人に対する偏見を拭い去ろうとしていました。

米国初の日系人市長となったキンジロー・マツダイラ
（Yoji Yamaguchi, A Student Guide to Japanese American Genealogy, Oryx Press, 1996, p.50.）

松平忠固は、幕末の日本でアメリカとの戦争も辞さないという攘夷論が叫ばれる中、人種的偏見を持たずに平和的に条約交渉を推進し、日米友好の礎を築きました。その志は家臣や子や孫にも継承されたといえるのではないでしょうか。上田高校の門や川中島小学校の門は、そうした志を今に伝えるものかもしれません。

【参考文献】

飯島信子「松平忠厚とカリー・サンプソン」『野口英世とメリー・ダージズ──明治・大正　偉人たちの国際結婚』水曜社（2007）
岩下哲典「幕末日本における秩序創出の困難さ──坂本龍馬・赤松小三郎の新国家・新秩序構想と暗殺」岩下哲典他『東アジアの秩序を考える』春風社（2017）
しみずたか『蚕都物語──蚕種家清水金左衛門のはるかな旅路』幻冬舎ルネサンス（2008）
関良基『赤松小三郎ともう一つの明治維新──テロに葬られた立憲主義の夢』作品社（2016）
関良基『日本を開国させた男、松平忠固──近代日本の礎を築いた老中』作品社（2020）

《コラム》

横浜英人から馬術を学ぶ　上田藩士門倉伝次郎

東郷えりか

1862 年 9 月 14 日の午後に東海道沿いの生麦村（現：横浜市鶴見区生麦）で、横浜の居留地にいた 4 人のイギリス人が薩摩藩士に斬られる事件が起こりました。殺されたリチャードソンは、20 歳で上海に渡って生糸取引と不動産売買に携わっていた人でした。29 歳でイギリスに帰国する前に、上海時代の友人クラークを頼って日本に遊びにきて、一緒に事件に遭遇しました。居留地まで担架と船で運ばれたリチャードソンの惨殺体は、公使館付きの医師ウィリアム・ウィリスが検視したのち、横浜の外国人墓地に葬られました。

事件発生直後、居留地から現場に馬で駆けつけた大勢の外国人の 1 人がイギリス陸軍のアプリン大尉です。街道に残された血痕をたどって犠牲者が最初に斬られた現場を突き止めたようです。アプリンは、その前年 7 月に高輪の東禅寺に置かれたイギリス公使館が襲撃されたため、警備を強化する目的で派遣された総勢 12 名の騎馬護衛隊の隊長でした。彼らの所属部隊はもともとアロー戦争で中国に派兵されて天津にいて、横浜には 11 月にアラブ種の馬などを連れて長崎経由でやってきました。

ヴィンセント・J・アプリン（イアン・アプリン氏提供）

出版翻訳者である私が幕末のこのような出来事に興味をもち、古地図を探し、事件現場や墓地を訪ね歩き、図書館や資料館で当時の新聞を読んで事件の謎解きにのめり込んだのは、たまたまグーグル検索をしたことがきっかけでした。あるとき、上田藩の馬医だったとしか私たち子孫に伝わっていなかった母方の高祖父、門倉伝次郎の名前を検索してみたのです。すると、ウィリス医師が書き残した謎の文面に出くわしました。東京の墨田区に移り住んだ曾祖父が早死にしたうえに、1923 年の関東大震災で家が丸焼けになったため、門倉家の祖先については記憶も記録もなくなってしまいました。この一帯は 1945 年の東京大空襲でも焼け野原になったので、そもそも区の除籍簿がありません。寺の過去帳も焼失したそうです。

調べてみると、ウィリス医師は戊辰戦争のさなかに越後高田や新潟で、敵味方なく両軍の治療活動に従事し、会津まで行っていました。途中、信州上田にも立ち寄ったウィリスは、高祖父と同姓同名の「老紳士」と出会い、その人物がアプリン大尉から騎兵訓練を受け、大尉が帰国する際に彼の鞍を買ったと報告書に書き、それがイギリス議会の「青書（せいしょ）」にまとめられていたのです。

ネット上で見つけた記事では「老紳士」は松平備後守の家臣となっていましたが、当時の上田藩主の官名は松平伊賀守でした。なぜイギリス人から騎兵訓練など受けたのかもわかりません。「信州デジくら」(現、信州デジタルコモンズ)に1865年の上田藩士の名簿である分限帳を見つけ、画面上でくずし字を懸命に追いながら門倉姓を探したこともありました。

その後、ネット上で見つけた論文を読み、アプリンに関する報告があった赤松小三郎研究会に参加するなどして、知識を少しずつ増やしていきました。1940年刊行の『上田市史』人物編に伝次郎の項目があることも、上田高校同窓会を中心とするこの研究会で教えられました。伝次郎が佐久間象山から西洋馬術、馬上砲打法、西洋馬療を学んだとそこに書かれていたので、象山塾の門人帳「及門録」を調べてみると、確かに1851年の入門者のなかに、長州の吉田松陰や長岡の小林虎三郎に交じって高祖父の名前がありました。

ウィリス医師は明治以降も日本に残って東京と鹿児島で医学を教えたために、まとまった記録がありましたが、軍人アプリンの記録は、いろいろな史料に断片的に記されているだけでした。それでもネット上で国勢調査の記録や当時の新聞記事などが見つかり、アプリン一族を研究する遠戚の方の記事も発見しました。思い切って連絡を取ってみたところ、彼の肖像画写真や息子らが書いた本などを送ってくれました。

門倉伝次郎が具体的にいつ、どこでアプリンから西洋馬術の訓練を受けたのかは結局判明しませんでした。しかし、1864年9月の下関戦争後に、幕府がイギリスに接近した時期に英式調練が予定されていたことを示す記録は見つけました。ちょうど、赤松小三郎がアプリンのもとに通ったと書いていたころです。

のちに上田市立博物館所蔵の上田藩の『明細』という家別記録から門倉家の祖先を元禄12(1699)年までたどることもできました。上田図書館で『上田郷友会月報』を明治時代までさかのぼって調べたことも、大収穫となりました。会員であった曾祖父の写真が何枚も見つかっただけでなく、『上田市史』の伝次郎の項目の元となった記事が写真入りで掲載されていたのです。しかも写真の人物は、上田藩最後の藩主松平忠礼の騎乗姿の写真のなかにいた初老の男性と同一人物でした。忠礼の乗馬(のりうま)は、高祖父が藩主用に手配し、アプリンに調教を依頼した黒毛の仙台馬に違いありません。在来馬にしては体高のある立派な馬です。仙台馬は明治以降に品種改良が進んだことで絶滅してしまったため、貴重な1枚ではないでしょうか。

馬上の松平忠礼。左側に立つ人物が筆者の高祖父(上田市立博物館所蔵)

祖先探しから幕末史に入り込んだ私は、それ以来どんどん深みにはまっています。

【参考文献】
ヒュー・コータッツィ著、中須賀哲朗訳、『ある英人医師の幕末維新』、中央公論社(1985)
J. R. ブラック著、ねず・まさし他訳、『ヤング・ジャパン』1巻、平凡社(1970)
東郷えりか著、『埋もれた歴史:幕末横浜で西洋馬術を学んだ上田藩士を追って』、パレードブックス(2020)

外国勢力の日本進出と松尾多勢子・伊那谷の国学

相澤みのり

松尾多勢子（画像提供：豊丘村歴史民俗資料館）

松尾多勢子は、幕末の尊王攘夷運動のなかにあって、異色の女流勤王家とされている人物です。

歴史家・ジャーナリストなどとして知られる徳富蘇峰（文久3年〔1863〕－昭和32年〔1957〕）は、昭和5年（1930）に伊那谷南部の飯田を訪れた際に次のような記述を残しています。

「飯田は堀氏六萬石の城下にして、南信の一都會、土地優雅、風候温和、而して名古屋及び上方との交渉多く、其の人氣も寧ろ之に幾し。郷人は太宰春臺の産地を以て誇りとしてゐる。春臺眞に誇る可し。されど松尾多勢子の如き、女流勤王者は、更らに大なる誇りとせねばならぬ」（徳富猪一郎『読書人と山水』民友社、1932年）

儒学者の太宰春台は、郷土の偉人として県歌『信濃の国』にも歌われていますが、蘇峰はその春台よりも、松尾多勢子を大いなる誇りとしなければならないと述べています。当時はちょうど雑誌『中央公論』で島崎藤村の小説『夜明け前』の連載が始まった頃でした。「木曾路はすべて山の中である」――この有名な一節から始まる名著には松尾多勢子も登場しますが、藤村による木曾路の仄暗い描写とは異なり、蘇峰が伊那谷の風土を「土地優雅、風候温和」と愛でているのが印象的です。

多勢子が生まれたのは文化8年（1811）5月、折しも、ロシアの軍艦ディアナ号が択捉島に現れた頃です（のちに「ゴローウニン事件」に発展）。そして、彼女が亡くなった明治27年（1894）6月は日清戦争開戦の直前でした。多勢子は、幕末の日本がいかに外国と対峙し、その後、明治近代国家として世界のなかでどのように変化を遂げていくのかを、身をもって経験した人物といえるでしょう。

歌道と平田国学

飯田城の城下町から南に位置する山本村（現在の飯田市山本）の竹村家に生まれた多勢子は、19歳で伴野村（現在の下伊那郡豊丘村）の松尾家に嫁ぎました。伴野村は飯田市街から天竜川を挟んで東側の美しい河岸段丘にある農村です。松尾家は農民のなかでは上層の豪農で、酒造業を営み、養蚕の中心的担い手でもありました。

豊丘村全景（河岸段丘）むかって右手が豊丘村。奥が諏訪方面、手前が静岡方面。（画像提供：豊丘村）

多勢子は幼少時から読書を好み、漢学や算術なども学びました。母方の曾祖母が飯田藩主堀氏にも知られた歌人であったことから、早くから歌道にも触れ上達していきました。ここでの歌とは、単に感じたことを表現し楽しむだけのものではなく、万葉集や古今和歌集などの古典に関する文学的知識と深い理解を要する高度に知的な営みです。

本学神社

この頃頻繁に開かれた歌会は、伊那谷の人々が国学と出会う場となりました。江戸から来飯していた国学者の岩崎長世（平田篤胤の門人）が歌会に参加していたことをきっかけに、この地に平田国学が広まり、文久元年（1861）には多勢子も正式に平田篤胤の没後門人となります。

徳川時代の思想的土台ともいえる仏教、儒学・漢学への信頼は、それぞれの故郷であるインドの植民地化や中国のアヘン戦争などに対する衝撃によって揺らぎはじめます。蘭学塾で学ぶものが増え、また一方、日本を神々の国として称揚する国学が各地で影響力を強めていきます。

平田篤胤（写真：平凡社所蔵）

伊那谷は平田国学を学ぶ門人数が全国でも特に多く、慶応3年（1867）には山吹村（現在の下伊那郡高森町）に国学四大人（荷田春満・賀茂真淵・本居宣長・平田篤胤）を祭神に祀る本学神社も創建されました。この神社の名称（創建当時は「本學霊社」）は、平田家二代当主の平田銕胤が命名したものです。高森町歴史民俗資料館には本学神社に関する詳しい展示があります。

篤胤は、西洋の天文学や医学などの外来知識を進んで採り入れ、そのうえで「皇国（日本）は万国（世界）の頂上に位置する最高の存在である」と説いています。多勢子は、篤胤が著した本を多く愛読していますが、なかでも死後の世界を説明した『霊能真柱』（文化10年〔1813〕刊）は、対外危機意識が反映されていることでも知られています。

この当時、ヨーロッパではフランス革命を契機に変動が生じ、ついには北アジアにおけるロシアの南下という事態にまで発展します。嘉永6年（1853）のペリー来航以前から日本は外国に脅かされており、幕末の外交問題はのちに伊那谷にまで波及することになります。

日米修好通商条約調印ののち、安政6年（1859）に長崎、横浜、箱館が開かれると、飯田藩領からは生糸の輸出が開始されます。翌年には、藩が横浜に交易品置き場を開設するなど積極的な交易に舵を切りました。しかし、外国に対し不利な条件下での交易は国内に混乱を招き、松尾家の生業のひとつである養蚕も生糸相場に左右されます。また、文久3年（1863）頃には、外国との交易を嫌う過激な攘夷活動家らが、生糸市場の管理を行う糸会所を襲う事件も多発します。国学を志していた多勢子は、当時の日本が本来あるべき国の姿からかけ離れていると感じていたのかもしれません。

多勢子の旅と人脈

平田門人となった翌年の文久2年（1862）、多勢子は52歳で初めて京にのぼります。

近世の女性の旅は困難な印象があります。しかし同じ頃、飯田の不二道（富士信仰）の指導者松下千代も、50代で江戸や京都に出向き、62歳で富士登山をするなど旺盛な活動をしています。千代は商家の生まれで、夫と共に醤油製造販売業を営みながら、広く旅をし、不二道の布教を進めました。

当時、子育てを終えて身軽になった女性たちが、伊勢神宮や熱田神宮などへ参詣したり、各地に物見遊山に出かけたりしていました。そうした旅の道中、五街道のひとつの中山道では木曽福島の関所で厳しい「女改め」を越えなければなりません。これを避けるための抜け道として、木曽と飯田を結ぶ大平街道は別名「女人街道」と呼ばれ、多くの女性たちに利用されていました。ここには石製の珍しい「振袖道標」があり、振袖の絵に「せんこうし」(善光寺)の文字、人差し指で「いせ」(伊勢)の方位が刻まれています。伊那谷では女性の旅姿は決して特別なものではなかったのです。

振袖道標

文久期に入ると政治の中心は江戸から朝廷のある京都に移行します。多勢子が向かった京都には、全国から多くの志士や浪士たちが集まっていました。この時期を見極めた多勢子の勘と行動力は見事であるといえるでしょう。

信州の農村から初めて京都を訪れた多勢子でしたが、そこには国学思想のもと「復古」を求めて活動する多くの平田門人が潜居しており、これを手掛かりに人脈を広げていきます。さらに、多勢子の類まれな人間的な魅力は、平田門人だけでなく若い志士たちをも惹きつけました。長州藩の久坂玄瑞、品川弥二郎らと信頼関係を築き、平田銕胤・延胤親子とも情報を交換しています。豪農の経済力も多勢子の活動を助けました。人や情報をつないだ多勢子の役割はとても大きなものでした。

そしてなにより注目したいのが、多勢子自身が社会や政治との接点を持ち得たことへ充足感と喜びを感じていたことです。母親の自由な振る舞いを諫める手紙をよこした娘たちには、

> 「私のよふに京都へ参り、ふらつき候よふになり候てハ御気のとく様」(私が京都でふらふらしていてお気の毒さま)「これハ物すきと申候よふな心いたし候、たんと御わらひ被下へく候」(これも物好きというようなものなので、大いにお笑いください)

と、まるで意に介さない手紙を返しています。自らの意思と判断で行動し、激動する時代の目撃者となり、ときにはその一員であることを誇らしげに伝える多勢子に、故郷の仲間たちは刺激され、ついには彼らの上京をも促すことになります。

多勢子はまた、宮中の女官たちとも親しくなりました。その人脈を通じ、宮中正殿である紫宸殿の節会などに参席する機会に恵まれます。ここでは和歌の才能が活かされました。その後、文久3年(1863)2月の足利三代木像梟首事件で関与を疑われた際には、志士たちの手引きで長州藩邸に匿われ手厚く守られたうえ、藩主の毛利敬親からは短刀も拝領しました。

京都から戻ったのち、筑波山で挙兵した水戸藩尊攘派(天狗党)が伊那谷を通過する際には、息子を通じて手引きします。その後、慶応4年(1868)頃に再び京都にのぼった多勢子は、公家の岩倉具視のもとで、より幅広い周旋活動を行うことになります。

明治維新と西欧化

明治天皇幼少期の玩具
（画像提供：豊丘村歴史民俗資料館）

明治維新後も幕末からの交流は続きます。71歳になった明治14年（1881）には、岩倉具視に招かれ近代化が進む東京に滞在します。このとき岩倉は明治天皇幼少期の玩具（天皇からの下賜品）を多勢子に贈っています。前述の毛利敬親からの短刀をはじめ多勢子に贈られた貴重な品々は、豊丘村歴史民俗資料館に展示されており、現在も間近で見ることができます。

ほかにも岩倉から多勢子には、大きな西洋飾菓子（天皇からの下賜品で、縦横約60センチメートル、高さ約90センチメートル、上部に人形が置かれた台付の高価なもの）なども贈られたといいます。国学に対する印象から、これまで多勢子は潔癖なまでに西欧の事物を嫌ったといわれてきました。たしかに日本の急速な西欧化への苦言も残しています。しかし、そうした姿勢は少しも変化することなく、頑なにすべてを毛嫌いし続けていたのでしょうか。多勢子をよく知り厚遇する岩倉が、彼女に西洋飾菓子を贈ったという些細な出来事から、再考してみてもよいかもしれません。勤王女性としての多くの逸話は、多勢子の没後、明治36年（1903）に正五位を贈位された頃から強調されていく傾向にあります。後世の創作や過剰な表現には注意を払う必要があるでしょう。

伊那谷と世界

明治27年（1894）6月10日、松尾多勢子は家族に囲まれながら、故郷の伊那谷神稲（くましろ）村（合併により伴野村から村名が変更）で83年という長い生涯を閉じます。最晩年は穏やかであったといいます。

東国と西国を結ぶ下伊那地方の地理的な条件、輸出品である生糸に関わる生業、学問への旺盛な欲求、そして、日本の行く末や外国との関係を真剣に考える人々との幅広い交流など、多勢子の生涯とその周辺を通じて、幕末の伊那谷と世界との関わりを知ることができます。

外国の情報に触れ日本の在り方が問われるなかで、多勢子らにとっての「復古」とは、決して過去に戻りたいという後ろ向きで頑固なこだわりではなく、「新しき古（いにしえ）」として前向きに描かれた理想の未来像であったといえるでしょう。

【参考文献】
アン・ウォルソール『たをやめと明治維新　松尾多勢子の反伝記的生涯』ぺりかん社（2005）
市村咸人『松尾多勢子』信濃郷土文化普及会（1930）
柴桂子『近世おんな旅日記』吉川弘文館（1997）
宮崎ふみ子「近世末の民衆宗教における女性──不二道の場合」『恵泉女学園大学紀要』第31号（2019）
宮地正人『歴史のなかの「夜明け前」　平田国学の幕末維新』吉川弘文館（2015）

《コラム》

もうひとつの五稜郭（西洋式城郭龍岡城）と松平乗謨（のりかた）

大橋敦夫

函館（箱館）だけではなかった

五稜郭（星形の城郭で、各突端に砲台を築くと十字砲火が可能となり防御機能が高い）と言えば、幕末の1864年、幕府によって造られ、今も函館に残るものが広く知られています。

1867年、各稜角間の長さ147m（北海道函館五稜郭の約半分）の五稜郭が、信州佐久の田野口村龍岡に築かれました。５年の歳月と４万両余りをかけたものですが、砲台は１ヵ所のみで、実戦的なものではありませんでした。

龍岡城全景（佐久市教育委員会・解説パンフレット表紙より引用）

難工事であった石垣は、「切込みはぎ」（角を丁寧にすり合わせ隙間をなくす）を基本に、砲台の下は「亀甲積み」（石の配列を菱形にする）、大手橋付近は「布積み」と工夫されたものです。

田野口藩主の大給松平氏は、城を持つ資格のない「陣屋格」のため、五稜郭内部には、砲台以外の防備施設はなく、御殿（政務と藩主住居を兼ねる）・藩士長屋・番屋・太鼓楼・火薬庫などが建てられました。

周囲を取り巻く堀は、３分の１ほどが未完成で、資金不足説・設計変更説など、諸説あり、五稜郭築城の意図とともに、定説がありません。

1934年に、国の史跡に指定されています。

お城を造ったお殿様（松平乗謨）・金鵄勲章を作った男（大給恒）

今日、龍岡城と称される五稜郭の築城を進めたのは、田野口藩最後の藩主・松平乗謨（のりかた）（1839–1909）です。三河国奥殿藩主・松平乗利（のりとし）の子で、1863年、参勤交代の便を考え、支領である佐久の地（田野口村龍岡）に陣屋を移しました。

その学問修業は、儒学を服部蘭台（漢詩人・服部南郭の孫／藝藩分家松平近江守家臣）に、蘭学を山脇東太郎（美濃郡上藩士）に、フランス語を入江文郎（蕃書調所）に、書を沢村墨庵（丹後宮津藩士）に師事しました。

1863年に幕府の大番頭に抜擢され、1865年に陸軍奉行に就任します。こうした経歴が、フランスの築城家ボーバン元帥にならった五稜郭の建設に向かわせたと想像されています。

1866年には、陸軍総裁となり、大政奉還の交渉にあたりました。この時、病に倒れてしまい、その後

大給恒胸像（北野進『赤十字のふるさと』口絵写真より引用）

任になったのは、勝海舟でした。

大政奉還後、乗謨は、田野口へ退去し、松平姓を旧姓の大給（おぎゅう）に改め、名も恒（ゆずる）とし、また、田野口藩を龍岡藩と改称して明治新政府に恭順の意を表しました。その後、新政府に出仕し、1877年、佐野常民（元老院議官）らと博愛社（日本赤十字社の前身）を設立したり、1895年には、賞勲局総裁となり、金鵄勲章を制定したりしました。まさに「一身にして二生を経る」というべき生涯ですね。

1989年、日本赤十字社長野県支部創立100周年記念として、「日本赤十字社をつくり育てた人」との標題で、胸像と記念碑が龍岡城跡に建てられました。

当時の建物の今

龍岡城内にあった建物のうち、現在も残るのは御台所です。御台所は、学制発布（1877年）後、長く校舎（尚友学校→田口小学校）として利用されてきました。それ以外の建物では、明治以後、佐久市内に移築されたものがあります。

① 正殿：時宗寺・本堂（落合）
② 通用門：成田山・山門（野沢）
③ 納戸：山岡氏邸（中込）
④ 書院：小池氏邸（野沢）
⑤ 御用席：三条公会場
⑥ 奥庭回り門と塀：丸山氏邸（田口）

古い報告を基にしていますので、現在はその姿を変えていることも予想されます。見学のマナーを踏まえて探訪してみましょう。

お城の中の学校

みなさんが学んだ・学んでいる学校は、どんなところに建てられていますか。

現在、城郭内には、佐久市立田口小学校があります（2023年3月閉校予定）。同校では、大給恒の起こした日本赤十字社にちなんで、赤十字に関する活動が盛んです。

キャンパスがお城の中にある例としては、ドイツのハイデルベルク大学が有名です（日本では、かつて金沢大学が旧城内にありました）。お城の中の学校で学ぶ気分はどんなものか、尋ねてみたいものですね。

みなさんの住む地域に展開した近世の寺子屋・藩校、それに続く近代以降の学校史に目を向けてみましょう。

【参考文献】
滑川明彦「龍岡城とフランス」『日本大学人文科学研究所研究紀要』40（1990）
北野進『大給恒と赤十字』銀河書房（長野）（1991）
瀧澤忠義『フランスと信州』ほおずき書籍（長野）（2017）

《コラム》

苦悩する信越国境　幕末の飯山藩

宮澤崇士

信濃国（長野県）の北部にある飯山は、越後（新潟県）と境を接して、全国有数の豪雪地のひとつとして知られています。「奥信濃」などとも呼ばれる飯山ですが、日本海有数の重要港の直江津港からは直線で40キロ弱と、信濃にあっては比較的近い位置にあり、信越両国を結ぶ交通・物流の拠点として発展してきました。江戸時代においては表高2万石の藩として幾つかの大名家による統治を経て、江戸時代後半は本多家による統治が長く続きました。そのような飯山の地にも、幕末の動乱は容赦なく襲いかかってきました。ここでは、今に伝わる諸史料などから、幕末の飯山での一大事件いわゆる「飯山戦争」についてご紹介していきます。

慶応4年（1868）1月3日、京都での「鳥羽・伏見の戦い」から始まった戊辰戦争は、徐々にその主戦場を東へと進めていきました。

同年4月20日、幕府の家臣・古屋作左衛門を筆頭とした「浪士隊」とも「衝鋒隊」とも呼ばれる600人程の旧幕府勢が、それまで駐屯していた越後・高田から、信越国境の富倉峠を越えて飯山城下へ入るべく軍を進めてきました。古屋ら浪士隊はそれまでも、東北や越後などの諸藩をめぐり旧幕府軍への支援を求めていました。ちなみにこの時代、参勤交代などのように大人数が宿泊や休憩を伴う移動をする際には、先々にある街道沿いの宿場へ先触れを送るのが常で、先触れを受けて宿場は宿舎や食事の差配などをするのでした。しかし、浪士隊は北国街道沿いの宿場へは先触れを出したものの、飯山方面へは先触れを出すこともなく進軍してきたのでした。飯山藩は急いで使者を富倉峠へ送りました。「信州鎮撫のために通行させよ」というのが浪士隊側の主張だったようです。史料からは、飯山藩は当初この浪士隊たちを在（郊外）の南条に止宿させようとしたものの、結局は飯山城下への侵入を許す結果となったことがうかがえます。

城下へ入った浪士隊は真宗寺を本拠地としました。思い思いに城下の各家を宿舎とした浪士隊たちは、抜き身の刀や鉄砲を手にあちこちを徘徊しつつ、城下や周辺の要所要所に見張りを立てるなどしました。その間、飯山藩は浪士隊から旧幕府軍を支援するよう要求されたものの、200名程の家臣団しか持たない小藩のせいもあってか、回答を保留し続けました。城下への侵入を許した浪士隊を追い払うこともできずにいた飯山藩は、その圧力に負けて、新政府軍の松代藩等による飯山救援の手も断ってしまいます。

この時点で松代藩は、信州諸藩への新政府軍の触頭（ふれがしら）を務めていましたが、八代藩主・真田幸貫は天保12年（1841）から弘化元年（1844）まで幕府の最高職の老中に登用されたこともあり、以前から幕府と半目し合っていたというわけでもありませんでした。天保13年、幸貫が老中のうち海岸防御の政策を司る海防掛に就任すると、幸貫の顧問だった佐久間象山は「海防八策」と呼ばれる提言書を幸貫へ提出します。その中には、西洋式の船艦の建造や砲台の鋳造などが含まれていました。この頃には西洋式の軍備の必要性を、幸貫や象山は認識していたことがうかがえます。象山の提案が即座に採用されることはありませんでしたが、松代藩ではその後西洋式の大砲をはじめとする銃砲の鋳造を押し進めていきました。ま

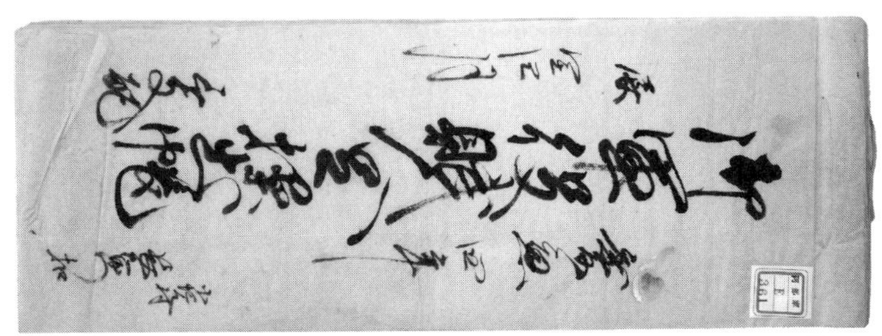

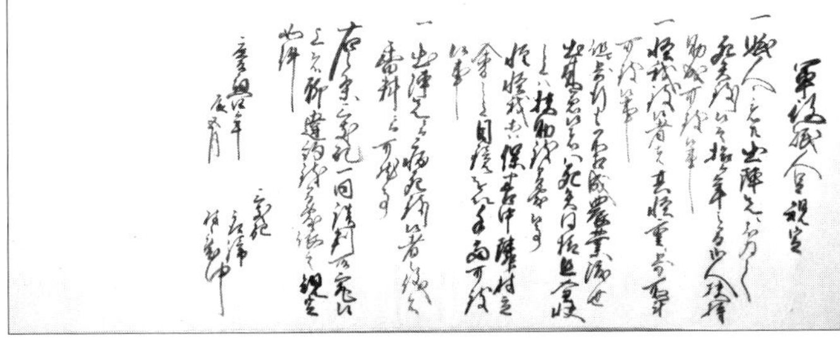

御軍役賦人足操出帳
（阿部家文書、飯山市ふるさと館所蔵）
慶応4年の4月から5月までの間、飯山藩領内の各村から動員された人足の数や動員先などを日毎にまとめた帳簿。4月20日から5月11日までのおよそ50日間（閏4月含む）で、のべ18070人が動員されたことがわかる。また、人足に対する保証規定が記されているが、死亡時には二人扶持が十年間支給されるなどとある。

た、文久3年（1863）の時点には「西洋銃隊取調懸」という役職が存在したこともわかり、幕末の松代藩では軍備の西洋化が進められていたことがうかがえます。そのような松代藩を主力とする新政府軍と旧幕府軍との板挟みにあった飯山藩はどっちつかずの対応を続けました。飯山城下が戦場になることだけは何としても避けたかったようにも思われます。

新政府軍にとっては旧幕府軍を味方するかのようにも見えたのでしょう。飯山藩の態度に業を煮やした新政府軍は飯山を目指して進軍し、千曲川を挟んで飯山城下を見渡せる安田の飯綱山などに陣を張りました。そして4月25日朝、新政府軍からの攻撃によって戦いの火蓋が切られるに至りました。攻撃に驚いた浪士隊は飯山城内に入って籠城戦を試みましたが、その時城内に居た飯山藩軍から攻撃を受けた末、町に放火しながら富倉峠へと逃げ去ったといわれています。城下の火災に関しては、松代藩の記録では新政府軍の砲撃によって出火したともとれる記述もあるため、旧幕府・新政府どちらの仕業と断定することは難しいように思われます。兎にも角にも、両軍の衝突の結果、飯山は城下町の北部を中心に大半が戦火に消えてしまいました。これが「飯山戦争」の概要になります。

「飯山戦争」は、正味半日程度の武力衝突ではありましたが、前述のとおり飯山城下の大半を焼失させる戦いでもありましたし、信濃国での戊辰戦争最大の戦いでもありました。また、信濃諸藩が新政府軍に従い北越や会津などでの戦闘へと参加していく切っ掛けともなりました。

ちなみに、浪士隊の飯山侵入から武力衝突までの間、領内の村人たちは新政府軍・旧幕府軍の双方へ動員されていたことが史料からわかります。武力衝突が起こった4月25日、南条村からは60人が飯山城内に動員されていますし、藤ノ木村からは同日に30人が浪士隊の本拠地だった真宗寺へ動員されました。ここで示した以外にも、領内の村々は求めに応じて双方に物資や人足を差し出していました。このことについて後日、旧幕府軍を援助したという理由で藩から村が処分された、などという記録はなく特段問題にもされなかったようです。飯山戦争における村々の動きは、どちらつかずの藩の姿勢による結果とも考えられますし、当時においては藩には藩の、村には村の論理や世界が併存していたとも考えることができるのではないでしょうか。史料では、4月20日からの50日間でのべ1万8千余人が領内の村々から動員されたことが記録されています。

外国人殺傷事件（東禅寺事件）と松本藩

山本英二

嘉永6年6月3日（1853年7月8日）、アメリカ東インド艦隊司令長官ペリーが軍艦4隻を率いて浦賀沖に来航しました。ペリーは久里浜で幕府にアメリカ大統領フィルモアの国書を渡すと、回答を明年まで延期することを認めて琉球へと去っていきました。いわゆる開国の時代の本格的な幕開けです。開国と通商の是非をめぐって政局は幕府だけでなく天皇・朝廷をも巻き込んで一気に流動化していき、やがて戊辰戦争から明治維新へと時代は大きく変わっていくことになります。こうしたなか松本藩は、外国人殺傷事件（東禅寺事件）の当事者として幕末政治に関わっています。ここでは松本藩側に視点を置いて幕末維新期の政治情勢をながめてみたいと思います。

東禅寺事件

外国人殺傷事件の舞台となった東禅寺は、江戸高輪にあった臨済宗妙心寺派の禅宗寺院です。安政5年（1858）に修好通商条約がアメリカ他5ヵ国と締結されると、条約に従い、江戸に公使を置くことになりました。イギリスの初代駐日公使オールコックは、同年6月、日本に赴任すると江戸高輪の東禅寺に居を構え、仮公使館としました。ところが尊攘派が2度にわたって襲撃する事件が発生したのです。最初の東禅寺事件（第1次）は、文久元年（1861）5月28日夜、水戸藩の浪士がオールコックを狙って襲撃し、書記官らを負傷させたものです。そして2度目の東禅寺事件（第2次）は、1年後の文久2年（1862）5月29日夜、松本藩士伊藤軍兵衛が、イギリスに帰国中のオールコックに代わって公使を務めていたニールを襲撃し、兵士2名を殺害して、翌6月朔日に自害したものです。このとき幕府は賠償金を支払うことで解決を図らざるをえませんでした。

事件の経緯と松本藩

では第2次東禅寺事件は、どうして起こったのでしょうか。まず、このときの松本藩主は松平丹波守光則です。光則は弘化2年（1845）、18歳の時に家督を継承して藩主となり、東禅寺事件の起きたときは35歳でした。松平丹波守家の苗字は戸田ですが、戦国期の当主戸田康長が徳川家康の異父妹の松姫を正室としたことや家康の父松平広忠の後室が戸田家の出身であったことなどから、松平一族ではありませんが松平の苗字を名乗ることを許され、また代々の当主が丹波守に任じられており、江戸時代には松平丹波守家として認識されていました。

松平丹波守家は享保期以降、松本藩主となり、6万石を領地として与えられていました。歴代の藩主は、2名が奏者番を務め、そのうち1名が寺社奉行を兼任したほかは特に幕府の要職に就くこともなく、江戸城の西丸大手門もしくは内桜田門を警備する江戸城帝鑑間(ていかんのま)に控える一大名に過ぎませんでした。他に松本藩主には信濃国から江戸へ向かうための女関所手形を発行する役目がありました。

さて松本藩の記録によると、文久元年（1861）6月3日、光則は参勤交代で江戸に参府します。そして同月22日にはフランス仮公使館のあった江戸麻布の済海寺・正泉寺・大増寺の警備を幕府から命じられます。しかしほどなくして7月22日にイギリス仮公使館のある高輪の東禅寺の警備に変更されるのです。またこの年の8月には、同年秋に孝明天皇の妹和宮が将軍徳川家茂に降嫁するため中山道を下向する際の本山宿から下諏訪宿までの道中警備も命じられています。明けて文久2年5月15日、本来であれば光則は暇(いとま)を賜り、在所の松本に帰るはずだったのですが、人手不足を理由に滞府、江戸に残留して東禅寺の警備を継続することになったのです。そしてそのわずか2週間後の5月29日夜、藩士の伊藤軍兵衛が事件を起こしたのです。このとき一緒に警備をしていた藩は和泉国岸和田藩（藩主岡部長寛(ながひろ)）と美濃国大垣藩（藩主戸田氏彬(うじあきら)）です。伊藤軍兵衛は29日夜、呉服橋にあった松本藩上屋敷をひそかに抜け出し、兵士2名を殺害したのち上屋敷の宿舎に戻り、翌日自害したのです。

事件の背景

松平光則は翌々日の6月2日、高輪東禅寺警備の任を解かれます。そして8月5日、幕府大目付から家臣伊藤軍兵衛がイギリス人を殺害したさい、犯人を逮捕できなかった不届きは、光則の指揮がなおざりであったからだと糾弾されます。光則は直ちに差し控えの伺いを提出し、「閑居(かんきょ)」＝謹慎することになりました。同じ日、警備を担当していた藩士も江戸町奉行により押込(おしこめ)の処分を申し渡されています。そののち8月24日には、光則の差し控え処分は解除されています。

なぜ伊藤軍兵衛は、このような事件を起こしたのでしょうか。戦前の研究では、先見的に軍兵衛が激烈な攘夷主義者であったからとしていますが、これは天皇中心の皇国史観に基づいています。そこで参考になるのは、文久2年正月28日、当時東禅寺の警備を担当していた松本・大和郡山・岸和田藩が連名で提出した上申書です。これによると第1次東禅寺事件を受けて、東禅寺の警備は厳重を極めていました。とくに夜間は通行するには「合詞(あいことば)」＝合い言葉が必要で、警備担当者は合印(あいじるし)（目印）の法被(はっぴ)を着用し、かつ合印のついた提灯(ちょうちん)を使用するなどして、不審者を極力警戒していたのです。ところがこの厳重な警備をめぐって、通行するイギリス人との間でトラブルが発生し、ときにはイギリス人から暴力を振るわれるなどしていたようです。上申書では、このままでは「英人」どもを殺害に及びかねないと危惧されると述べ、そのうえで警備の小者に対しても懇ろに取り扱うように幕府から申し諭してほしいと希望しています。伊藤軍兵衛も武士としては下級の徒士身分であり、警備任務からくる不平不満が犯行の直接的動機だったようです。

攘夷運動の激化と松本藩

しかし時代は事件を単なる警備をめぐるトラブルとして片付けてくれませんでした。光則の差し控えも終わろうとする8月21日、神奈川宿近郊の生麦村で、京都へ向かっていた薩摩藩主の実父島津久光の行列を乱したとしてイギリス人商人が殺害されるなどの事件（生麦事件）が発生してしまいます。度重なる事件にイギリスと幕府との関係は一挙に緊張しますが、幸いにも即時交戦に至ることはありませんでした。しかし翌文久３年、幕府は東禅寺事件と生麦事件の莫大な賠償金を支払わなければなりませんでした。

文久３年になると、尊皇攘夷運動はいよいよ激しさを増し、幕府は攘夷の決行に迫られます。攘夷決行日の５月10日、長州藩は下関を通過する外国船を攻撃します。一方薩摩では、生麦事件の報復のためイギリス軍艦が鹿児島湾に侵入し、薩英戦争が起こります。

長州の高杉晋作が奇兵隊を編成したのも、京都で近藤勇らが新撰組を結成したのも文久３年のことです。当の松本藩といえば、攘夷決行日の２日前の５月８日、幕府から相模国浦賀の警備を命じられ、同月10日から藩士を警備に派遣しています。浦賀は江戸湾の入り口にあたり、湾内の江戸と江戸城を防備するために重要な場所です。松本藩は、第２次東禅寺事件の不始末を起こしたにもかかわらず、絶えることなく幕府からの軍事課役に動員されながら、やがて明治維新を迎えることになるのです。

【参考文献】
『松本市史』上巻、名著出版（1973）
徳川林政史研究所所蔵松本城主戸田家文書№16「本家譜」第８冊
東京大学史料編纂所所蔵大日本維新史料稿本「文久２年正月28日松本郡山岸和田藩上申書」（維新史料綱要データベース https://wwwap.hi.u-tokyo.ac.jp/ships/w03/search）

近 代

松井須磨子
（国立国会図書館デジタルアーカイブより）

野麦峠。兄に背負われるみねの石像

幕末・明治と『夜明け前』

窪田善雄

個人的な体験としての『夜明け前』

馬籠宿航空写真　1973 年頃

筆者は20代から30代にかけて木曽郡南木曽町にある蘇南高校で勤務しました。蘇南高校は木曽谷西側の山腹にあり、そこから望む東側の山々は、木曽川を挟んで手の届きそうな近さで連なっていました。「木曽路はすべて山の中である」、『夜明け前』の有名な出だしは、まさにそのとおりなのです。木曽谷を縫ってきた中仙道は、南木曽町にある妻籠宿からさらに南下し、長野県南端の山口村にあった馬籠宿を経て岐阜県へ続いていくのでした（ちなみに、山口村は2005年中津川市に編入され、馬籠宿は現在、岐阜県に属しています）。

この二つの宿場町からも生徒が蘇南高校に通っていました。私のクラスにも、馬籠で土産物屋を営む家の息子がいましたし、妻籠の脇本陣の娘もいました。妻籠の脇本陣は現在、国の重要文化財に指定されています。ここは、文久元年（1861）の和宮江戸降嫁や明治13年（1880）の明治天皇地方巡幸の際に休憩所となりました。明治天皇巡幸には、雪隠（トイレ）や風呂がわざわざ作られたそうですが、天皇は用を足さず今も未使用とのこと、そんな雪隠や風呂を家庭訪問時に見せてもらったこともありました。

当然ながら、『夜明け前』には馬籠や妻籠が頻出します。私にとって『夜明け前』は、自分の目の前にある馬籠や妻籠が再現される極めて身近な小説だったのです。私は、馬籠や妻籠を訪れるたびに『夜明け前』を携行し、描写のなかの風景が目の前に現れていないかを期待したものでした。

『夜明け前』の世界

『夜明け前』は、中仙道馬籠宿の本陣・庄屋を兼ねる青山半蔵を主人公として幕末・明治の変革を描く歴史小説です。日本の歴史小説は、歴史上の有名人を直接描くものがほとんどで、歴史の大きな流れに一介の人物を置き、そのミクロな視点からマクロな歴史を描くという類は例外的です。そのような世界文学としては、トルストイ『戦争と平和』（ナポレオン戦争）、デュ・ガール『チボー家の人々』（第一次世界大戦）、ショーロホフ『静かなドン』（ロシア革命内戦）、アンドレ・マルロー『人間の条件』（中国国民革命）、茅盾『子夜』（戦間期中国）、ヘミングウェー『誰がために鐘は鳴る』（スペイン内戦）などがありますが、『夜明け前』もそれらに匹敵する世界文学といえるでしょう。

島崎藤村が世界水準の文学を創作できたのには、偶然の事情がありました。それは、彼の父がたまたま馬籠の本陣・庄屋を兼ねる島崎正樹だったからです。藤村は、父を「青山半蔵」という名前の主人公にして『夜明け前』を書いたのです。もちろん、青山半蔵が島崎正樹の完全コピーとは言いませんが、家族、知人、弟子たちを含めて生涯の大筋は一致しています。ですから、島崎正樹の末っ子だった藤村自身も、「青山和助」という名前で『夜明け前』に登場します。しかし彼は、父とは縁の薄い子でした。9歳まで馬籠で過ごした藤村（和助）は、父の教育方針から東京へ出され、再会は一度きりでした。『夜明け前』には、2人の間に漂った何ともいえないよそよそしさが赤裸々に描かれています。『夜明け前』は、世界水準の歴史小説であると同時に、作家自身の身辺をさらけ出す日本特有の「私小説」の伝統上にもあったのです。

『夜明け前』のあらすじをみておきましょう。青山半蔵は平田篤胤の国学に傾倒し、尊皇攘夷運動に期待します。半蔵の目の前を将軍に嫁ぐ和宮の行列や尊皇攘夷を掲げて京を目指す水戸天狗党軍が通過していきました。中仙道は、山深い里にありながら、幕末の空気が常に行き交っていたのです。大政奉還のうわさが流れる頃、馬籠や妻籠も「ええじゃないか」の波に包まれ、ついに王政復古が成就します。「一切は神の心であろうでござる」半蔵の胸に平田篤胤の言葉が浮かんでくるのでした。

王政復古をきっかけに、新政府と旧幕府の軍事衝突＝戊辰戦争が勃発しました。新政府軍の先駆けを称する相良惣三軍が「租税半減」を掲げて馬籠を通過するも、偽官軍として処刑、やがて新政府軍本隊が馬籠を通過していきますが、村民たちは無関心でした。それどころか百姓一揆すら起こり、半蔵を困惑させるのです。

明治政府が成立し、制度改革が始まりました。宿場制度も廃され、半蔵は新たに馬籠の戸長に任命されますが、木曽の山林は国有化され、庶民による一切の伐採が禁止されました。半蔵は、それに反対して奔走するも、戸長を解任され挫折。良き古の復活を夢見ていた半蔵にとって、明治維新は意に反したものになっていくのです。

傷心の半蔵は上京、宗教統制官庁の教部省に職を得ます。しかし、そこで目にしたのは、本居宣長を好色話のネタにして喜ぶ同僚たちの姿でした。半蔵は憤慨して辞職、折しも明治帝の行幸があり、行列を拝した半蔵は、憂国の和歌を書き付けた扇子を衝動的に馬車に投入する事件を引き起こします。

挫折の末に帰郷した半蔵は、家督を長男に譲らされ44歳で隠居します。そして飛騨の神社の宮司となり故郷を後にするのでした。飛騨で過ごした4年の間に西南戦争が勃発し、政府は政教分離方針を決定し、半蔵の思いに反して欧化政策はさらに進展していくのでした。

明治13年（1880）、明治天皇東山道巡幸が行われました。この稿の冒頭にも紹介したように、天皇は妻籠で小休止し、馬籠では昼食を取りますが、過日の献扇事件が災いし、半蔵は街道に出ることを禁じられ、土蔵の角で啜り泣くのでした。この頃から半蔵の精神が異常をきたし始めます。ある日、半蔵は頭に蕗の葉を載せ、菩提寺の万福寺に出掛けます。見咎めた村人が見出したのは、本堂に放火する半蔵の姿でした。半蔵は、座敷牢に幽閉されます。そして、見舞いの者に自らの糞を投げつけるまでになりました。同19年（1881）、狂人は座敷牢のなかで息を引き取りました。享年56歳。長い小説は、埋葬の場面で幕を閉じます。

明治維新とは何だったのか

明治維新は、日本に近代社会をもたらした大きな変革でした。世界史上、社会変革はたびたび発生しましたが、それらは残念ながら大きな被害をもたらしました。幕末～明治維新の死亡者は、約3万人（西南戦争1万数千人を含む）とされています。大きな犠牲ではありますが、同じ内乱でも100年前のフランス革命150万人、同時代のアメリカ南北戦争70万人、50年後のロシア革命1500万人という膨大な犠牲者数と比べれば、まさに桁外れの少なさです。明治維新は、実はコストパフォーマンスが非常に高い変革だったのです。

16世紀に始まった西洋を震源とするグローバル化の津波は、19世紀に本格化し、資本主義というシステムで地球を覆い他地域を従属化していきます。世界各地で、この津波へのリアクションが巻き起こりました。明治維新はその一つであり、従属化を阻止した例外的な一例です。

世界各地のリアクションは、それぞれの伝統に依拠する形で発生しました。日本でも皇室を尊重する国学を背景とした尊王攘夷運動が発生します。幕府は、西洋の圧迫に対してかなり有効な対応をしているのですが、尊王攘夷運動にことごとく足を引っ張られて瓦解しました。

討幕運動は上記のように、尊王攘夷という復古的、反西洋思想を基盤に始まりました。ところが幕府打倒が現実化する頃から復古的攘夷思想は突然軽視され、掌を返したように西洋モデル導入への大転換が始まりました。その変わり身の早業には戸惑うほどです。尊王攘夷運動の指導エリートたちは決して純粋な尊王攘夷主義者ではなく、その利用価値を十分理解していた冷徹な政治家だったのです。

フランス革命では、市民層、貧民層による運動・暴動により近代社会が形成されますが、明治維新では、この階級闘争という説明モデルが使えません。明治維新の指導エリートは、武士・貴族の開明派であり、この推進主体によって明治維新は、上から成就されていったのです。エリート階級によって、自らの特権を消滅させる変革が推進された点でも明治維新は極めて特異な変革でした。このことが、明治維新の犠牲者の少なさの要因かもしれません。

しかし、幕末～明治にかけて個々の場面では凄惨な殺戮が数多く発生しました。利用されるだけ利用されて捨て去られた尊王攘夷論者の悲惨な運命も多々見られました。そして、その典型的一例が青山半蔵（島崎正樹）です。「わたしは、おてんとうさまも見ずに死ぬ」座敷牢に幽閉された半蔵はこう呻きますが、彼には「夜明け」が来なかったのです。『夜明け前』、この題名にはこうした「成就しなかった革命」のメタファー（隠喩）が込められていると思うのは私だけでしょうか。

昭和維新と太平洋戦争、そして藤村

『夜明け前』は、昭和4年（1929）から同10年（1935）まで文芸誌上での連載で発表されました。昭和4年は、世界恐慌勃発の年であり、その後日本では、昭和6年（1931）に満州事変、翌年に血盟団事件、五・一五事件、昭和11年（1936）に二・二六事件が発生し、明治維新以来の社会が破滅する第二次世界大戦へのカウントダウンが始まりした。これを推進した青年将校の急進派は、貧困が蔓延し腐敗が横行する社会に悲憤慷慨し、天皇親政の下、軍部独裁による国家社会主義的な「善政」を敷くことで時代を変革しようとしました。彼らはそれを明治維新になぞらえて「昭和維新」と名付けました。『夜明け前』は、こうした時代のなかで書かれたのです。巷を騒がす昭和維新を、明治維新を描く島崎藤村が意識しなかったはずがありません。しかし、藤村はそれについて一切発言していないのです。

島崎藤村大東亜文学者大会

藤村70歳の時、太平洋戦争が始まります。藤村は文壇の大御所として一貫して戦争に協力する姿勢を取りました。結局藤村は、戦争や社会について批判らしいものは一切語らないまま、そして日本の破滅的敗戦を知らないまま、昭和18年（1943）、71歳で永眠しました。戦時中の彼の態度は、明らかに時勢への迎合でした。藤村は、戦争への批判を巧に隠蔽しつつ事態を冷静に見つめていたのでしょうか、それとも実際の行動がそうであったように、この戦争に何らかの意味を見出し、日本の勝利を信じて生涯を閉じたのでしょうか。「残念ながら」と個人的見解を加えるべきか躊躇しますが、藤村の思いは後者であったと私はみています。

日本の美しい古の再現を目指した半蔵（= 父）にとっての明治維新は、土壇場で西欧化に脱線し、革命は流産に終わりました。明けない夜明けに父は発狂します。こうした思いからすれば、昭和維新から太平洋戦争への流れは、西欧に挑戦する天皇中心の神の国を大東亜に建設する再革命への挑戦に見えてきます。たとえそれが軍・政府による後付けのプロパガンダであり、決断を先送りにした末に追い詰められ、にっちもさっちもいかなくなった最悪のタイミングでの開戦だったにしても。しかし、藤村の思いがどうであれ『夜明け前』という作品は、それ以上でもそれ以下でもありません。作品は、そのテキストが語ること以外は語らないのです。『夜明け前』は、木曽の山奥に軸足を置きながら、視点は日本から世界に広がり、「成就しなかった革命」に魂を蝕まれていく悲劇を描きました。そこから何を読み取り、自分の生き方にどう繋げていくか、それは私たちそれぞれに委ねられているのです。

【参考文献】

青木正美『知られざる晩年の島崎藤村』国書刊行会（1998）
井上勝生『幕末・維新』岩波書店（2006）
須田努『幕末社会』岩波書店（2022）
三谷博『明治維新を考える』有志社（2006）
三谷博『維新史再考』NHK出版（2017）

秩父事件と信州

篠田健一

はじめに

秩父事件は、「1884（明治17）年秩父地方を中心に起きた大規模な農民蜂起。困民党や一部の自由党員を中心とする数千人の農民が、負債の減免などを求め10月決起、警察・軍と衝突ののち約10日で鎮圧される。秩父騒動。」（広辞苑より）とされています。本稿では、秩父事件（武装蜂起）がなぜ起こったのか、信州への進出は議論されていたのかについて、以下順を追って述べたいと思います。

1　秩父事件の背景

「蚕の国」

埼玉県秩父地方は山に囲まれた平地の少ない土地です。生業との関係でいえば、「蚕の国」という言葉が浮かびます。

秩父農民の生活がどれほど繭や生糸に依存していたか、秩父郡下吉田村の青葉家の収入をみてみましょう。青葉家は常雇1人をおく比較的裕福な農家です。1882年の収入が197円です。そのうち生糸が124円、繭が7円で計131円。したがって、生糸と繭による収入が総収入の67%を占めています。

このように、秩父の農民生活は生糸と繭に支えられていました。当時、生糸は日本最大の輸出品であり、秩父農民のつくった生糸は横浜に運ばれ、欧米諸国に輸出されていきました。

松方デフレと増税

1878年から生糸価格は上昇を続け、81年には1斤（600グラム）7円92銭、そして83年には3円97銭まで下がってしまいました。なんと2年前の半額という大暴落です。

先に見た青葉家の84年の収入は128円に減少し、80年から84年までの5年間の収支は、30円の赤字となっています。青葉家でさえこうなのですから、中小零細農民にとっては深刻な事態だったことでしょう。

生糸価格の暴落の原因は1881年に大蔵卿となった松方正義がデフレ政策を強めたからです。つまり、通貨量を減少させたのです。通貨の減少は物価を下落させ、生産者である全国の農民に大きな打撃を与えました。

それに加え、時の内務卿山縣有朋は朝鮮半島への勢力拡大を意図し、松方大蔵卿と図って83年軍備拡張の増税政策をとりました。「雑税」といわれたたばこ税、酒税、各種印紙税、車税などが増額され、地方税も78年の「地方税規則」以後、年々増加しました。これら雑税や地方税をひとくくりにして「雑収税」と呼んだと思われます。さらに、84年からヨーロッパ不況の影響により、日本の生糸輸出は激減し養蚕農家を苦しめました。

「身代限」

生糸価格の上昇期、農民たちはより良い繭を作るために蚕室を改装したり、新しい道具を買い入れ、資金が不足すれば借金をしました。

ところが、収入が大幅に減少し、そのうえ増税ですから借金は返せません。秩父郡薄村の農民の日記は、1883年から翌年にかけて農民たちの悲惨な状況を「池原にて19軒の耕地に15軒身代限あるはなし」、また「大宮役所下、身代限700戸余はなし」と記しています。身代限とは破産です。

秩父郡下吉田村貴船神社の神官田中千弥は高利貸のやり方を詳細に記述しています。1月15日に10円の借金証書を書き8円を受け取り、2ヵ月後の3月15日に返せないと、新たに書く証書は12円60銭、5月、7月、9月と書き換えて、11月15日には26円46銭になると。千弥はこの貸し方を「切金月縛り」と記しました。千弥はまた「明治11年利息制限法の発令あり、年2割をとって貸与する」意味だと書き、高利貸の貸し方は利息制限法違反だと指摘しています。

高利貸説諭請願

1883年末、秩父郡上吉田村の高岸善吉・坂本宗作、下吉田村の落合寅市が大宮郷の秩父郡役所に「高利貸説諭請願」を提出しました。つまり、借金を据え置き、年賦返済にすることを高利貸に認めさせるようにとの請願でした。しかし、郡役所はこの請願を受け付けませんでした。3人はあきらめず、翌年にも再三にわたって請願しています。

自由党演説会

1884年2月、自由党本部の大井憲太郎が秩父にやってきて、演説会が開かれます。この演説会後、入党者20人の名前が「自由新聞」に発表されました。その中には郡役所へ請願に行った高岸善吉、坂本宗作、落合寅市の名前があります。

「自由党盟約」には党の目的が宣言されています。「自由を拡充し、権利を保全し、幸福を増進し、社会の改良をはか」り、「善良なる立憲政体を確立することに尽力」すると。

そもそも秩父に自由党員が誕生するのは、自由党結成の1年後の11月です。下日野沢村の漢学者で医者でもある中庭蘭渓と金澤村の若林真十郎でした。翌年には下日野沢村村上泰治ら8人が入党。そして演説会を機に20人、あわせて30人となり、その居住地も上日野沢村、下吉田村、上吉田村、石間村などに広がっています。

同年3月、春季自由党大会が東京浅草井生村楼で開かれ、入党したばかりの高岸善吉は村上泰治とともに参加しました。大会から帰京すると高岸善吉は落合寅市と会います。その時のことを落合寅市は「高岸善吉ら東京自由党会議にて、大井憲太郎外有志自由党員地方団結して専制政府転覆改革運動約して帰国したり」と記しています。2人は「高利貸征伐を表面に運動して人気をとり、多数結合して」「専制政府転覆」を達しようと誓い合いました。

広がる山林集会

84年8月10日、上吉田村と小鹿野町を結ぶ巣掛峠の和田山に13人ほどが集まりました。借金の年賦返済の相談でした。しかし、警官が現れて解散を命ぜられました。当時、集会条例で屋外集会は禁止されていました。

27日には、27人が和田山に集会。9月6日には下吉田村粟野山に160人ほどが集会します。しかし、ここにも警官が現れ解散させられます。8日、皆野村蓑山で多数が集会しましたが、1人が大宮郷警察署に拘引。しかしながら、山林集会は頻繁に続けられ、負債農民の集団＝困民党の組織化が広がっていきます。

田代栄助の参加と要求4項目

田代栄助は大宮郷の名主の家に生まれ、養蚕農民でありかつ代言人（弁護士）をしていました。9月7日午後6時頃、栄助は上吉田村高岸善吉宅での会議に出席します。善吉と井上伝蔵が会議の中心となり、困民党の要求四項目が提案されました。

一　高利貸のため身代を傾け生計に苦しむもの多し、よって債主に迫り、10年据置40年賦に延期を乞うこと

一　学校費を省くため、3ヵ年休校を県庁に迫ること

一　雑収税の減少を内務省に迫ること

一　村費の減少を村吏に迫ること

これを聞いた栄助は「いずれも生命を捨てざるを得ない事柄であり、よく考えた方がよい」と述べました。善吉は「貧民を救うため、もとより一命をなげうって企てたことなので同意してほしい」と詰め寄りました。そして栄助は「諸君いずれも一命を捨て万民を救う精神なれば、尽力せん」と応えたのです。

2　武装蜂起

警察署への請願と高利貸との集団交渉

9月29日、困民党員4人が28ヵ村の総代となり、大宮郷警察署へ「高利貸説諭方請願」を行いましたが、請願は却下されました。請願後、困民党は高利貸との個別集団交渉を展開します。しかし、交渉は決裂します。

蜂起決定

10月12日、下吉田村の井上伝蔵宅で幹部会議が開かれ、これまでの活動の結果が報告されました。会議は最後の手段として武装蜂起を決定します。10月26日、下吉田村粟野山集会で蜂起期日は11月1日、集合場所は下吉田村椋神社としました。ここで田代栄助は期日の延期を主張しますが、否決されました。

集会後、蜂起期日と集合場所を知らせるため、上州日野村と信州北相木村の自由党へ使者が走りました。

下吉田村椋神社

11月1日午後より武装した民衆が下吉田村椋神社に続々と結集してきました。夕刻、数千名を前に田代栄助が役割表を発表します。総理田代栄助、副総理加藤織平、会計長井上伝蔵、参謀長菊池貫平、甲乙正副大隊長、各村の小隊長、兵糧方、軍用金集方、鉄砲隊長、弾薬方、小荷駄方、伝令使と続きました。

続いて参謀長菊池貫平が「軍律五ヵ条」を発表。

① 私に金円を略奪する者は斬
② 女色を犯す者は斬
③ 酒宴をなしたる者は斬
④ 私の遺恨を以って放火その他乱暴した者は斬
⑤ 指揮官の命令に違背し私に事をなしたる者は斬

結集した民衆は役割表と軍律を承認しました。

小鹿野町への進軍

午後8時頃、困民党軍は目印である白鉢巻きに白襷をかけ、甲乙2大隊に分かれて小鹿野町を目指しました。甲隊は下小鹿野村経由で、乙隊は上吉田村経由で小鹿野町に向かい、両隊とも途中で高利貸の屋敷を焼きました。屋敷は空き家同然でした。小鹿野町では警察分署を襲い、高利貸との交渉を行い、決裂した場合は打ちこわしをかけました。

大宮郷占領

11月2日早朝、困民党軍は小鹿野町を出発し、郡都大宮郷を目指し、札所23番音楽寺に集結。昼少し前大宮郷になだれ込み、警察署、郡役所、裁判所を占拠しました。そして高利貸との交渉、軍用金の調達、近村への駆り出しを行いました。

困民党軍は秩父郡役所を「革命本部」とし、2日深夜から3日早朝にかけ参謀会議を開き、東京進攻か、それとも信州引き上げかをめぐって激論が交わされ、東京進攻と決まりました。この時、軍隊派遣の情報が入ります。

困民党軍は隊を3隊に分け、大宮郷を守備する体制をとりますが、乙隊は皆野村に進軍、甲隊も下吉田村に向け隊を移動、丙隊もやむを得ず乙隊の後を追います。

憲兵隊・鎮台兵の出動

2日昼頃、内務卿山縣有朋は埼玉県庁より軍隊派遣の打電を受け取り、憲兵隊を派遣し、秩父からの出口をふさぐ作戦に出ます。4日には東京鎮台兵を派遣しました。

皆野本陣の解体

3日9時には寄居町に憲兵隊が到着。午後には親鼻で荒川を挟んで憲兵隊と困民党軍の銃撃戦が行われます。一方、金崎村の甲隊の駐屯地で大隊長の新井周三郎が捕虜にしていた警官に背後から斬られるという事態が起こり、皆野本陣の角屋に戸板に乗せられた周三郎が運ばれてきます。これを見て田代栄助は「ああ残念」との言葉を発して皆野本陣から離脱します。同行したのは井上伝蔵ら6人でした。

金屋村と粥新田峠の戦い

皆野村に陣取っていた困民党軍約500人は本野上村に進軍し、さらに峠を越えて児玉郡を目指します。4日深夜、児玉郡金屋村で鎮台兵と戦い困民党側に戦死者と負傷者が出ます。埼玉県内最大の戦闘でした。

また、秩父郡と境を接する東秩父の粥新田峠でも鎮台兵との戦闘で困民党軍は四散しました。

長野県南佐久郡小海町東馬流にある秩父事件戦死者の墓

信州への進出

11月4日午後6時頃、下吉田村に戻ってきた約150人は、新たに信州北相木村の菊池貫平を困民党の総理に選出して信州を目指しました。秩父から群馬県の山中谷を抜け、十国峠を越えて信州に入り、道々かり出しを行い、人数を増やしていきました。

11月9日早朝、高崎から派遣された鎮台兵と現小海町の東馬流で戦闘となり敗走しました。秩父事件最大の戦いでした。

3　信州進出の目的

信州進出は「進出」ではなく「敗走」ではないかという意見がよく出されます。しかし、そうではありません。

11月2日深夜から3日早朝にかけて参謀会議が開かれたことはすでに述べました。会議は東京進行か、それともいったん「信州に引き上げ、甲州に、越後に、幾万の同勢を募り」「東西南北に変を伝えて」「全国騒乱」を目指すかで紛糾しました。結論は「人民の治政を敷くべくして」「沿道の諸官庁を破壊しつつ、進んで帝都に乱入」ことに決しました。

信州引き上げの目的は、「雑収税の減少を内務省に迫る」には「全国騒乱」を起こし、それによって「圧制を良政に改め、自由の世界として、人民を安楽ならしむ」る社会の実現を考えていたのです。そのための信州進出でした。

【参考文献】
秩父事件研究顕彰協議会編『秩父事件――圧制ヲ変ジテ自由ノ世界ヲ』新日本出版社（2004）
井上幸治『秩父事件――自由民権期の農民蜂起』中公新書（1968）

《コラム》

横浜商人小野光景と筑摩書房創業者古田晁
―― 近代地域社会インフラの整備

岩下哲典

世界的にも著名な平安女流作家清少納言の『枕草子』。その「里は」の段に「たのめの里」があります。「たのめの里」に関して、たいていの『枕草子』の注釈書は、上伊那郡辰野町小野とするものがほとんどです。しかし正確には、辰野町小野と塩尻市北小野の両小野地区とすべきです。なぜなら、「たのめの里」は近世初頭に一つの盆地が人為的に分割されて、上伊那郡小野村と筑摩郡北小野村に分かれたからです（58 頁参照）。清少納言の時代には一つの里だったと考えらます。

小野光景

明治期小野地区出身者で、横浜で成功したのが、小野光賢とその子光景です。小野村の名主家筋出身の光賢は、横浜を管理する町会所役人になり、貴重な町会所の記録「町会所日記」を残しました。また、子光景は、同じく町会所役人や小野商店を創業して信州の生糸産業を育成しました。さらに横浜正金銀行（現、三菱 UFJ 銀行）頭取や横浜倉庫会社社長、神奈川新聞や横浜鉄道、横浜商業高校の発起人、貴族院議員などを歴任し近代都市横浜の基礎を築きました。光景は、同じく生糸産業で財をなした原三渓と本牧の地を分け合いました。三渓の屋敷のほうは三渓園として存続しています。小野家の屋敷はほとんどが住宅地になっていて、わずかに本牧小野公園に顕彰碑が残っているに過ぎません。

しかし小野家文書は、現在、横浜開港資料館に所蔵されており、関係の品は、辰野町小野の小野光賢・光景記念館にあります。光景は、小野地区に病院や国鉄駅、両小野小学校（辰野町小野）敷地、小野公園などを寄付しました。横浜で外国貿易を行い、その収入の一部が、出身地の社会インフラの整備に使われました。開国・開港・開市により日本は激動の世界経済、帝国主義の国際社会に入っていきました。それをチャンスと成長し、利益を地方社会の発展に還元した人が、各地にいたのです。

古田晁

一方、光景が整備した横浜から出港して米国サンフランシスコで清掃業を行って財をなした父親の財産を受け継いで、東京で出版業を興したのが、北小野出身の古田晁です。北小野はかつて東筑摩郡筑摩地村。その名をとって、古田は「筑摩書房」を創業しました。『太宰治全集』『宮澤賢治全集』『定本柳田國男集』『明治文学全集』などを刊行し、「全集の筑摩」といわれ、出版界での地位を築きました。古田も小野家のように、両小野中学校（塩尻市北小野）に教職員住宅を寄付、他社の本も含めた古田文庫を北小野地区に寄贈しています。小野家、古田家の整備した社会インフラは今も両小野地区「たのめの里」に根付いています。

【参考文献】

岩下哲典『江戸情報論』北樹出版（2000）
岩下哲典『江戸の海外情報ネットワーク』吉川弘文館（2006）

信州の産業と経済
―― 世界を魅了し、日本を支えた信州産生糸

池田さなえ

平成 26（2014）年に群馬県の富岡製糸場が「富岡製糸場と絹産業遺産群」として世界遺産に登録されて以来、一般に「シルク」と言えば「富岡」というイメージが広まったように思われます。確かに、蒸気力と器械を用いて生糸の大量生産ができる工場制の仕組みを日本に紹介する上で、官営富岡製糸場の果たした先駆的な役割は無視できません。しかし、このような大規模な工場で生糸を作る資本は、まだ明治初期の日本社会にはそれほど多くはありませんでした。

むしろ戦前日本を長らく支えた製糸業地域の筆頭は、信州でした。信州では、富岡式の大工場ではなく蒸気や水力を使った中小規模の器械製糸工場が次々と誕生しました。製糸業は、明治初期の段階では大工場で生産するよりも中小規模の工場の方が「コスパ」がよかったからです。

明治中期以降、信州は日本で最も先進的な生糸の産地となります。当時まだ珍しかった器械繰りの信州産生糸は、製品が均質で大量生産に向き、欧米、特にアメリカ消費者の嗜好に合致し輸出を拡大しました。何ともか細く奥ゆかしい絹糸の１本１本が世界中を飛び回る様は、厳しい世界の荒波に漕ぎ出した明治日本のあゆみそのものを象徴しているようです。

ここでは、明治以降の信州産生糸の歩みを辿るとともに、これまであまり知られてこなかった皇室との関係についても見ていきます。

「国益」としての信州産生糸

生糸は、幕末の開港以来、日本の主要な輸出品でした。幕末の開港は日本に多くの欧米の文物をもたらしましたが、慢性的な輸入超過により日本から大事な正貨が流出するという事態も招きました。幕府に代わって政権を担うこととなった明治政府は、様々な近代化政策を進めていく財源も十分確立していない中、まず何よりもこの貿易問題に取り組まなければなりませんでした。

明治政府は、欧米に倣った近代的大工場を官営として数多く操業し、日本に近代的産業を根付かせ、輸入品の国産化と輸出品の生産拡大を目指しましたが、このような大掛かりな事業は一朝一夕では結実しません。そこで、手っ取り早く貿易問題を解決する方法として、江戸時代以来日本で成長した在来産業を近代化し、輸出向けに大量生産ができるようにすることが図られました。生糸やお茶は海外でも人気の高い商品であったため、この目的に合致する在来産業として国を挙げて生産が奨励されました。

在来産業を近代化し、大量生産して世界に売り出すことで、日本に外貨がどんどん入ってくる。日本の輸入超過は解消され、同時にまた新たな産業を興すための財源も蓄積される。この好循環を生み出すものとして生糸には多大な期待が寄せられたのです。

信州における製糸業の興隆

明治初年から政府が国策として行った殖産興業政策の一環として、明治5（1872）年に官営富岡製糸場が竣工、操業を開始しました。その後、冒頭で述べたようにこの富岡が先駆けとなり、その後全国各地に中小規模の結社が叢生しました。結社というのは、政治的な団体のことを指すことが多いのですが、経営に関していうときは、いくつかの製造者が資金を寄せ集めて一つの経営体となったものを指します。上州や福島県などでは、座繰り器やそれを改良した改良座繰り器が普及し、農家の副業として用いられただけでなく、結社として経営する者も現れました。

しかし、輸出向けとなるとこの改良座繰りにも問題がありました。できた生糸は横浜に出荷することになるのですが、各農家や工場ごとに糸の太さや品質はバラバラであり、一度に出荷できる品物の量にも限りがありました。また小さな業者であることで足元を見られ、外国商人からは安く買いたたかれがちでした。改良座繰り器でも場合によっては器械製糸並みの生産性を実現することは可能でしたが、様々な限界があったことも事実です。

この限界を突破したのが、器械製糸結社でした。器械製糸結社では様々な技術革新によって、より高品質で斉一な製品を大量に作ることができるようになりました。この高品質の生糸を、結社の力で共同荷造り・共同出荷販売することで、対外的信用や交渉力を更に高めました。

この器械製糸結社が日本で最も早く、かつ広く普及したのが信州でした。そしてその中でも最も先進的で海外からも注目されていたのは、諏訪郡平野村でした。信州の、特に諏訪郡平野村産の生糸は光沢があり非常に美しく、欧米の商人との交渉でも高い値がついて売り出されることになりました。そして政府もまた、国策の観点から信州産生糸を特に重視するようになりました。

諏訪郡平野村の製糸業発展と燃料問題

こうして信州、特に諏訪郡平野村の製糸業は急速に発展していきます。しかし、産業の急速な発展は大きなひずみを生じさせることにもなりました。

明治中期頃まで、器械製糸工場を稼働させる動力の中心は水力または蒸気力でしたが、特に平野村では蒸気動力を用いた工場が早くから現れ始めていました。当時、蒸気を起こす燃料は主に薪でした。石炭も使われていたようですが、道路や鉄道網が未整備の時代には、遠方の石炭産地から輸送するコストは依然として高く、かつ石炭を用いて火を起すためには耐久性の高い釜が必要でしたが、明治中期頃はまだ設備投資に余力のない工場が多かったこともあって、石炭はあまり普及しませんでした。一方、信州は薪の原料には事欠きません。このようなわけで、平野村の製糸結社は周囲の山林から大量に薪を伐るようになります。

しかし、急速な製糸業の発展に山の生長は追い付かず、みるみるうちに周囲ははげ山になってしまったといいます。環境問題のはしりであったかもしれません。しかし、ここで注意していただきたいのは、はげ山になったのはあくまで民有林だったことです。この奥には、まだまだ手付かずの官林（政府・農商務省が管理する山）や御料林（宮内省が管理する山）が残っていました。民有林から薪を手に入れることが難しくなると、平野村の製糸業者たちは今度は官林や御料林に目を付けるようになります。

ただし、官林や御料林は民有林のように気軽に利用ができる山ではありませんでした。営業においてどれだけの量の薪が必要で、それにはその官林や御料林のどの区域・面積の山の立木が必要であるのか、など非常に綿密な調査を踏まえた申請書を作成し、政府や宮内省に提出して許可してもらわなければなりませんでした。しかし、このようなハードルがあったにもかかわらず、燃料問題の深刻さの方が上回ったのでしょう。平野村のいくつかの業者が、明治20年頃から政府や宮内省に立木払下げの出願を行うようになりました。

平野村の製糸業者と御料林

そのような業者の一つが、開明社でした。開明社は、片倉兼太郎・尾澤金左衛門・林倉太郎により結成され、明治20年代では製糸業最先進地域・平野村の中でも資本金や職工数・設備面で抜きんでた最大規模の結社でした。開明社は明治25（1892）年末に、隣接する上伊那郡横川山の御料林内にある立木20万本を10か年期で特売（随意契約）してもらいたいと、宮内省御料局に願い出ました。

御料林とは、皇室財産の山林です。これを管理する部局として明治18（1885）年に宮内省内に設置されたのが、御料局です。当時御料局では、この出願に際して2つの立場がありました。1つは、御料林はあくまで皇室の経済基盤を強固にするためのものであるから、相当の代価で購入してくれる業者があるならそこに特売すべきだという立場です。中央の御料局本局は概ねこの立場でした。

これに対して、特売は一部の業者だけを利するものであるとして公売（一般入札）を求める立場もありました。この立場に立ったのは、御料局静岡支庁長として現場をよく知る技術官僚の桑名茂三郎でした。桑名の背後には、前御料局長で政府の有力者でもあった長州出身の政治家・品川弥二郎の影がありました。

特売をとるべきか公売をとるべきかは、その山林に対する潜在需要や需要者と想定される結社の資金力、見込まれる利益の予測などが違えば様々な答えがありうるもので、一概にどちらが正しいと判断できる問題ではありませんが、注目すべきは桑名や品川が自説を主張する際に、「国益」である信州製糸業を保護するため、という論理を必ず持ち出していたことです。

これは、同じく諏訪郡の金沢山御料林の立木払下げにおいてはより明確に見えてきます。桑名は、非製糸業者による立木払下げ出願に対して、「この山は製糸業者の生命線だから、細く長く製糸業者に払い下げ続けなければならない」という論理で却下していました。桑名が静岡支庁長を免職になった後、この慣例が破られ非製糸業者に金沢山御料林を払い下げようとする動きが出て来ますが、これに対して品川は政府の有力者らにこのことを知らせ、御料局の処置の不当を訴えました。

品川弥二郎と繭玉（イラスト・筆者）

これらのことからわかるのは、桑名や品川が皇室財産である御料林においても製糸業保護を行う責務があると考えていたということです。これは、皇室財産運営に「国益」という価値を持ちこむ考え方であると言うことができるでしょう。御料林は、確かに皇室を豊かにすることが最大の使命でした。しかし、その目的を逸脱しない範囲内であれば、可能な限り「国益」となる産業に有利になるような経営を行うべきだと考える立場が宮内省の中に存在したということは、皇室と国家との関係を考える上で興味深い事実でもあります。

【参考文献】
石井寛治『日本蚕糸業史分析』東京大学出版会（1972）
中林真幸『近代資本主義の組織　製糸業の発展における取引の統治と生産の構造』東京大学出版会（2003）
池田さなえ『皇室財産の政治史―明治二〇年代の御料地「処分」と宮中・府中』人文書院（2019）

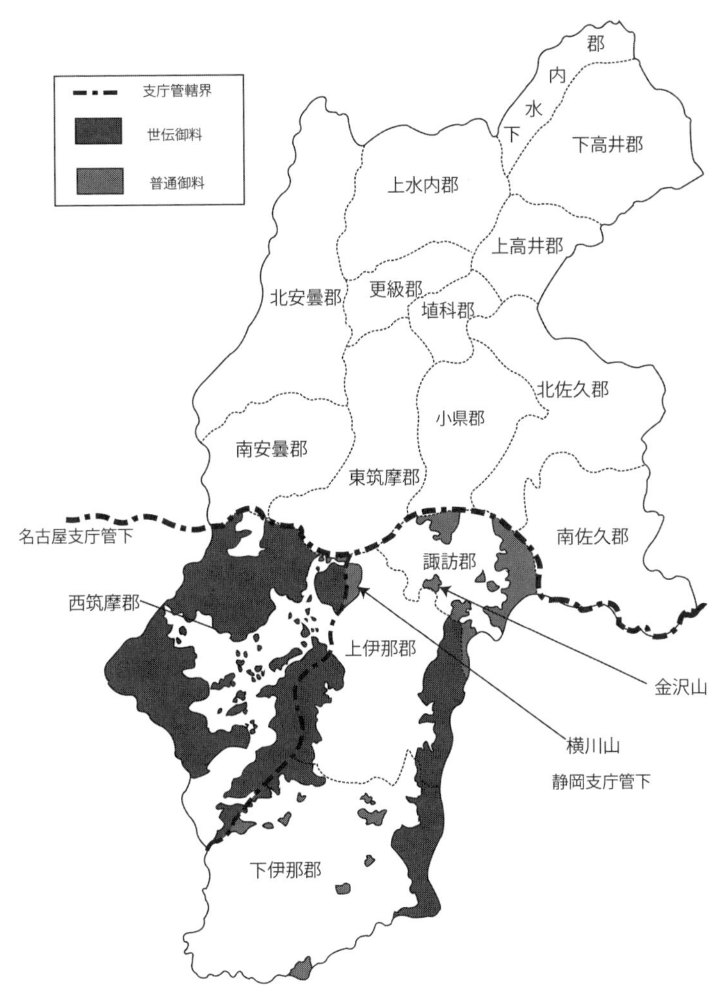

長野県御料地地図
（池田さなえ『皇室財産の政治史―明治二〇年代の御料地「処分」と宮中・府中』270頁より引用）

《**コラム**》

鉄道網の整備と製糸・観光地開発

岩下哲典

明治から大正期にかけて長野県の製糸業は工場数・生産額ともに全国第1位を占めていました。横浜港や新潟直江津港から輸出され、日本製生糸による絹織物製品は欧米の上流階級に購入されていたのです。日本は、安価な女性労働によって生産された生糸で、欧米の軍艦を購入して、近代戦争を戦ったのだとも言われています。

信州から直江津に旅客や品物を運ぶことになったのが、1889年開通の直江津鉄道（直江津・軽井沢間）です。1895年に高崎・直江津間が信越線となりました。信越線では横川～軽井沢間が大変な難所であったにもかかわらず、全国的にみても早期に開通していることは特筆すべきでしょう。また、1896年には中央鉄道（八王子・名古屋間）が着工され、のちに塩尻・辰野・岡谷・上諏訪から八王子、そこから横浜鉄道で神奈川、そして横浜港ともつながることになりました。これは鉄道のシルクロードです。篠井鉄道（塩尻・篠ノ井間）や伊那電車鉄道（辰野・伊那松島間）、信濃鉄道（松本・大町間）、佐久鉄道（中込・小海間）、丸子鉄道（丸子・大屋間）、河東鉄道（屋代・須坂間）等が県の補助金を得て敷設されました。鉄道により原料を大量に輸送でき、工女の募集・移動も他県から可能になりました。また、製糸業の燃料となる薪や石炭・重油の輸送にもコストを削減できました。鉄道の開通が製糸業の伸長を促進したことは当時からいわれていたことでした。

ところが、1929年の、ニューヨークウォール街に端を発した世界恐慌では、蚕糸業が不振となり農村恐慌が起きました。農家は軒並み莫大な借金を抱えてしまったのです。おりしも1931年には、日本の関東軍による満州事変が勃発し、翌年には同軍の傀儡政権による「満州国」が建国され、満州開拓の移民が日本の国策として大いに奨励されました。長野県は満州への移民を全国一多く送り込んだ県なのです。それに使われたのも鉄道でした。日本から満州へは船や朝鮮半島の鉄道や満鉄等が利用されました。満州には長野県の主として農村部から33,741名が送られ、約15,000名の命が奪われました。実に半分におよぶ甚大な被害です。命からがら帰国する旧移民を運んだのも、鉄道でした。

1945年、アジア・太平洋戦争以後、製糸業にかわり長野県の産業を支えたのは、カメラや時計、オルゴールなどの精密機械工業でした。戦争中に諏訪・伊那地方に時計・光学・計器などを製造する軍需工場が疎開してきました。その流れで、諏訪精工舎（SEIKO、EPSON）、オリンパス、三協精機、ヤシカなどが成長しました。また、マルコメやタケヤなどの味噌や日本酒の「眞澄」の宮坂醸造など、食品産業も戦後の経済成長を支えました。これらの産業の発展も鉄道網に支えられていたことは言うまでもありません。

さらに1960年代以降、多くの若者が東京や名古屋、大阪など大都市圏に進学や就職で移動しました。かつ、長野県での冬のスキーやスケート、夏の避暑などに鉄道が使われました。1980年からは「さわやか信州」の観光キャンペーンなども国鉄（現、JR東日本）を中心に行われました。もちろん、ビーナスラインなどの有料道路や高速道路の開発・延伸もあいまって、都市部のビジネスホテル建設、温泉地のリゾート化、ゴルフ場開設、高原の教会での結婚式や涼しい高原での受験対策セミナーなどにより観光産業が進

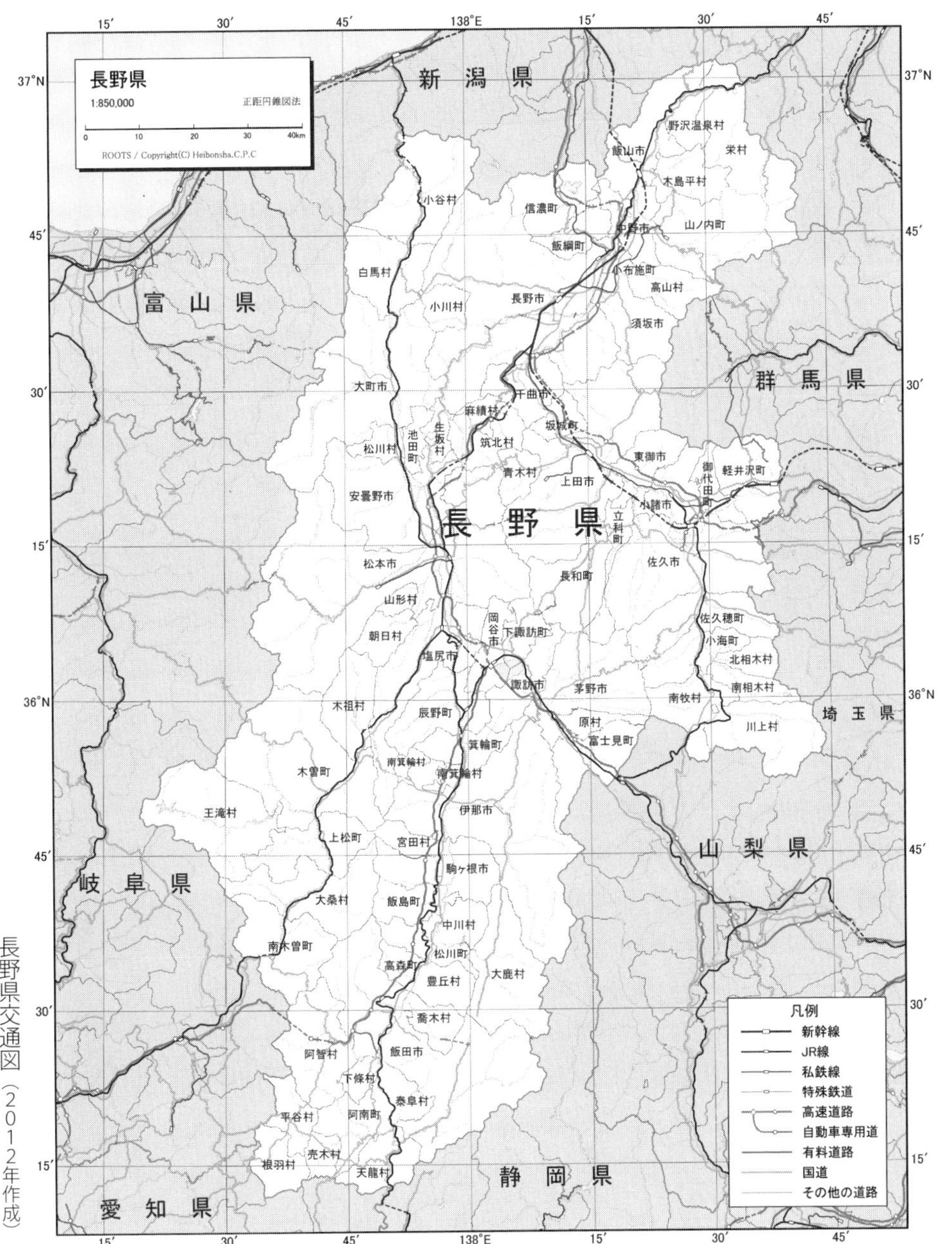

長野県交通図（2012年作成）

展したことは言うまでもありません。もちろん2000年に入ってからは海外からのインバウンド需要もありました。

しかし、そのいずれもが、鉄道や道路網の整備があってこそなのです。長野新幹線（北陸新幹線）の開通で、人の流れがガラリと変わりました。佐久平（さくだいら）駅に自宅を建てて東京に通勤・通学する人も出てきました。リニア中央新幹線の飯田駅開業でも大きな変動が生まれると思います。それら交通網の整備に伴う地域社会の変化をしっかり見つめていくことが重要です。

【参考文献】

牟禮悦也「村に鉄道がやってきた」青木孝寿監修『史料が語る信州の歴史60話』三省堂（1989）
明石好和「満州に消えた一万五〇〇〇の命」同上書
中村宏「吹き飛んだ就職難」同上書
山口通之「霧の子孫たち」同上書

留学体験を糧に教育・文化の近代化に寄与した信州人

青木隆幸

内陸に位置し「山深い」と形容される信州ですが、幕末から明治・大正時代には、多くの留学生を輩出しました。上野公園を整備し「日本の博物館の父」とよばれる田中芳男、近代彫刻の先駆者荻原守衛、音楽教育の礎を築いた伊沢修二、人工ガン研究でノーベル賞候補となった山極勝三郎らがその代表です。彼らは、知識を広く海外にもとめ、留学先での出会いを糧に、教育・文化の様々な領域で日本の近代化に尽力しました。

博物館の父田中芳男は飯田から羽ばたいた

慶応3年（1867）、パリ万国博覧会の会場に1人の信州人がいました。田中芳男、飯田生まれ、29歳。江戸幕府の開成所で国内外の物産を研究する下級役人でした。

前年、フランス政府は幕府に対しパリ万博への招待状を届けるとともに、出展にあたり一つの条件をつけました。日本に産する昆虫等の標本の持参です。当時の日本には昆虫標本はもちろん、虫を捕る道具も捕獲した虫を固定する虫ピンもありませんでした。田中芳男は日本人が経験したことのない標本作りに挑戦し、そうした物産を万博会場で展示するために派遣されたのです。

田中芳男（飯田市美術博物館所蔵）

この博覧会には、のちに日本経済の近代化に尽力する渋沢栄一や、東京国立博物館初代館長となる町田久成も参加しています。

田中芳男は天保9年（1838）、飯田の中荒町（現飯田市中央通り二丁目）に生まれました。医者を営む田中家の三男でした。父隆三は長崎に留学、西洋科学書を持ち帰りました。芳男は幼年期に『解体新書』をはじめ、多くの洋学書を読破しています。

また、芳男の周囲には、日本初の彩色キノコ図鑑の著者市岡智寛・嶢智父子、世界地図を描き、地球儀を教材に授業を展開した座光寺の寺子屋師匠北原因信らがいました。

19歳で名古屋に出た芳男は、先進的な博物学の知見をもちシーボルトにも学んだ伊藤圭介に師事しました。幕府の近代化には西洋物産の研究が不可欠とする勝海舟が白羽の矢を立てたのが伊藤圭介。芳男は圭介に従って幕府に出仕し、パリ万博出品の職務を担うことになったのです。

万博に出向いた芳男は、人生を決定づける出会いを体験します。ジャルダン・ド・プラントと呼ばれた自然史博物館です。

博物館というと、文化財や美術品を集めて展示するイメージがありますが、芳男が見学したジャルダン・ド・プラントは、博物館のほかに、植物園、動物園、図書館なども備わった総合的な施設でした。田中はその見事さに感動すると同時に、総合的な博物館を日本に作り出すことが自分の使命だと心に誓いました。

帰国した芳男は、新政府に職を得、明治3年（1870）大学南校（東京大学の前身）に出仕、さらに文部省に移り、明治5年町田久成らとともに湯島聖堂大成殿で「文部省博覧会」を開催しました。これが日本における博物館の始まりとされています。芳男が「日本の博物館の父」と呼ばれるゆえんです。

明治15年、戊辰戦争で灰燼に帰した上野の山を整備し、ここに博物館、動物園を開館させたのも田中芳男でした。

ただし、博物館だけが芳男の活動ではありません。西洋の文物、とくに動植物、物産、技術を取り入れ、日本の風土に当てはめ普及させることに人生をかけた人物でした。

例えばリンゴ。

慶応2年（1866）、芳男は西洋からもたらされた平果（アップル）の樹を和リンゴに接ぎ木しました。日本初の試みでした。この試験が成功したことで、リンゴは日本中の人々に愛される果物になりました。信濃のリンゴ栽培も田中らの努力からはじまったのです。

芳男は79歳で亡くなりますが、リンゴ以外にもいくつもの植物の改良普及に努めました。びわやキャベツ、オリーブやコーヒーの栽培にも挑戦しています。農作物の改良、動物の飼育など、生物の姿を見つめ、生命の可能性や有用性を引き出す仕事が彼の原点にあります。農を勧め、産業を拓き物産を富ませる人という意味をこめて「勧農開物翁」と呼ばれました。そして、それらの知見を図画や標本を用いて人々に分かりやすく伝える努力を惜しみませんでした。『有用植物図説』はその代表的著書です。「知のオープン化」に尽力した人物です。「爬虫類」という言葉は、田中の造語です。

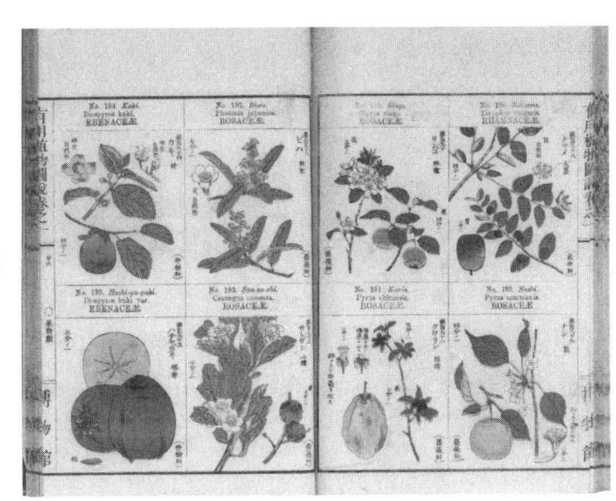
『有用植物図説』（飯田市美術博物館所蔵）

幕末から明治維新期、「武」ではなく「知」によって人々の生活を豊かにしようとした人物が飯田出身の田中芳男でした。

ロダンとの出会い　彫刻の道へ　荻原守衛（碌山）

荻原守衛は明治12年（1879）、南安曇郡東穂高村（現安曇野市）に生まれました。20歳で画家を目指し上京、フランス留学を夢見て、まず明治34年アメリカに渡りました。資産家の家僕として働きながら美術学校に通い、2年後パリに渡りました。

パリでは同郷の画家中村不折の支えをうけ美術学校に通いました。資金難で半年後アメリカに戻らざるをえませんでしたが、パリ滞在中開催されていた国民美術協会展で一つのブロンズ像に出会ったことで彫刻家を志す決意をしました。オーギュスト・ロダンの「考える人」です。

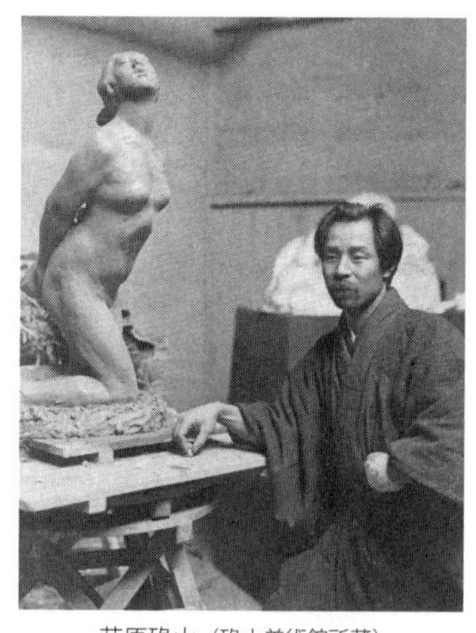

荻原碌山（碌山美術館所蔵）

アメリカに戻った守衛は、再びパリに渡り、アカデミー・ジュリアンの彫刻部に入り本格的に学ぶことになります。上達は目を見張るものがありました。部内で毎月開かれるコンクールで入賞を重ね、ロダン自身からも指導を受けることができました。

明治41年（1908）帰国した守衛は、「文覚」「北條虎吉像」など、日本彫刻の枠にとらわれない生命力あふれる作品を世に送り、美術界に新風を吹き込みました。小県郡祢津津西町（現東御市）生まれで、守衛同様欧米に渡り洋画を学んだ丸山晩霞らとともに、太平洋画会で活躍しましたが、近代日本彫刻の最高峰と言われる「女」を完成した直後、病魔に襲われ、30年の短い人生を閉じました。

海の彼方での一つの彫刻との出会いが、守衛の人生を大きく変えたのです。

同様に、日本画の近代化に挑戦した飯田出身の菱田春草も、20代の終わりにインド・アメリカ・ヨーロッパを訪れ、大きな刺激を受けています。

「蝶々」「蛍の光」など日本初の「小学唱歌集」編纂　伊沢修二

西洋音楽を日本に紹介した伊沢修二は、嘉永4年（1851）高遠町（現伊那市）で生まれました。高遠藩の下級武士でした。藩学（進徳館）で学んだのち、18歳で上京、中浜万次郎（ジョン万次郎）らから英語を学びました。大学南校から文部省に出仕、24歳で愛知師範学校長に任じられました。

伊沢修二（長野県立歴史館所蔵）

明治8年（1875）、修二は、教師を育成する学校のあり方を調査するためにアメリカに派遣されました。入学したブリッジウォートル師範学校はアメリカ最初の師範学校で、男女共学や自治的な校風に修二は大きな影響を受けました。ただ、音楽は東洋と西洋の違いが大きく苦手でした。

修二はボストン在住の音楽教師メーソンを訪ねました。メーソンは音楽教育が道徳・情操の醸成に大きな役割を果たすことを伝えました。帰国後、音楽取調掛に就任した修二は、日本古来の音楽と西洋音楽の調和を図りながら、西洋のメロディーに日本語の歌詞をつけた唱歌などを作る活動に打ち込みました。「蝶々」や「蛍の光」は今も親しまれています。

修二が留学で学んだことがもう一つあります。独学で習得した英語の発音がうまく通じなかった体験です。電話の発明者グラハム・ベルを訪ね、発音の矯正を依頼しました。ベルと懇意になり、発音矯正の勉強を続けたことが、帰国後修二が吃音矯正運動に打ち込むきっかけとなりました。東京盲唖学校長も務めました。

世界初の人工ガン作りに成功　日本初のノーベル賞候補者　山極勝三郎

山極勝三郎（上田市立博物館所蔵）

山極勝三郎は、文久3年（1863）、上田城近くの鎌原（現上田市鎌原）に生まれました。下級藩士山本家の三男でした。明治13年、東京の山極家に養子に入り上京、医科大学（現東京大学医学部）に入学しました。28歳で助教授に就任すると、ドイツ留学を命じられました。当時のドイツは、結核菌を発見したコッホがツベルクリンを作り注目されていたからです。

勝三郎は、病理学の権威であるウィルヒョウ博士について病理解剖学を学びました。「進歩的な人間は退いてはいけない。いつも前へ前へ向かいなさい」・「細胞を単位として病気を観察する」という博士の言葉に強く影響を受けました。3年後に帰国、医科大学教授に就任しました。

この頃、ガンは治療法も発生原因も分からない病気でした。勝三郎は、ウィルヒョウから学んだ「ガンは発生しやすい環境がある」という仮説を証明するために人工ガンを作る実験に着手しました。大正3年（1914）、ウサギの耳にコールタールを塗る実験を始め、翌々年人工ガンを発生させることに成功しました。世界のガン研究に大きな貢献をなすものでした。大正10年、日本人初のノーベル賞候補に推薦されました。

留学体験を糧に教育・文化の近代化に寄与した信州人は他にもたくさんいます。上田の山本鼎（1882-1946）は、大正期、自由画運動を進めました。子どもたちの個性を尊重し、自然や生活を感動したままに描く実践です。鼎はこの着想を、西洋留学からの帰路立ち寄ったロシアの児童創造展覧会で得ました。運動は、長野県から全国に広がりました。

諏訪出身で府立五中（現東京都立小石川高校）初代校長を勤めた伊藤長七（1877-1930）は、豊富な海外経験から、日本と海外の少年少女が手紙で交流を深める運動を推進しました。

明治初め、文明開化にふさわしい学校の建設・維持の経費は住民が負担しました。中込村（現佐久市）では、明治8年、擬洋風の成知学校を創建しましたが、建設は米国で建築を学んだ市川代治郎が担いました。天井には学校を中心にした世界地図が描かれました。世界にはばたく人材を育てたいという願いが込められています。

世界を知り、驚き、そこに夢を見つけ、時間をかけて形にしていく。先人たちのこうした想いと歩みは、私たちに希望と勇気を与えます。

【参考文献】

長野県立歴史館編『広い世界とつながる信州』信濃毎日新聞社
『信州の風土と歴史16　信州偉人伝』長野県立歴史館
『信州人物誌』信州人物誌刊行会

《コラム》

信州出身者による出版業
―― 岩波書店・羽田書店・みすず書房・大和書房

岩下哲典

皆さんは本を読みますか。近年では電子文字で本を読む人も多いと思います。しかし、停電になったら、スマホもPCも使えません。ハッカーにPCを乗っ取られたりウイルスにやられれば、もはやどのような情報も入手できなくなります。そんな時、紙媒体という原始的な物質がどれほど威力を発揮するか再認識するでしょう。また、紙の本にはそれだけではない、文化そのものを感じます。

信州人は読書好きだし、本好きで、出版社を経営する人も多かったのです。ここでは、創業者が信州出身の出版社のHP等を参考にしながら、信州と出版人を世界史的に考えてみましょう。

岩波茂雄

まずは岩波書店から。同書店は1913年、上諏訪の農家出身の岩波茂雄(戦後、出版人として初めて文化勲章を受章）によって創業されました。1949年に株式会社に改組し、2013年には創業百年を迎えた老舗出版社です。茂雄は人生問題に悩み学業を放棄したこともありました。東京大学卒業後、女学校教師もしましたが、市民として自立することを目指して神田に古書店を開業しました。その翌年には夏目漱石の『こゝろ』を刊行、1927年には古今東西の古典の普及をめざして「岩波文庫」を、さらに1938年には現代的な問題を扱う「岩波新書」を創刊しました。第二次世界大戦中も時流に抗しつつ出版活動を続けます。戦後は学術書も出版する総合出版社としての地歩を築き上げました。教養主義・文化主義的な、信念に基づく出版活動を展開し、総合雑誌『世界』をはじめ「岩波少年文庫」『広辞苑』『講座日本歴史』「日本古典文学大系」「日本思想大系」は岩波の出版物というより、日本の文化そのものと言ってよいでしょう。最近も「岩波現代文庫」の創刊、IT時代への対応など、時代の要請に応える出版活動を積極的に展開しています。ようするに岩波書店と茂雄は出版人のモデルでもあり続けています。

関係施設として諏訪市立信州風樹文庫に岩波茂雄記念室があります。風樹文庫は、1947年茂雄の故郷の青年達が、岩波書店に良書の寄贈を直談判し、200冊の書籍を持ち帰ったのが始まりで、風樹は茂雄の座右の銘「風樹の歎」によるそうです。

羽田書店は、政治家羽田武嗣郎が創業した書店です。武嗣郎は小県郡和田村出身で、東北大学法学部を出て、東京朝日新聞政治部記者、鉄道大臣秘書官を経て政界入りしました。1937年、立憲政友会から第20回衆議院議員総選挙に立候補し当選ました。この頃「羽田書店」を創立しました。武嗣郎は戦後自由民主党に参加し、衆議院議員をつとめました。長男孜は長野県人初の内閣総理大臣となりました。「羽田書店」のHPは、現在ないので、書店としての活動はよくわかりませんが、政界とのつながりがある出版社でした。

太平洋戦争直前、1940年には筑摩書房が創業しました（109頁参照）。また戦後すぐの1946年、みすず書房は、小尾俊人らによって創業されました。小尾は茅野市出身で、羽田武嗣郎の出版社「羽田書店」の社員でした。1945年に独立して、山崎六郎、清水文男らとみすず書房を創業しました。小尾は編集長として『現代史資料』『荻生徂徠全集』などを編さんしました。創業出版は片山敏彦著『詩心の風光』。発行書総数は5000点を超え、『ロマン・ロラン全集』全43巻、『現代史資料』全45巻などが有名です。個々の単行本は、人文科学・社会科学・自然科学・文学・芸術など、ほぼ文化の全ての領域にわたっています。

大和書房は、1961年に高遠町出身の大和岩雄が創業しました。『孫子の兵法』『生命ある日に』を刊行して書籍出版業を始めました。『西郷隆盛全集』『吉田松陰全集』『吉本隆明全集撰』などの全集や『日本古代史事典』『日本神話事典』『朝鮮人物事典』『万葉ことば事典』『源氏物語事典』、『神奈川県百科事典』など都道府県別百科事典などがあります。大岩は大鹿村で国語の中学校教師をしていましたが、長野市に移住して雑誌の編集を生業としました。後、上京して出版業に携わりました。130万部を越えるベストセラー『愛と死をみつめて』があります。

グーテンベルク

さて、出版業を支えるのは、活字印刷術です。諸説ありますが、15世紀中頃、ドイツのグーテンベルクが改良して、聖書の刊行をしたことが歴史的には特筆されています。活字印刷の改良により、書籍・雑誌・新聞などが刊行され、情報や知識を安価・大量に配布することが可能となりました。これらが文化の向上に果たした役割ははかりしれません。日本に活字印刷が入ってきたのは安土桃山時代でしたが、江戸時代に海外との交流がほそくなり、本格的に西洋式印刷機が導入されたのは明治時代でした。そこから爆発的に出版物が増え、今日では電子書籍が隆盛を迎えつつあります。人々の知識や情報を得たいという欲求は決して衰えてはいないということでしょう。しかしながらぜひ紙の本も大切にしたいものです。まずは紙の本を手に取ってみて下さい。重さ、手触り、紙や印刷のにおい、また著者や編集者の思いがこもった装幀など、いずれも電子文字では味わえないものです。紙の本そのものが、人を癒やす文化なのではないでしょうか。

なお、東京文京区に凸版印刷が設置・運営する印刷博物館があります。活版印刷の植字を体験することができます。

活版印刷

印刷博物館外観写真

【参考文献】
https://www.iwanami.co.jp/company/cc1310.html
https://www.msz.co.jp/info/about/#c14087
https://www.daiwashobo.co.jp/company/cc569.html
https://www.city.suwa.lg.jp/soshiki/40/3245.html
加藤好郎ほか編『書物の文化史 メディアの変遷と知の枠組み』丸善出版（2018）
印刷博物館編『日本印刷文化史』講談社（2020）

信州の軍隊と出身軍人
―― 福島安正・安東貞美・神尾光臣・永田鉄山・栗林忠道・山田乙三

広中一成

「教育県」から生まれた郷土部隊

長野県は明治時代初めより、養蚕製糸業の発達で農村経済が急速に伸張しました。そして、それで得た利益が日本に導入されたばかりの近代学校教育に充てられたことで、今日まで至る全国有数の「教育県」となっていきます。

学制発布前の1872年、長野県内にあった江戸時代以来の寺子屋の数は計1342ヵ所で、およそ6万3000人の子どもが学んでいました。また、1876年、学制により誕生した小学校へ通う児童の県内就学率は、全国平均の38%を大きく上回る62%に達していたのです。松本市には、学制と同じ年に設立され、現在建物が国宝に指定されている旧開智学校があり、当時のこの地域の教育水準の高さがうかがい知れます。

明治維新後、長州の大村益次郎を中心に近代的な兵制が整備されます。1872年、陸軍省が発足し、2年後の1874年に発布された徴兵令により、士族に依った旧式の軍制は国民皆兵の近代的制度へと移行していきました。これにより、長野県からも学び舎を出た多くの青年たちが徴兵検査を受けて兵となっていったのです。

彼らのなかからは、陸軍将校養成機関である陸軍士官学校（以下、陸士）や陸軍大学校（以下、陸大）で学び、その後、陸軍の要職をになう「教育県」出身ならではの特徴的な軍人が数多く現れました。本節では彼らのうちの代表的な人物を紹介しますが、その前に、長野県で編成された連隊をみていきます。

連隊とは、歩兵や砲兵などひとつの兵科で編成された陸軍の部隊で、師団または旅団の下に位置づけられました。例えば、師団は4個の連隊からなります（日中戦争勃発後、3個連隊に順次改編）。

連隊は編成された地に連隊区をもち、そこで地元の青年を徴兵しました。兵の多くは所属する連隊と「故郷」を同じくすることから、連隊は別名「郷土部隊」と言われます。長野県の場合、松本市にあった連隊区から歩兵第50連隊と歩兵第150連隊が、中国大陸や南方戦線へ出征していきました。ここでは歩兵第50連隊を取りあげます。

もともと、歩兵第50連隊は日露戦争中の1905年3月、仙台に連隊本部を置く部隊として編成されました。独立第13師団の部隊として、戦争中は樺太の占領に向かい、その後、台湾や韓国にも派遣されます。

1908年11月、松本に長野県初の兵営が完成すると、同連隊はそこに本部を移転し、県内で徴兵された初年兵を入隊させ、新潟県高田に司令部を置く第13師団所属の「郷土部隊」となりました。以下、歩兵第50連隊の呼称は「郷土部隊」の習慣にならって松本連隊とします。

1914年3月、松本連隊は故郷を離れ、南満洲の奉天省（現遼寧省）鉄嶺の守備を命じられ、シベリア出兵にも従軍します。宇垣軍縮で第13師団が廃止されると、同連隊は栃木県宇都宮の第14師団に編入されました。

その後も、松本連隊は満洲に派遣され、1928年の山東出兵では、山東省済南まで進軍し、蔣介石率いる北伐軍と交戦します。

満洲事変では、1932年1月に始まった第一次上海事変の解決のため、第14師団とともに上海呉淞に向かいました。まもなく満洲に帰還し、日本軍に抵抗を続ける馬占山軍と戦います。松本連隊は、日露戦争以後、日本の大陸進出の前線で戦い続けたのでした。

続く、アジア太平洋戦争ではどのような戦いをしたのでしょうか。日中戦争が勃発すると、松本に戻っていた連隊は、中国に派兵され、華北戦線を転戦します。1940年、松本連隊は、第14師団から新設の第29師団に転属し、満洲の遼陽に駐屯して対ソ戦に備えました。

1941年12月、太平洋戦争が開戦します。日本軍は緒戦を有利に進めました。しかし、1942年6月のミッドウェー海戦の敗北を境に劣勢に立たされます。南方戦線を支えるため、中国大陸に派兵されていた陸軍部隊が、次々と太平洋戦線へと動員されていったのです。

松本連隊もこの例にもれず、第29師団隷下の歩兵第18連隊と歩兵第38連隊とともに、満洲から朝鮮の釜山を経由して広島県の宇品港に進み、1944年2月、輸送船に分乗して南太平洋のマリアナ諸島へと向かいました。

すでに、目的地周辺には米軍の部隊が迫っていました。船団は敵の襲撃を予測しながら、慎重に航行します。しかし、到着を間近にして米潜水艦の魚雷攻撃を受けてしまいました。さいわい、松本連隊の乗った船は、大きな損害を受けずにすみましたが、上陸地が当初のサイパン島からテニアン島に変わります。松本連隊を合わせた日本軍テニアン守備隊は、総勢約8000人でした。

6月15日、米軍はサイパン島に上陸し、およそ20日間の激戦で、日本軍守備隊を壊滅させます。そして、グアム島をへて、24日、テニアン島にも現れたのです。米軍の兵数は約3万人と、テニアン守備隊の3倍以上を数えました。

テニアン島は一面平坦な地形で身を隠すところがありません。守備隊は米軍の猛烈な空爆と砲撃により、戦闘初日で大半の兵力を失います。そして、8月2日、松本連隊の緒方敬志連隊長は、残ったおよそ1000人の兵とともに米軍へ総攻撃を敢行し玉砕しました。松本連隊は、最後まで日本の前線で戦い抜いたのです。

戦争とともに歩んだ長野県出身軍人

ここからは、長野県出身の著名な陸軍将校を取りあげていきます。まず一人目は、日本陸軍草創期より活躍した**福島安正**です。福島は幕末の1852年、藩士の長男として松本に生まれます。維新後の1869年、東京の開成学校（現東京大学）で英語を学ぶと、その語学能力を活かして、司法省や陸軍省で通訳の職に就きました。その際、陸軍の創設に尽力した山縣有朋と縁をもち、陸軍将校となります。陸軍学校の教育を受けずに将校になるのは、いくら陸軍ができたばかりとはいえ、きわめて稀なことでした。

福島安正

福島の任務はもっぱら海外に直接出向いて、各地を調査しながら、仔細にその国の情報を得ることでした。特に1897年、ドイツからの帰任に際し行ったシベリア単騎横断では、ロシア情勢をつぶさに調べあげ、帰国後、陸軍首脳にロシアと対抗するためには極東に進出したイギリスと手を組むべきであると提案します。また、福島はロシアに関する詳細な情報を陸軍に提出しました。これは後の日露戦争で日本軍が作戦を実行するうえで、大いに役立ったのです。

さらに、福島は日露戦争が始まると、満洲軍総司令部参謀として、馬賊の懐柔や清国に対する工作などに従事します。この福島の縦横無尽な活動により、日本は大国ロシアと互角に戦うことができました。戦後、福島は参謀次長や日露戦争で手に入れた遼東半島の関東州を統括する関東都督を歴任します。

日露戦争で歩兵第19旅団を率いた**安東貞美**旅団長、遼東守備軍の**神尾光臣**参謀長はともに長野県出身です。飯田藩槍術師範を父にもつ安東は参謀本部第三局課長や陸士校長などを歴任し、日露戦争で活躍したあとは、朝鮮駐箚軍司令官や台湾総督といった要職を務めました。

安藤貞美

神尾光臣

神尾は1855年、高遠藩士の次男として諏訪郡岡谷村（現岡谷市）に生まれます。西南戦争や日清戦争に従軍し、日露戦争中の1905年、清国駐屯軍司令官に任じられました。1914年、第一次世界大戦が始まると、第18師団長としてドイツの植民地だった山東省青島に進攻し、これを攻略します。この功績から、神尾も安東と同じく華族となります。

永田鉄山

昭和期にも優秀な長野県出身の陸軍軍人が現れます。その筆頭格が**永田鉄山**です。1884年、諏訪郡上諏訪村（現諏訪市）に生まれた永田は、陸士を首席、陸大を第2位の成績で卒業します。陸士同期の小畑敏四郎と岡村寧次とともに「陸軍の三羽ガラス」と呼ばれ、将来を嘱望されました。彼らは出張先のドイツで長州出身者が権力をふるう陸軍の派閥人事に異をとなえ、陸軍の近代化の実現を約束します。

陸軍省に入った永田は、年来の目的だった陸軍の近代化を推し進めます。また、長州閥の権力切り崩しにもあたりました。陸軍改革を主導する永田の周りには彼を慕う若手将校が集まり、新しい派閥の統制派を形成します。これに反発する一派は皇道派としてまとまり対立を深めます。その結果、1936年10月、軍務局長となっていた永田は執務中に皇道派の若手将校、相沢三郎に暗殺されてしまったのでした。

栗林忠道は、1891年埴科郡西条村（現長野市）に生まれます。若い頃は文学少年で将来はジャーナリストになることを夢見ていました。陸大を第2位の成績で卒業すると、カナダやアメリカの日本大使館武官を務め、陸軍きってのアメリカ通として知られるようになります。戦時中、日本国民の間で流行した軍歌『愛馬進軍歌』は、騎兵科出身で兵務局馬政課長を務めた栗林が選定に関わりました。

栗林忠道

太平洋戦争開戦後、栗林は第23軍参謀長として香港攻略に従軍します。戦争末期の1944年6月、栗林は第109師団長として硫黄島の守備につきます。

すでに米軍はサイパン島まで進み、硫黄島にも空襲を繰り返していました。栗林は硫黄島全体を地下要塞化し、決戦に備えます。

1945年2月、米軍が大軍を派遣し硫黄島への上陸を試みます。米軍は猛烈な集中砲火を浴びせながら前進しようとしましたが、栗林の守備隊は一歩も引かず反撃します。これにより、米軍は思わぬ損失を被ったのでした。

しかし、栗林らの抵抗も物量で大きく勝る米軍によって徐々に追い詰められます。死期を悟った栗林は3月、手勢とともに突撃を敢行し玉砕したといわれています（諸説あり）。

山田乙三は陸大修了後、騎兵第26連隊長、朝鮮軍参謀、騎兵第4旅団長、参謀本部第3部長、陸士校長などを務めました。日中戦争勃発時は第12師団長の職にあり、その後、第3軍司令官や中支那派遣軍司令官といった要職を歴任します。さらに、1939年から教育総監をおよそ5年間務めあげます。この職は陸軍大臣と参謀総長と同等の地位にあり、陸軍の教育全般を統括しました。山田は長野県出身の陸軍軍人でもっとも出世したひとりといえます。

山田乙三

1944年7月、山田は関東軍総司令官に着任します。すでに太平洋戦争で日本軍は劣勢に立たされ、関東軍からは陸軍中央の命令で部隊が次々と南方へと転属していきました。山田は責任者としてそれを実行します。その結果、関東軍は弱体化します。その虚を突いて、1945年8月9日、ソ連軍が満洲に進攻してきたのです。敗戦後、山田はほかの関東軍将兵とともにソ連軍によってシベリアに連行され、約10年間、抑留生活を送りました。

松本連隊、および長野県出身の陸軍将校は、日本の大陸進出からその終焉までを戦場の最前線で味わったのでした。

【参考文献】
西澤圭編『信濃二千六百年史』信濃毎日新聞社（1941）
『別冊歴史読本　第24（123）号　地域別日本陸軍連隊総覧』新人物往来社（1990）
『歴史と旅　特別増刊号44　帝国陸軍将軍総覧』秋田書店（1990）
秦郁彦編『日本陸海軍総合事典』東京大学出版会（1991）

近代日本と世界につながる信州の女性たち

遠藤由紀子

信州生まれの近代の女性たち

日本一長い川は信濃(しなの)川（367㎞）ですが、長野県域では千曲(ちくま)川と呼称が変わります。『万葉集』には「信濃なる千曲の川の細石(さざれいし)も君し踏みてば玉と拾はむ」と詠まれています。「千曲川の小さい石、貴方が踏んだ石なら宝物と思って拾おう」という意味でしょうか、想い人への一途な心と美しい情景が浮かびます。信濃川水系に育まれながら、近代を快活に生きた女性たちを紹介します。

潮田千勢子（日本キリスト教婦人矯風会所蔵）

潮田千勢子(うしおだちせこ)（1844−1903）は社会運動家、飯田藩の侍医丸山龍眠の次女として生まれました。1865年に同藩の潮田健次郎と結婚し、3男2女に恵まれます。明治になるとキリスト教に受洗、夫の死を経験し子女と共に上京を決意、櫻井女学校附属保母科と横濱聖純女学校で学びました。1886年には、禁酒禁煙運動・公娼制度の廃止運動・一夫一妻制確立を柱とした「東京婦人矯風会(きょうふうかい)」に参加します。発足当時の会員は56名で、初代会頭は矢島楫子(かじこ)（女子学院初代院長）。荻野吟子(おぎのぎんこ)（女性初の医師）や佐々城豊寿(ささきとよじゅ)（女権運動家）などが名を連ねる組織で、婦人参政権運動にも影響を与えていきます。

千勢子は、足尾銅山鉱毒問題に接すると、1901年、鉱毒地救済婦人会を組織しました。「キリスト教女性団体の教えのもと、女性による被災地支援の喚起という戦略は慈善・憐憫(れんびん)の情といった世論を形成する新たな層を呼び覚ました」（山田論文）と評された千勢子は、社会運動家として女性の権利向上に尽くした生涯でした。ちなみに、千勢子の長男の伝五郎は、福澤諭吉の五女光と結婚しています。

松本が育んだ鳩山春子

鳩山春子(はとやまはるこ)（1861−1938）は女子教育者、松本藩士の渡邉幸右衛門（維新後に多賀(たが)努と改名）の五女として松本で生まれました。1886年に共立女子職業学校（現、共立女子学園）が宮川保全(やすのり)（旧幕臣、東京女子師範学校教諭）らにより設立されましたが、同じく東京女子師範学校（現、お茶の水女子大学）の教諭であった春子は学校の創立当初から教壇に立ち、1922年には校長に就任、学園の発展に尽くしました。

学校は技芸工作（裁縫、編物、刺繡、造花）が主要科目で、常識、婦徳、学問も一緒に教授され、女子の自活の道が立つことを目標とし、「生業としての職業教育を授ける」という特色がありまし

鳩山春子（鳩山会館銅像）

た。春子は、1881年に鳩山和夫（美作勝山（みまさかかつやま）藩出身、外務官僚）に嫁いでおり、長男一郎は戦後に第52～54代の内閣総理大臣を歴任しています。

鳩山春子の『我が自叙傳』をめくると、「浅間温泉と学校の比較的立派なことで知られて居るあの信州の松本、そこが私の生れた處であります。」と紹介しています。維新後の父は松本藩の大参事を勤めていました。

ある日、虫干していた『四書五経』を見て興味を持ったようで、漢学を習うことになり、他にも読書・習字などの稽古をこなしていきました。7人兄弟の末子で、男子は兄一人。姉は嫁ぎ、兄は東京で勉強しており、父の「もう少し何者かを教育して見たい」という思いとその境遇が男子同様の教育を受けられた要因と回想しています。

一方で、生家は男尊女卑の考え方が強く、母賢子は国事に奔走する夫をまるで畏れる神様かのように接していました。そのような母は暇さえあれば裁縫をし、蚕を飼って糸をとって織物をしたり、押絵細工をしたり、働き者でした。母のする事に興味を覚えた春子は「小さな真田紐を織ることを教えて貰い、永く座って織っていた」と振り返ります。その他にも、池を造って魚を飼ったこと、貰った種を畑に蒔いて枝豆やトウモロコシなどが実るのが楽しみだったこと、杏子の実を干すため木登りして屋根に登り乾かしたことなどを語っており、松本で活発な少女時代を過ごしました。

1874年に父に連れられ上京し、東京女学校を経て、東京女子師範学校に入学、英語を積極的に学びました。そして、1879年4月に文部省からアメリカ留学（フィラデルフィア女子師範学校）を命じられ、心躍らせながら、同行の2人（加藤錦子、丸橋光子）と洋行の準備を始めます。洋服を新調し、在日のアメリカ人女性から髪の結び方、食事の仕方を学び、7月の渡航へ準備が整った矢先、突然洋行は中止となってしまいます。ある閣僚が「女子がアメリカの教育に深入りするのは日本には適さない」と主張したことが原因であったようです。

春子は落胆し、「深い悲哀に打たれ、途方に暮れてしまった」と語っていますが、挫折を乗り越え、勉学に打ち込みました。その後、共立女子職業学校に勤めるかたわら、1895年に大日本女学会を組織し、高等女学校がない地方の学生のために通信教授を始めたり、1901年に戦没者の遺族等を支援する愛国婦人会の発起人になったりなど、先駆的な活動を続けます。春子の女子教育への熱意は、現在も共立女子学園の教育に生き続けています。

安曇野の青春群像

維新後に生まれた相馬黒光（そうまこっこう）（1876−1955）は実業家でした。本名は良、仙台藩士星喜四郎の三女として仙台で生まれ、宮城女学校、フェリス英和女学校を経て、1895年、明治女学校で学びました。明治女学校は、1885年に木村熊二（牧師）、田口卯吉（実業家・政治家）、島田三郎（政治家）、巌本善治（よしはる）（評論家）を発起人とし、九段下牛ケ淵に設立された学校でした。開校まもなく、校長木村の妻鐙子（とうこ）が亡くなり、木村は役職を辞し、小諸義塾（こもろぎじゅく）設立のため、小諸に移ります。同じく明治女学校の教壇に立っていた島崎藤村（とうそん）ものちに小諸義塾へ赴任しました。木村から洗礼を受けた島崎は、木曽馬籠（まごめ）の出身でした。

安曇野（穂高時代）の相馬黒光と長女俊子

その後、『女学雑誌』を編集する巌本が校長となった明治女学校は、星野天知、平田禿木、北村透谷など、雑誌の執筆陣が講師として教壇に立ったことで評判になりました。良は、在学中に性格の激しさから「溢れる才能を少し黒で隠しなさい」との理由で「黒光」を筆名として与えられたといわれています。

1898年、明治女学校卒業後、安曇野出身の養蚕事業家であった相馬愛蔵と黒光は結婚し、共に安曇野に移住しました。ここで養蚕に携わりますが、健康を害してしまい、1901年、再び上京します。二人は、本郷にあったパン屋中村屋を譲り受け、クリームパンを発明、1907年、新宿に店を移転させると、喫茶店を併設しました。

喫茶店は、多くの芸術家・文化人が通ったことで「中村屋サロン」と呼ばれるようになります。1960年代に作家臼井吉見が、安曇野が縁を結んだ若い群像を軸に、明治から現代までの激動する社会を描いた小説『安曇野』（全5巻）を発表しますが、話の中心は相馬夫婦で、中村屋を「まるでヨーロッパのサロンのようだった」と表現しています。夫婦は5男4女にも恵まれました。

ここに通った著名人には高村光太郎（彫刻家・画家）、内村鑑三（思想家）をはじめ、安曇野出身の井口喜源治（私塾研成義塾の創立者）、木下尚江（社会運動家）、荻原守衛＝碌山（彫刻家）、松井須磨子（新劇女優）などがいました。特に、荻原守衛は安曇野で出会った人妻の黒光に強い恋心を抱き、その衝動を「文覚」、「母と病める子」、「女」などの作品に表し、文展に入選しました。守衛にとって、黒光は一生の憧れの女性となりました。「女」の石膏原型は重要文化財に指定され、1958年に安曇野に開館した碌山美術館では、その想いを今も感じることができます。

碌山美術館

新劇女優・松井須磨子と青踏社の加藤みどり

「中村屋サロン」に通ったひとりに新劇女優、歌手として一世を風靡した松井須磨子（1886–1919）がいました。本名は小林正子、埴科郡清野村（現、松代町清野）に小林藤太の五女として生まれました。先祖は上田や松代の城主真田家の家臣で、父も維新までは真田家に仕官していました。須磨子は上田で少女時代を送り、1902年に姉みねを頼って上京します。戸板裁縫女学校へ通学するかたわら、姉の嫁ぎ先の七沢家が営む菓子商風月堂を手伝いました。翌年に木更津の割烹旅館へ嫁ぎますが、病弱を理由に離婚となります。

須磨子はいとこの夫の家である町田家に引き取られます。そこに家庭教師として来ていた東京高等師範学校の学生の前沢清助（埴科郡坂城町出身）と出会い、同郷のよしみで親しくなり、1908年に再婚しました。前沢は、東京俳優養成所で日本歴史を担当していました。これまで演劇は見世物でしたが、この頃は坪内逍遥の「文芸協会」や小山内薫・市川左団次の「自由劇場」などが設立され、演劇革新運動が盛んでした。須磨子は女優を志すようになり、文芸協会演劇研究所の第一期生として入所、女優修行に精進した結果、家庭生活は破綻し、前沢とは離縁となりました。

文芸協会の主宰者は島村抱月(ほうげつ)でした。第1回公演は坪内逍遥が訳した『ハムレット』、帝国劇場でオフィリアを演じました。この時、芸名を初めて名乗ります。初めは、出身に因み「松代須磨子」と付けようとしたところ、「白粉まっしろ須磨子」といわれると男性陣にからかわれ、「松井須磨子」にしたといわれています。須磨子のオフィリアは、上品でしとやかななかに寂し味のある冷たい感じがするとの評で話題となりました。

その後、1911年にイプセン作の『人形の家』が上演されました。物語は、夫に可愛がられていると思っていた主人公ノラが、その愛と家庭生活に疑問を持つようになり、人形のような妻であったと自覚し、夫と4人の子を置いて家を出て、一個の人間として生きようとする内容で、須磨子はノラを演じ、好評を博します。この上演を契機として、女性解放運動が社会問題として発展、活発化し、平塚らいてうを中心とした青踏社の月刊誌『青踏(せいとう)』でノラの合評が特集されるなど、論壇をにぎわせました。

加藤みどり
(『青踏の女　加藤みどり』中表紙より引用)

この評論を書いたのが、当時25歳の加藤(かとう)みどり(1888−1922)でした。上伊那郡赤穂(あかほ)村出身で、出生名は高仲(たかなか)きくよ。実家は代々医業を家業としており、地元の名士として裕福な少女時代を過ごしますが、12歳の時に母が亡くなり、自分には何かが欠けているという意識から文学に憧れをもつようになりました。1907年、『女子文壇』の短編小説に「愛の花」(筆名高仲菊子)が一等入選し、与謝野晶子を訪問します。その後、翻訳などをしていた加藤朝鳥(あさどり)と1909年に結婚、長男が生まれたことで、定職を求めた朝鳥は大阪新報記者になり、1911年5月、大阪に移住しました。

そして、平塚らいてうの『青踏』の趣意書・規約に感動したみどりは、社員として参加、1913年に『青踏』3巻1号の特集「新らしい女、其の他婦人問題に就いて」に評論「『新らしい女』に就いて」を寄稿しました。翌年には、東京日日新聞に女性記者として入社、半年ほど活動します。

活躍の場を拡げたみどりは、徳田秋声に絶賛されたり、平塚らいてうと雑誌記事で小論を交わしたり、雑誌小説を連載したりしていましたが、1922年に病気のため、35歳の若さで亡くなりました。みどり本人が書いた単著はなく、長野が輩出した偉材としてあまり知られていないのが現状です。小説は大正初期の『文章倶楽部』『婦人雑誌』などを検索すると読むことができます。

カチューシャの唄と辛い別れ

話は戻り、須磨子は一躍新時代の女優として華々しい存在となりました。ある新聞が、筆が滑りすぎて「松代に過ぎたるものは松井須磨子と佐久間象山」とまで書き、識者の嘲笑を買ったりもします。その後、妻子のある抱月と須磨子は恋愛関係に墜ちます。

文芸協会は1913年に解散、新たに芸術座が創立されました。メーテルリンク作『モンナ・ワンナ』、オスカーワイルド作『サロメ』、イプセン作『海の夫人』など、海外の作品が翻訳され、次々と公演されたのを知ると、須磨子は演劇を通して、西洋文化を日本に発信していたといえます。

特に、1914年より公演されたトルストイ作『復活』は評判となり、5年間で440回上演され、劇中で須磨子が「カチューシャかわいや　わかれのつらさ」と歌った「カチューシャの唄」は流行歌として全国に広がっていきました。レコードは2万枚を売り上げ、余りの流行に学校によっては歌唱禁止令が出るほどでした。作曲は中山晋平で、中山の出身地の下高井郡新野村（現中野市）には記念館が開設されています。

松井須磨子と島村抱月
（『女の世界』大正5年9月号より引用）

その後、芸術座は京都、神戸、名古屋、北陸、信州、東北、北海道、そして台湾、朝鮮、満洲などで興行し、シェイクスピア作『クレオパトラ』『マクベス』、トルストイ作『アンナカレーニア』『行ける屍』などを公演、劇中歌の「さすらいの唄」は再びヒットしました。

この成功の影で、須磨子は抱月に「正式に結婚する」という誓紙を書かせていました。世間にも愛人として知られ、生家に人目を忍ぶようにして訪れた須磨子を母や兄も厳しく責めたそうで、肉親からも非難を浴びる境遇でした。

抱月は、島村家の養子で学費を出してもらった負い目や7人の子どもの養育があり、家出をしても妻と離婚しませんでした。また、当時の男性社会では愛人の存在は不利益にならず、男女の道徳律の違いがあったのです。

そのようななか、1918年11月、スペイン風邪（インフルエンザ、実際にはアメリカ発祥説が有力）に罹患した抱月が急逝し、大きな支えを失った34歳の須磨子は、翌年1月に後を追いました。須磨子の最期について、「みずからえらんだ死は、敗北の屈辱をうなずくことをせず、勝ち気を生ききった須磨子らしい生の帰結である。」と、もろさわようこは書いています。

もろさわようこ（両沢葉子 1925–）は、望月町（現佐久市）出身で、北信日日新聞記者、鐘紡丸子高等文化学院教員、『婦人展望』編集者を経て、執筆活動を展開している女性史研究家です。1969年に発表した『信濃のおんな』上下巻は毎日出版文化賞を受賞しました。古代～近代という幅広い歴史年代の長野県に関わる女性たちを力強く活写しています。

冒頭に紹介した『万葉集』の和歌を思い出してください。どのような小さなものや些細な出来事でも宝物に思った経験はありますか。かつて、地球上に確かに生きていた人間が生きた足跡を「歩いて、見て、感じる」ことでも自分自身の宝物となる知識を得たりすることができます。信州に関わる女性たちがたくましく生きた足跡は日本各地に、世界中にも多く残っています。他にもたくさんの宝物を拾い集めて、これからの生きる糧にしてください。

【参考文献】
岩田ななつ『青踏の女加藤みどり』青弓社（1993）
宇佐美承『新宿中村屋相馬黒光』集英社（1997）
宇津恭子『才藻より、より深き魂に－相馬黒光若き日の遍歴』日本YMCA同盟出版部（1983）
川村花菱『随筆・松井須磨子　芸術座盛衰記』青蛙房（1968）
相馬黒光『黙移　明治・大正文学史回想』ほるぷ総連合（1980）
鳩山春子『我が自叙傳』私家版（1929）
もろさわようこ『信濃のおんな』上巻・下巻　未来社（1969）
山田知子「足尾銅山鉱毒事件と女性運動：鉱毒地救済婦人会を中心に」『大正大學研究紀要』第97輯（2012）

《コラム》

信州の歴史と女性

遠藤由紀子

信州の女武者と御料人

古典には藤原道綱母、菅原孝標娘などのように、女性の実名が記録にないことは珍しくありません。さらに、その存在が疑問視されている女性もおり、そのひとりが『平家物語』に女武者として登場する巴御前です。平安時代末期の信濃源氏木曽義仲に仕えたとされます。登場場面は物語の終盤である「木曽の最後」で、源範頼・義経に攻められ、都落ちする義仲と共に行動する巴が描かれています。

巴御前の出陣図
（蔀関月 画、東京国立博物館所蔵）

『源平盛衰記』の巴は、倶利伽羅峠の合戦で一千騎を率いる指揮者として早くから登場し、義仲の愛妾とされています。徳音寺（木曽郡日義村宮腰）には義仲と並んで巴の墓がありますが、鎌倉幕府の歴史書である『吾妻鏡』には巴は登場しません。巴は実在したのでしょうか。長野県内をはじめ、全国各地には巴ゆかりの伝承や名所が残っており、木曽出身の古老から「生家は巴御前が洗濯をしていたと伝わる川の近くです」などと伺うと、信濃国の名将・木曽義仲を支えた女武者の存在を信じたい気持ちがします。

諏訪湖（2022年10月筆者撮影）

諏訪大社・上社

諏訪大社・下社

諏訪盆地は八ヶ岳連峰、霧ヶ峰高原、南アルプス山系に囲まれており、諏訪湖の南岸・北岸に諏訪大社（上社・下社）があり、7年に一度の御柱祭で知られています。この地は、古代から諏訪大社大祝を務めていた諏訪氏が支配していました。

守護大名であった武田信玄は、甲斐本国と信濃のほとんどを領地とし、美濃・飛騨・駿河・遠江まで勢力を広げていきました。1540年、諏訪頼重は武田氏との同盟のため、信玄の妹禰々を正室に迎えましたが、1542年、信玄に侵略されて滅びました。その後、実名が不詳である頼重の娘が信玄の側室となります（輿入れした年は不明、『甲陽軍鑑』には1545年）。諏訪御料人や諏訪御前と呼ばれており、信玄の後継となった勝頼を生みました。敵将に嫁ぐという数奇な運命を辿った諏訪御料人は、信玄より先に亡くなったそうで、墓所は高遠町の建福寺にあります。のちに現代小説では由布姫、湖衣姫などと愛称されています。

その後、勝頼は織田氏の甲州征伐により滅亡します。織田氏の高遠城侵攻で討ち死にした諏訪勝右衛門（勝頼の家臣）の妻花は、夫の仇討ちで敵陣に乗り込んだといわれており、『信長公記』に「刀を抜き切って廻り、比類無き働き、前代未聞の次第也」と記されています。『高遠記集成』『甲乱記』などにも花の勇猛な姿が描かれており、高遠城跡南の五郎山（武田信玄の五男・仁科五郎盛信が祀られている）には勝右衛門と共に花の祠が祀られています。

信州に生きた近世の女性たち

絵島囲屋敷入口（高遠町歴史博物館）復元

高遠にある蓮華寺には、江戸時代の大奥を賑わせた「絵島の墓」があります。絵島（江島とも、1681−1741）は６代将軍徳川家宣（いえのぶ）のとき、大奥に仕える1300人もの女性たちの最高の役職・大年寄の地位にいました。1714年、増上寺での将軍慰霊の法要の帰り道に芝居見物をして、絵島は門限に遅れました。これについて、歌舞伎役者生島（いくしま）新五郎との恋愛があったとして、絵島は高遠へ、新五郎は三宅島（みやけじま）へ配流となりました。

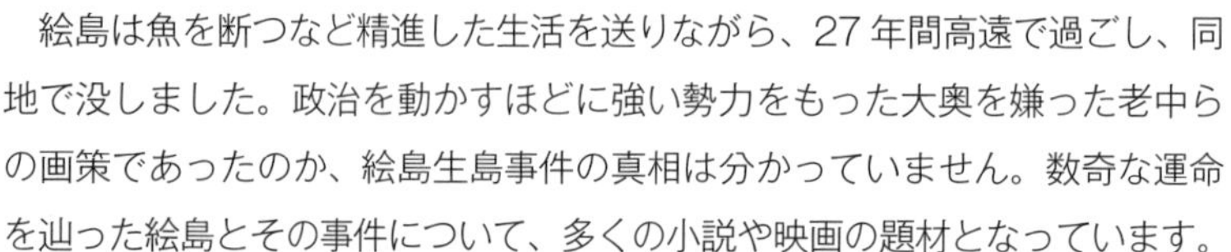

絵島の像（蓮華寺）

絵島は魚を断つなど精進した生活を送りながら、27年間高遠で過ごし、同地で没しました。政治を動かすほどに強い勢力をもった大奥を嫌った老中らの画策であったのか、絵島生島事件の真相は分かっていません。数奇な運命を辿った絵島とその事件について、多くの小説や映画の題材となっています。

ところで、信州の紬（つむぎ）は上田紬などが名高く、古くから絹織物の盛んな地でしたが、その生産には女性たちが大きな働きを成していました。また、中山道の宿場町が繁栄した影には飯盛（めしも）り女（私娼、宿場女郎）の存在があります。水上布奈山（みずかみふなやま）神社（千曲市）には全国的にも珍しい「飯盛女の献燈」があります。1839年に飯盛女52名と旅籠屋主人が奉納したもので、女性たちはどのような想いで神社に奉納をしたのでしょうか。武家による政治支配体制にあった封建社会。特に江戸時代は長い間、女性への差別がありました。歴史に名を残さずとも、信州で逆境を乗り越えようと生きた女性たちがいるのです。

絵島の墓（蓮華寺）

長野県の女子教育

時は近代、1872年８月、太政官より近代的学校制度の基本ともいうべき「学制」が発布されました。この布告には「一般ノ女子男子ト均シク教育ヲ被ラシムベキ事」とあり、これまでの女子教育に関して一大転換を示すものでした。

近世は家庭中心の教育であり、しつけ・訓育が女子の本分という『女訓（じょくん）』が強調され、他家に嫁し他家の人々に仕えるためには、自主性や個性などではなく従順の徳が処世の知恵と教えられていました。「学制」により、長らく家庭の存在とされていた女子に学びの場が提供されたのです。

その後、教育令、学校令などを経て、1890年代には女子の就学率の向上と裁縫教育の充実が指示され、尋常小学校の１、２年生以外は原則として男女別学という原則になりました。この方針は、第二次世界大戦後の1946年、国民学校初等科で男女共学が認められるまで続きます。

明治期の長野県では、女子の就学率向上について活発な議論がなされていました。『信濃教育界雑誌』を調査した清水論文によると、1890年に女子の中等教育の機会を保障するため高等女学校を設置することが提案され、1899年２月には、女子の就学が低い原因のひとつは子守奉公なので、改善策として子守教育所の設置が提案されたことが示されています。

1896年当時の各県の就学率について、長野県の男子は88.14％と全国１位でした。一方、女子は

51.75%で19位（1位は奈良県の73.49%）で、『信濃毎日新聞』には「女子教育を盛んにせよ」という記事が掲載されました。女子の就学率は全国的には下位ではなかったものの、男子と比較すると差があることは歴然です。

当時は良妻賢母主義教育で、日清戦争以降には国家主義的な良妻賢母像が求められてきます。女性は長らくよき妻であり、賢い母であることが理想とされ、教育目標とされました。長野県でも例外ではなく、男女別学的な教育を推進しながら、就学率向上を目指したのが近代の女子教育でした。

その後の長野県では、1970年代初めに家庭科共修が実施され、1987年に県立高等学校89校のすべての男女共学が達成されました。公立高校の男女共学化が進む昨今、全国的にみても早期の取り組みです。

ところで、ジェンダー（gender）とは、生物学的な性別（sex）に対し、社会的・文化的役割としての性別を意味します。男性・女性であることにより期待される役割はもちろん、性別による機会の違い、男女間の関係性などもジェンダーに含まれています。これまで、社会や文化がつくり出した性差による固定観念（ジェンダーバイアス）がありました。

現代社会では、「ジェンダー差別」という意識を高くするため、ジェンダーギャップ指数（日本は116位／146か国、2022年、男女共同参画局）、ジェンダー不平等指数（日本は22位／191か国、2022年、UNDP・国連開発計画）、ジェンダー開発指数（日本55位／167か国、2020年、UNDP）などを国別に発表して、ジェンダー差別をなくすことを全世界の課題として考えるようになっています。

日本を考えると、ジェンダーギャップ指数（GGI、男女格差を数値化したもので、スイス非営利財団世界経済フォーラムが2006年から毎年発表している指標。「経済」「政治」「教育」「健康」の4つの分野のデータから作成されており、0が完全不平等、1が完全平等を示す）の順位が世界でも低いのが現状です。それぞれどのような指数なのか、ぜひ調べてみて下さい。

さらに、無意識の思い込みや偏見（アンコンシャスバイアス）の存在にも関心が向けられるようになっています。例えば、家庭や職場での役割意識（家事・育児は女性がするべきだ、男性は仕事をして家計を支えるべきだ、職場では女性は男性のサポートにまわるべきだ、組織のリーダには男性が向いているなど）をはじめ、女性は女性らしい感性があるはずだ、男性は人前では泣くものではない、などの性別に基づく思い込みなどが当てはまります。無意識の思い込みや偏見をしていないか、自分の行動を考えてみてください。

2030年までに持続可能でよりよい世界を目指す国際目標（SDGs）に「質の高い教育をみんなに」「ジェンダー平等を実現しよう」が掲げられています。しかし、世界に目を向けると、アフガニスタンのタリバーンは女子教育を制限しているように、まだまだ解決しがたい問題が山積しています。

女性が生きてきた歴史の視点から歴史を考えることで、現代社会が抱える課題の解決の糸口を見つけてみて下さい。グローバル化により世界の一体化が進んでいます。「誰一人取り残さない」、多様性を認める社会の実現を目指していきましょう。

【参考文献】

清水登「明治中期の長野県の女子教育の実態と背景：『信濃教育界雑誌』・『信濃毎日新聞』を中心に」『長野県短期大学紀要』67号（2013）
千住克己「明治初期女子教育の諸問題」『明治の女子教育』日本女子大学女子教育研究所編　国土社（1967）
内閣府男女共同参画局資料（2021年9月）
武藤八恵子「公立高等学校における共学校化と家庭科共修の関連－長野県の場合－」『福島大学教育学部論集』58号（1995）
もろさわようこ『信濃のおんな』上巻・下巻　未来社（1969）

《コラム》

信州の製糸産業と女性

遠藤由紀子

産業革命と製糸業

明治初期の日本ででは、西欧の先進技術の導入の一貫として、1872年に官営模範工場が設立され、富岡製糸場（群馬県富岡市）が操業しました。高崎からの石炭の調達と富岡や周辺地域が古くからの養蚕地域で原料の繭の確保が安易であったことから選ばれました。

現在の富岡製糸場（2017年9月撮影）

富岡製糸場の伝習工女であった和田英（えい）（生没年1857～1929年）は埴科（はにしな）郡松代（現松代町松代）の出身でした。英は創設当初の工場の実態を『富岡日記』に具体的に語っており、製糸業における資本制生産開幕期を知る貴重な記録を残しました。英の日記を読むと、当時の様子が目に浮かぶようです。

東繭置所（国宝）の2階（2017年9月撮影）
創業した1875年に建てられた建物。1階は作業場、2階は繭置き場であった。木骨煉瓦造（骨組みは木造、壁は煉瓦積みという工法で瓦屋根を支える小屋組みには「トラス構造」が用いられたが、中央まで棟木が達する通し柱が建ち、変形トラスになっている。

英は、松代藩士横田数馬の次女として生まれます。維新後の父は松代の区長を務めていました。1873年、長野県庁から一区につき16人、13歳より25歳位までの女子を富岡製糸場に出すべしとの達しがありました。当時は「血をとられるのあぶらをしぼられるのと大評判」といわれ、希望者が乏しかったので、区長の娘であった英が率先して赴くことになります。この流言は指導にあたるフランス人技師が葡萄酒を愛飲していたからで、根底には外国人忌避の思想がありました。初代工場長となった尾高惇忠（渋沢栄一の従兄）もまた娘の勇を最初の伝習工女としています。

同年2月、英は同郷の16人と富岡製糸場に入場、初めてみる煉瓦（れんが）作りの建物に感激します。全国各地からの伝習工女が集まっており、士族など地方の名望家（めいぼうか）の子女、なかには公家（華族）の姫までいたので、地域の人は伝習工女のことを「糸姫」と呼んだといいます。各県からは10～20人、少ない県は5･6人の入場がありましたが、長野県出身の入場者は200人と多く在籍しました。英は、小諸･飯山･岩村田･須坂の出身者は上品であったが､山中又在方の出身者は言葉遣いや行儀が悪く「信州の人があんな事をした」などと批判されるので、「信州出身」とは言わず、「長野県松代出身」といったと記しています。他に、上州（高崎･安中)、武州（川越・行田)、静岡からの工女は旧藩士・旗本の娘が多く、上品であったとも感想を述べています。

そのなかで、山口からの工女が入場した時は、皆士族の娘たちでかなり上等の衣服を着ていることに驚きました。しかし、繭から糸にする手順のうち、選繭や煮繭を経験せずすぐに繰糸を習ったり、運動のために広庭に出て信州の踊りをしていたところ、山口県の工女50人ほどがお国踊りをはじめたのでやる気を失ってしまったなど、出身による「えこひいき」の葛藤や落胆の記録もありました。各地から入場してきた工女たちのプライドを感じます。

それでもくじけなかった英は、熱心に技術を学び「一等工女」の資格を得ました。翌年帰郷すると、埴科郡西條（にしじょう）村（現松代町西条）に建設された日本初の民間蒸気器械の西条村製糸場（のちに六工社と改名）で指導的立場となりました。1878年、英は和田盛治（姑のりうは佐久間象山の姪）と結婚、1905年に『富岡日記』に加え『富岡後記』をまとめました。富岡製糸場は、2014年に「富岡製糸場と絹産業遺産群」としてユネスコの世界遺産に登録されました。

女工哀史と野麦峠

1880年代後半から企業勃興となり、日清戦争前後に製糸業・紡績業を中心として産業革命が進んでいきました。明治初期の富岡製糸場の伝習工女に過酷な労働はなく、経営も1890年前後では黒字経営でした。この頃には伝習期間が終わり、技術を学んだ伝習工女を指導者とする工場が日本各地に設立され、富国強兵の有力な輸出品として生糸の生産が盛んになりました。

その後の1925年、『女工哀史』（細井和喜蔵著）が発表されました。紡績業を支えた女子労働者（女工）の過酷な生活を自らの体験と調査に基づいた克明な記録です。女工の生活は寄宿舎と工場の往復のみ、1日13時間の以上の労働をさせられ、実家との手紙も管理され、病気でも働かせ続けられた少女たちを知ると、産業革命期のひずんだ社会を考えさせられます。

ところで、松本より飛騨高山へ延びる野麦街道が乗鞍岳南東部の鞍部を越え、岐阜県高根村野麦に至るところに野麦峠があります。岐阜県飛騨地方から峠を越えて、長野県諏訪や岡谷の製糸工場に農家の娘たちが働きに出ました。1909年、諏訪製糸工場で病み、自宅へ帰る途中の雪山の峠で、兄に背負われながら絶命したみねは、「ああ飛騨がみえる」といって息をひきとりました。野麦峠には、みねを弔う白木の卒塔婆が立てられ、人々の涙を誘いました。

野麦峠。兄に背負われるみねの石像

生糸の生産に従事した女工から聞き取りをした『あ>野麦峠』（山本茂実著）は1968年に発表されました。工女は、朝4時半に起床し、食事時間も短く粗末なもので、工場内の気温は40度、結核がまん延する劣悪な労働環境であったこと、世界の景気と連動して糸値に翻弄される繊維産業の厳しい実情が描かれています。1979年に映画化し、翌年にはテレビドラマとなり、人々の関心を集めました。野麦峠には資料館がありましたが、2022年3月に老朽化により閉館してしまいました。資料は隣接の「お助け小屋」に展示されるようなので、雪の峠を越えた工女が身体を休めた場所に立ち、当時に思いを寄せてみて下さい。

「生糸が軍艦に変わる」とまでいわれた製糸業・紡績業の成果は、近代日本の富国強兵、軍国主義に大きく貢献しました。その影には若くして命を落とす工女たちの存在がありました。日本では本格的な労働保護立法として、1911年に工場法が制定、1916年に施行されましたが、労働制限は12時間でした。イギリスでは、すでに1847年に法律で未成年者と女性の労働は10時間に制限され、1866年のアメ

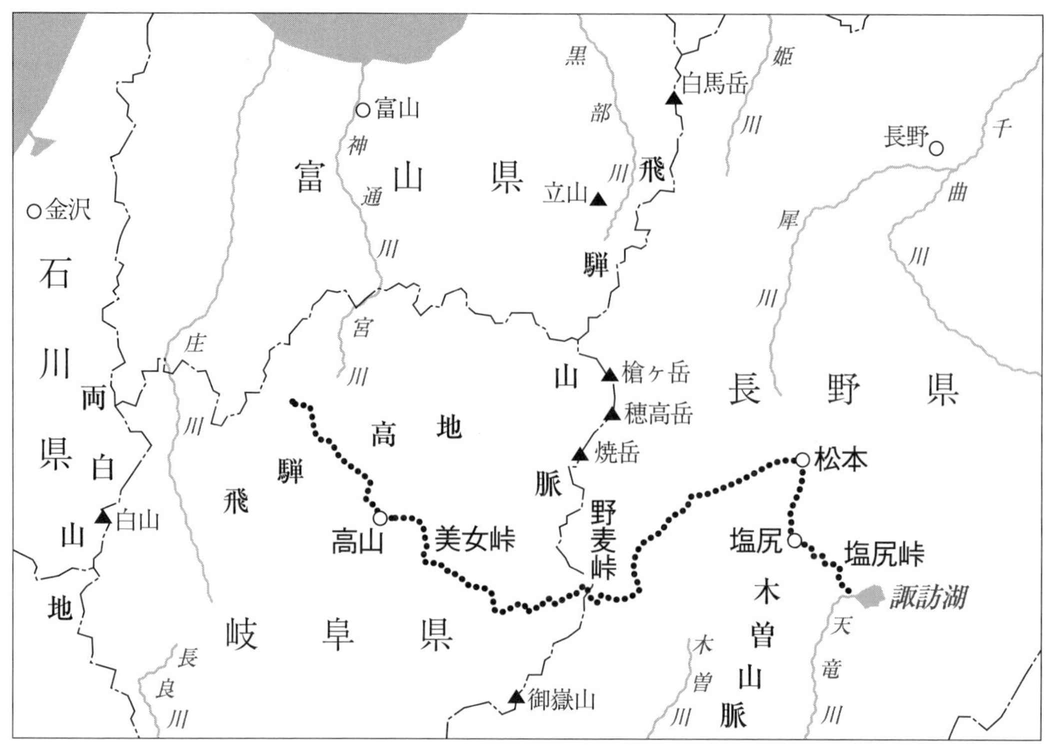

松本より飛騨高山へ延びる野麦街道最大の難所「野麦峠」

リカでは8時間労働の決議が行われていました。

欧米諸国に追いつき追い越せを目標とした日本でしたが、労働者の待遇については「お国のため」という口実のもと、ひたすら利潤追求だけが考えられていたのです。産業革命により大きな経済発展を遂げた日本は、西欧の主な国々がそうであったように帝国主義の道を進んでいきます。工女たちの足跡は苦しい時代を生きた人間の記録です。現在の日本社会になるまでの彼女たちの犠牲を忘れてはいけません。

2022年2月から開始したロシアによるウクライナ侵攻は、今日において戦争の非情さを世界に問いかけています。現代社会をみても、世界各国は戦闘力、抑止力として武器の製造を止めることはありません。戦争はなぜいけないのか、尊い命が無下に失われていく戦争の実態、記憶をつないでいくと、その答えは見つかると思います。このような世界に生きている私たちですが、人類には歴史から学ぶという知性があります。これらの歴史を知った自分は果たしてどう生きるべきなのか、「歴史的思考力」を身につけて、未来を考えるきっかけになったのではないでしょうか。

【参考文献】

長野県高等学校歴史研究会編『長野県の歴史散歩』山川出版社（1994）

和田英『富岡日記－富岡入場略記・六工社創立記』東京法令出版（1965）

もろさわようこ『信濃のおんな』下巻　未来社（1969）

現代

武揚隊隊員と疎開学童

拓友之碑（満蒙開拓青少年義勇軍第七次斉藤中隊）
＝松本市護国神社境内

アジア太平洋戦争と信州における〈本土決戦〉準備
――大本営と軍機関の移転にともなう工事と強制労働

山田 朗

アジア太平洋戦争の末期、〈本土決戦〉準備が進められ、その一環として信州には大本営・軍機関・軍需工場などの移転が図られました。そのため、信州ではあらゆる地域で地下軍事施設・地下工場・道路・飛行場・電力インフラ・通信施設などの建設が、軍部隊・国民義勇隊員・勤労奉仕だけでなく、主に強制連行された朝鮮人・中国人などによる強制労働によって進められたのです。

また、本土決戦準備にともない関東と九州では新設部隊の編成と配置が進みました。敗戦時までには信州には大規模な兵団の編成・配置は行われなかったのですが、全国にさきがけて地区特設警備隊・遊撃戦部隊の編成・配置・訓練などが始まっていました。沖縄戦が最終段階を迎え、松代の大本営陸軍部と天皇御座所の完成も近づくと、海軍も大本営海軍部の中枢機能を移転すべく、長野市の安茂里地区にトンネルの掘削を始めました。

本稿では、これら本土決戦に関連する様々な動きを概括的に述べることにします。

〈本土決戦〉準備と陸軍による「松代大本営」移転計画

アジア太平洋戦争において1944年7月7日にサイパン島が陥落するまでは、日本軍には〈本土決戦〉という選択肢は存在しませんでした。しかし、7月24日、大本営は、米軍が次に進攻する地域において国運を決する〈決戦〉を行うこととし、①フィリピン、②台湾・沖縄、③本土、④北海道・千島の4つの戦域を指定して〈決戦〉準備を進めるように命じました。ここで〈本土決戦〉という想定が初めて登場したのです。だが、米軍はこのあと10月にフィリピンに来攻し、そこでの〈決戦〉である「捷一号作戦」が発動され、多くの軍事資源がこの方面に投入されたため、〈本土決戦〉準備は進捗しませんでした。

しかし、進捗しない〈本土決戦〉準備の中で、結果的に唯一例外的に進展したのが、松代地区への大本営移転準備です。元来、大本営移転計画は、〈本土決戦〉が想定される以前から陸軍省が中心になって立案してきたもので、1944年5月には、移転予定地として松代を内定していました。ところが、マリアナ陥落後、大本営の移転は〈本土決戦〉準備と連動することになり、政府・大本営全体の移転計画へと拡大し、8月に移転計画書が作成され、杉山元陸相より藤江恵輔東部軍司令官に工事施行命令が下されました。工事は、秘密保持のため「松代倉庫工事」（マ工事）と呼称されました。9月より用地買収・資材集積が始まり10月4日の陸相の着工命令により11月11日、トンネル掘削のための最初の発破が行われました。

松代での工事開始直前に始まったフィリピンでの〈決戦〉は、「レイテ決戦」と呼称されましたが、12月には大本営は〈決戦〉を断念せざるを得なくなりました。「レイテ決戦」断念によって陸軍は、一挙に〈本土決戦〉へと傾斜します。それは、「レイテ決戦」のために沖縄の第 32 軍から 1 個師団を引き抜きながら、その後、〈本土決戦〉の兵力不足を理由に沖縄への兵力補填をしなかったことからも明らかです。

ところで、そもそも日本軍の戦時最高司令部たる大本営とは、その意思決定は皇居「東一ノ間」で開催される天皇臨席のもとで陸海軍の両大臣、両総長・両次長・両作戦部長・両作戦課長が参集する大本営会議によってなされるのですが、大本営会議を支える事務局組織は、大本営陸軍部は参謀本部、海軍部は軍令部のほとんど部・課によって構成されていました。したがって、大本営を移転するということは、必然的に天皇と陸軍省・参謀本部・海軍省・軍令部の全てが移転することになるのですが、松代の工事には、海軍関係の機関が含まれていませんでした。つまり、「松代大本営」とはいうものの、松代だけでは、本来の大本営は組織できなかったことになるのです。

海軍は、陸軍が松代への移転計画を進めている同じ時期に、横浜日吉の慶應義塾大学キャンパスに大規模な地下壕を 1944 年 7 月から作り始め、9 月には連合艦隊司令部を移転させ、その後も日吉地下壕を拡張して、海軍省・軍令部の一部機能を移転させていました。水上艦艇の使い所のない〈本土決戦〉と、その総司令部たる大本営の松代への移転には、この段階では海軍が乗り気でなかったことは明らかです。

しかし、「レイテ決戦」においてみずから航空特攻作戦を始めた海軍は、沖縄戦で「大和」以下の水上艦艇を失い、航空と水上・水中からの特攻兵器による攻撃のみによって〈本土決戦〉に臨まなければならなくなった段階で、日吉における実戦部隊指揮の機能を維持したまま、長野に陸軍とともに大本営を構成するに足る海軍省と軍令部の中枢機能を移転することを考えざるを得なくなったのです。

軍機関と軍需工場の信州移転にともなう強制連行・強制労働

大本営は、1945 年 4 月 8 日、本土と本土周辺の軍司令官に対して「決号作戦準備要綱」を示しました。これにより、〈本土決戦〉は正式に「決号作戦」と名づけられたのです。この「準備要綱」によれば、10 月以降に米軍主力が九州地方（南部）か関東地方に上陸することを想定して、それまでに作戦準備を整えることが命じられました。また、「準備要綱」の発令にともない、特攻兵器の生産と作戦予定地域における特攻部隊の出撃基地の建設が開始されました。

〈本土決戦〉準備と激化した本土空襲への対処のために、軍機関・軍需工場の内陸部移転（分散疎開）がさかんに行われたのも 4 月以降の特徴です。特に信州は、松代への大本営移転が構想されていたために、それに付随して多くの軍機関が疎開しました。陸軍士官学校が北佐久郡本牧村へ、陸軍造兵廠が岡谷市へ、陸軍兵器行政本部の分室が諏訪郡原村へ、多摩陸軍技術研究所の一部が諏訪市清水へ、陸軍登戸研究所（第九陸軍技術研究所）が上伊那郡や北安曇郡などへ移転するとともに、長野・上田・松本・伊那に陸軍飛行場が設置されました。また、軍機関や軍需工場への電力供給のために御岳や平岡などにダムと発電所が建設されました。また、〈本土決戦〉に際しては、すべての機関・部隊を戦闘員化することが想定されており、登戸研究所も疎開先の伊那地方に石井式濾水機用の大量の濾過筒を搬入しています。これは、〈本土決戦〉時に細菌戦もありうることを想定したものであると考えられています。

軍機関・軍需工場は、学校や寺社などを接収して移転されましたが、これだけでは空襲に対して脆弱なので、松代における大本営工事のように、山麓に横穴を掘削して建設されたものもありました。1945年の春以降、長野県は全県大土木工事の様相を呈しました。これらの土木工事には、朝鮮半島と中国から多数の労働者が動員され、過酷な条件のもとでの強制労働が強いられました。大規模な強制連行・強制労働の典型的事例が、松代大本営工事でした。

〈本土決戦〉準備のために、政府は決戦部隊の編成とともに国民全体を軍隊の補助要員とするための措置を取りました。3月23日、政府は、国民義勇隊の結成を閣議決定しました。国民義勇隊は、国民学校初等科修了以上の65歳以下の男性、45歳以下の女性のうち、病弱者と兵役者をのぞく全員を職場・地域・学校ごとに組織したものです。国民義勇隊は、日頃は防空、空襲被害の復旧、疎開業務、重要物資の輸送、食糧増産、警防活動の補助などに従事するとともに、陣地構築、兵器・弾薬・糧秣の輸送など陸海軍の作戦準備に協力するものとされ、各地の土木工事にも動員されました。信州における大規模な土木工事は、朝鮮・中国から強制連行された労働力を骨格とし、軍の工兵関係諸部隊、国民義勇隊と学徒の勤労動員によってなされました。

また、信州においては、本格的な戦闘部隊の配置は8月までにはほとんど実施されませんでしたが、地域によっては、信州の人々を治安維持や遊撃戦に動員するために、地区特設警備隊が組織されたり、国民義勇隊員を集めた演習・訓練などが実施されたりしました。また、本来、〈本土決戦〉の後詰めの兵力として召集された多数の兵員が、農耕隊として食糧生産に動員されていました。

海軍による「長野大本営」設置計画

陸軍による松代大本営の建設と並行して、海軍が横浜日吉に連合艦隊（1945年4月からは海軍総隊）司令部と海軍省・軍令部の一部機能を移転していたことは前述しましたが、沖縄戦が最終段階を迎えた頃に、海軍も陸軍と釣り合いが取れた組織を信州に設置することを考えざるを得なくなっていました。6月には、長野の安茂里（あもり）地区に、横須賀で〈本土決戦〉用の飛行機格納施設を建設していた第300設営隊の一部を派遣するとともに、おそらくは日吉との連絡を確実なものにするために、東京海軍通信隊第5分遣隊（薗田部隊）を同地区に設置しました。第300設営隊隊長の戦後における回想によれば、大本営海軍部を移転させるための1000人が収容できる軍令部壕の建設を密かに命じられた、としています。安茂里地区において6月末には海軍壕の掘削は始まったものの、すぐに終戦を迎えたために、地質調査のための試掘なのか、日吉との通信連絡のための薗田（そのだ）部隊を収容するためのものなのか、軍令部を収容するための本格的な壕なのかはよくわかっていませんが、安茂里地区のこの時期の歴史を調べている地元の「昭和の安茂里を語り継ぐ会」の調査によれば、当時の村長の日記などの分析から、工事が進ん

安茂里地区に残された海軍薗田部隊宿舎の看板

横須賀鎮守府の名が記された食器類

左：安茂里の海軍壕の入口

右上：海軍壕の内部

右下：海軍壕最奥の崩落部

でいれば大本営海軍部壕が建設されたであろうことが推定されています。

信州と〈本土決戦〉といえば、少し前までは「松代大本営」のみがクローズアップされていましたが、最近では、軍機関・軍需工場の移転や新設、それにともなう強制連行・強制労働と全県レベルの土木工事、〈本土決戦〉に際しての治安維持と秘密戦の遂行のための部隊の編成や演習・訓練、安茂里の海軍壕のことなど、それぞれの地域において調査・研究が進み、〈本土決戦〉が信州においては決して幻ではなく、具体的な準備が進められていたことが明らかになってきています。

【参考文献】

若月秀雄「松代大本営軍令部用地下壕についての回想」、『長野県史をふりかえる』発起人会編刊『長野県史をふりかえる』(1992)

歴史教育者協議会編『幻ではなかった本土決戦』高文研 (1995)

日吉台地下壕保存の会編・山田朗監修『一度は訪ねてみたい戦争遺跡　本土決戦の虚像と実像』高文研 (2011)

日吉台地下壕保存の会編・白井厚監修『学び・調べ・考えようフィールドワーク日吉・帝国海軍大地下壕〔第2版〕』平和文化 (2011)

山田朗・明治大学平和教育登戸研究所資料館編『陸軍登戸研究所〈秘密戦〉の世界』明治大学出版会 (2012)

昭和の安茂里を語り継ぐ会編刊『知られざる戦禍の安茂里』(2021年4月)

昭和の安茂里を語り継ぐ会編刊『「松代大本営」は「長野大本営」』(2021年6月)

歩き、学び、考える、長野県の朝鮮人強制労働

竹内康人

1　長野県の朝鮮人動員数

1937年、日本が中国への全面侵略戦争をはじめると、総力戦体制がとられ、労務動員計画が立てられました。朝鮮半島からは1939年から45年にかけて募集、官斡旋、徴用などの形で労務動員がなされました。動員は、日本政府が企業の動員希望数を承認し、朝鮮総督府が関与して動員対象の郡を指定し、指定先で朝鮮人を駆り集めるという形をとりました。それは政府による労務統制の下での強制的な動員であり、動員現場では労働が強制されました。これを朝鮮人強制動員、朝鮮人強制労働といいます。

内務省の警察史料「労務動員関係朝鮮人移住状況調」(1939年12月末現在)、「昭和19年度新規移入朝鮮人労務者事業場別数調」には県ごとの朝鮮人の動員状況が記され、日本への労務動員数は約80万人です。長野県へは1939年度に1400人、40年度に1231人、41年度に1511人、42年度に2013人、43年度に3498人の計9653人が労務動員され、44年度の動員予定数は4560人（金属山294人、土木建築3825人、工場ほか441人）です。少なくとも約1万4000人が動員されたことになります。

これとは別に、軍人や軍属の形で動員された朝鮮人もいました。第5農耕勤務隊は約2500人の部隊ですが、1945年に長野県内に動員されました（一部は滋賀県へ、陸軍「留守名簿」に記載)。海軍設営隊に動員された人々もいました。戦争末期には松代大本営、三菱重工業名古屋航空機の地下工場なども建設され、この現場だけで1万人の朝鮮人が動員されました。

このような朝鮮人の動員状況をみると、その数は予定よりも多くなり、2万人を超えたとみられます。

2　長野県での朝鮮人強制労働の現場

中央協和会「移入朝鮮人労務者状況調」は全国各地の事業場への1942年6月までの動員数をまとめた史料です。協和会とは動員された朝鮮人を監視するために警察管区に置かれた組織です。長野県についても記載されています。戦後の1946年、厚生省勤労局は「朝鮮人労務者に関する調査」を行いましたが、長野県の朝鮮人動員名簿と動員統計もあります。

これらの史料や調査から、朝鮮人の主な動員先は、次のようになります。

鉱山では、日本鋼管諏訪鉱山、中外鉱業米子鉱山、綿内鉱山、丸越炭鉱、長野鉱山、日本焼結工場採掘。

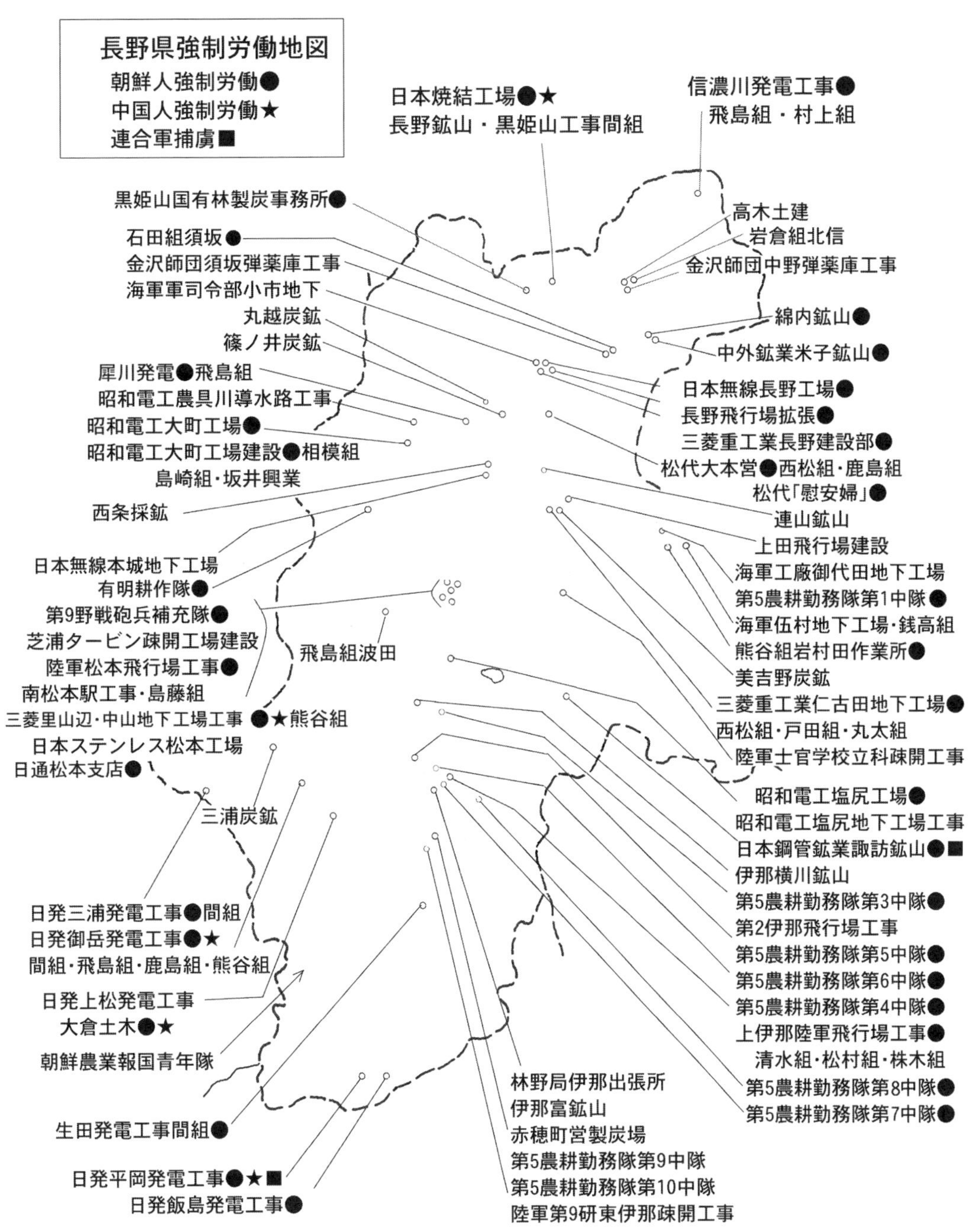

「戦時朝鮮人強制労働調査資料集」より

発電工事では、日本発送電（日発）三浦発電工事（間組）、日発御岳発電工事（熊谷組・鹿島組・間組・飛島組）、日発上松発電工事（大倉土木）、日発平岡発電工事（熊谷組）、日発飯島発電工事（熊谷組）、東電信濃川発電工事（飛島組）、犀川発電工事（飛島組）。

土木工事では、松代大本営（西松組・鹿島組）、三菱重工業名古屋航空機里山辺・中山地下工場（熊谷組）、三菱重工業名古屋航空機仁古田地下工場（西松組・戸田組・丸太組）、陸軍松本飛行場工事（熊谷組）、陸軍長野飛行場拡張工事（陸軍航空隊経理部第3特設作業隊）、陸軍上伊那飛行場工事（株木組・清水組・松村組）、海軍岩村田飛行場工事（熊谷組）、昭和電工大町工場工事（相模組）。

工場では、昭和電工大町工場、同塩尻工場、日本無線長野工場、日本ステンレス松本工場。

運輸では、日通松本支店。

農林では、黒姫山製炭、農業報国青年隊、第5農耕勤務隊などです。

3　長野県での朝鮮人強制労働の調査

長野県では、1950年代から中国人強制連行の調査が行われ、1970年代に入ると、朝鮮人強制労働調査の交流がすすめられてきました。その活動は長野県歴史教育者協議会『戦争を掘る』（1994年）にまとめられています。そこには松代大本営、松本や上田の三菱航空機地下工場、平岡ダム、日本焼結工場、西箕輪の農耕隊などの調査報告と教育実践が記されています。教員が子どもたちと現場を歩き、学び、考えた記録です。

『僕らの街にも戦争があった』（県歴史教育者協議会編、1988年）には、朝鮮人強制労働の場が数多く示されています。『松代大本営 歴史の証言 改訂版』（青木孝寿、2008年）には松代関係資料が掲載されています。『新 手さぐり 松代大本営』（原山茂夫、1995年）には慶尚南道昌寧郡などの現地調査の記録があります。松本地下工場や平岡ダムに関する市民団体の調査もあります。行政の調査には、『松本市における戦時下軍需工場の外国人労働実態調査報告書』（松本市、1992年）があります。

厚生省勤労局調査名簿の記述から、長野県での朝鮮人の連行先が数多く明らかになりましたが、『朝鮮人強制連行調査の記録 中部・東海編』（朝鮮人強制連行真相調査団、1997年）には、その連行先一覧とともに松代大本営、三菱地下工場、平岡発電、御岳発電などの調査報告が記されています。

1990年代、韓国では強制動員被害者の尊厳回復を求める運動が進み、2004年には韓国政府内に日帝強占期強制動員被害真相糾明委員会が設立されました。委員会は強制動員の調査を進め、被害者を認定しました。長野県強制労働調査ネットワークは韓国の委員会を訪問して強制動員被害者への聞き取りを行い、それを『韓国聞き取り調査報告』（2013年）の形でまとめました。主な証言者と動員場所は以下です。

姜信浩（カンシンホ）　1941.4 京畿道富川から木曽・御岳発電工事（間組）
張熈錬（チャンヒリョン）　1943.4 木曽・御岳発電工事（間組）
崔壹相（チェイルソン）　1943.6 全羅南道康津から平岡発電工事
金永吉（キムヨンギル）　1943.7 全羅北道金堤から昭和電工大町工場
李康奎（イカンギュ）　1944.12 江原道から陸軍松本飛行場工事

邊（ピョン） 遠同（ウォンドン）　1944 全南海南から松本飛行場工事
李（イ） 員云（ワンウン）　1943.3 全南海南から長野県の飛行場工事
金（キム） 有煥（ユファン）　1945.1 全南羅州から軍属、長野で１ヵ月訓練、甲府・群馬に移動
金（キム） 仁泰（インテ）　1945 忠清南道唐津から徴兵、平壌から長野・第５農耕勤務隊
朴（パク） 相天（ソンチョン）　1945 頃 忠南唐津から徴兵、平壌から長野・第５農耕勤務隊第５中隊
文（ムン） 和永（ファヨン）　1944.12 忠南唐津から徴兵、平壌から長野・第５農耕勤務隊第３中隊

この聞き取りの調査は韓国の研究者とともに韓国現地を歩き、学ぶ旅であり、日本と韓国との友好について考える旅でした。さらに 2015 年、長野県強制労働調査ネットワークはシンポジウムを開催し「戦時下における長野県の外国人強制労働の実態 資料集」を発行しました。2017 年には強制動員真相究明ネットワークとの主催で、松本市で強制動員真相究明全国研究集会をもちました。そこでは長野県に動員された第５農耕勤務隊調査の報告も行われました（「全国研究集会資料集」に収録）。

4　戦時下、木曽御谷の発電工事に 6000 人の朝鮮人を動員

木曽川水系の御岳発電工事は鹿島組、間組、熊谷組、飛島組、上松発電工事は大倉土木が請け負いました。工事には労務動員による募集の朝鮮人が 2500 人、官斡旋の動員による朝鮮人が 3500 人の計約 6000 人が動員されました（数字は厚生省調査）。さらに中国人約 2000 人も連行されました。抵抗した中国人が検挙され、10 人が治安維持法や国家保安法違反で送検された木曽谷事件も起きました。

動員された朝鮮人の証言をみてみましょう。

姜（カン） 信浩（シンホ）さんは 1941 年４月、京畿道の富川から御岳の間組の現場に連行されました。募集とは言っても割り当てによる無理やりの動員であり、間組の最初の動員でした。トンネルを掘る仕事を交替で行ったといいます。

韓（ハン） 在益（ジェイク）さんは 1941 年に全羅南道の宝城から御岳の現場に連行されました。たこ部屋では、仕事がうまくできないと殴られ、逃げたものが捕まると皆を呼び出し、ベルトで何度も殴りつけていた。皆、だまされて連れてこられた。私も逃げたと語っています。

金（キム） 永培（ヨンベ）さんは 1942 年に慶尚北道の奉化から御岳の熊谷組の現場に連行されました。仕事は危険極まりなく、そそり立つ崖っぷちを覗き込みながらの作業でした。病人が現場に追い立てられ、棍棒で殴られ死に追いやられたことも。監督によるリンチはすさまじく、ツルハシの柄で体全体を殴られて捨て置かれ、10 日ほど生死の境をさまよったこともありました。

張（チャン） 凞錬（ヒリョン）さんは 1943 年に御岳の現場（間組）に、兄の代わりに動員されました。トンネル掘りを強いられ、トロッコに岩を載せて運び、指をけがしたこともあります。

李（イ） 青煥（チョンファン）さんは 1943 年に慶尚北道の達城から岐阜の丸山発電工事の間組の現場に連行され、1944 年５月頃御岳の現場に連行されました。いつ落盤に遭うかわからない危険と隣り合わせの作業、食事も粗末で、風呂も３～４日に一度だったといいます。

楊（ヤン） 秉斗（ピョンド）さんは 1943 年に全羅南道の高興から熊谷組の柳又の現場に連行されました。逃亡しよ

うとして捕まり、ツルハシの柄で左腕を殴打されました。骨折のため、腕は湾曲し、上にあげられない状態になりました。再度逃亡し、名古屋や岐阜の三菱関連の現場で働きました。
（証言の出典は、姜信浩・張熈錬『韓国聞き取り調査報告』、韓在益・金永培・李青煥『朝鮮人強制連行調査の記録 関東編1』、楊秉斗『朝鮮人強制連行調査の記録 中部東海編』）。

御岳発電所の殉職慰霊碑（1949年建立）には日本人・朝鮮人・中国人の氏名があります。朝鮮人では崔相文、金在文の名があります。他に禹宮泰錫、白川快龍など、10人ほどが朝鮮人とみられますが、本名は不明です（『写真集 証言する風景』）。どこから連れてこられたのか、どこでどのようにして亡くなったのか、わからないことが多いのです。真相の究明、過去の清算は不十分なままです。

5　強制労働の現場を歩き、学び、考える旅へ

2020年に再発見された長野県警察部の『帰鮮関係編纂』（1946年）には、長野県の松代大本営工事（西松組・鹿島組）に動員されていた約2600人の朝鮮人名簿が含まれていました。この史料は警察が帰国希望者を調査した際のものであり、住所も記されています。この史料を手掛かりに、信濃毎日新聞の記者は慶尚南道の固城、咸陽、昌寧、慶尚北道の清道などを歩きました。その記事は『記憶を拓く 信州 半島 世界』（2021年）にまとめられています。

20世紀の世界戦争では総力戦体制がとられ、植民地からの強制動員がなされました。日本の戦争でも植民地朝鮮から長野県への動員がありました。現地を歩き、その歴史を学ぶことは、長野から世界史を考えることであり、日韓の友好をすすめることにもなります。長野県の強制労働の現場と韓国の動員被害者の証言をつなぎ、世界史をみつめ、描くという旅は続いています。

強制連行されたのは朝鮮人だけではありません。中国人は日発御岳発電工事、日発上松発電工事、日発平岡発電工事、日本焼結工場の採掘現場、松本の三菱航空機地下工場工事に連行されました。また、連合軍捕虜は日発平岡発電工事、日本鋼管鉱業諏訪鉱山などに連行されています。

長野県では強制連行・強制労働の調査がすすめられてきました。ところが、2021年に日本政府（菅義偉内閣）は朝鮮人の強制連行や強制労働という用語は「適切ではない」と閣議決定し、2022年から使用される教科書の記述を変更させました。行政がその歴史の事実を否定する動きを示すようになったのです。強制動員被害者（いわゆる徴用工）の謝罪と賠償の要求にも応じようとしません。植民地主義は続き、過去は克服されていないのです。

その過去の清算に向けて、真相の究明、戦争被害者の尊厳の回復のための活動はいまも必要です。強制労働の歴史の現場を歩き、学び、考える旅をしてみませんか。

【主な参考文献】
朝鮮人強制連行真相調査団『朝鮮人強制連行調査の記録 中部東海編』柏書房（1997）
長野県強制労働調査ネットワーク『韓国聞き取り調査報告』（2013）
強制動員真相究明ネットワーク『第10回強制動員真相究明全国研究集会資料集』（2017）
信濃毎日新聞編集局『記憶を拓く 信州 半島 世界』信濃毎日新聞社（2021）
「証言する風景」刊行会『写真集　証言する風景』風媒社（1991）

《コラム》

平岡ダム工事と朝鮮人・中国人・連合国軍捕虜の強制労働・BC級戦犯処刑

原 英章

平岡ダム建設工事

現在の平岡ダム

平岡ダムは、長野県最南端の天龍村平岡に、水量豊かな天竜川をせき止めて造られた発電用のダムです。平岡は、山と山に挟まれたV字状の地形の底を天竜川が流れており、ダムを建設するに適した地形でした。

平岡ダムの建設は、国策会社である日本発送電株式会社から熊谷組が工事を請け負う形で、1940（昭和15）年6月に始まりました。1941年末、日本のアジア・太平洋戦争への突入に伴い、平岡ダム建設は戦争遂行のための軍需産業への電力供給という目的を達成するための国家的要請にこたえる使命を受けて進められました。

戦時下の労働力不足の状況で、平岡ダム工事は、国の方針もあって、労働力を補うために、当時植民地であった朝鮮半島から戦時労務動員した朝鮮人をはじめ、連合国軍の捕虜、中国人などの外国人を使役して建設工事が進められました。長野県内には、外国人を使役して工事が進められたダム建設などが他にも多くありますが、日本人の他に、朝鮮人、連合国軍捕虜、中国人の3様の外国人を使役したのは平岡ダム以外にはなく、そういう意味では長野県唯一の工事現場でした。

朝鮮人労働者の様子

本格的な平岡ダム工事前の道づくりなどは、日本人労働者とともに、三信鉄道工事や泰阜ダム工事に従事していた朝鮮人労働者によって行われました。このような朝鮮人労働者は朝鮮から日本へ渡ってきた人々で家族を呼び寄せている場合もあり、「自主渡航組」と呼ばれていました。1940年に本格的な工事が着手され、さらに労働者が必要になると、熊谷組は、当時日本の植民地であった朝鮮半島から戦時労務動員である「官斡旋」による朝鮮人多数を受け入れました。彼らは、朝鮮総督府の「斡旋」によって、単身で日本へ連れられてきた労働者たちでした。「厚生省名簿」によれば、昭和16年·399名、昭和17年·1214名、昭和18年・308名、合計1921名で、自主渡航組を加えれば約2000名以上の朝鮮人労働者が働いていたことになります。

戦時労務動員によって平岡へ送り込まれて来た朝鮮人たちは飯場ごとに50人くらいずつに分かれて、劣悪で自由を奪われた生活を強いられました。

「住まいはバラック小屋で板敷にむしろを敷いただけ。寝るときは雑魚寝。寒いので向い合わせに寝ている人と足をこすり合わせた。飯場は朝鮮人ばかりだった。」

「宿舎はまるでブタ小屋のようなところ。山の中腹に作られ、飯場にムシロを敷いていたが風が吹くと下から吹き上がってしまうほどスースー。とても人間の住むところじゃなかった。」
「日本人監督が四六時中見張っていて自由な行動は許されない。班内でのみ行動せよときつく言われた」

工事の仕事は昼夜２交代制の 12 時間労働で、極めて低賃金（日本人の３分の１程度）で働かされるうえに、給料は貯金にまわされ、その通帳は逃亡防止のため飯場頭が預かるという状態でした。このような中でも逃亡する者が多く、「厚生省名簿」によれば「逃亡 1575 名」と記されています（全体の 82%）。この数字の信憑性が問題ですが、かなり多くの逃亡があったのも事実と思われます。逃亡者が出ると地元の警防団が出動して捜索を行い、捕まると飯場頭など同胞によって見せしめとしての凄惨なリンチが加えられました。

死亡者数について「厚生省名簿」には「死亡 12 名」、平岡発電所の慰霊碑（1953 年中部電力建立）には「韓国人 13 名」とあります。その氏名や死因などは不明です。

連合国軍捕虜の様子

1942（昭和 17）年平岡に満島捕虜収容所（正式名称は、東京俘虜収用所第三分所）が設置されました。収容所は天竜川の東岸の平地で、現在は天龍中学校の校庭となっています。米英を中心とする連合国軍捕虜が常時 200 ～ 300 名収容され、ダム工事関係の仕事をさせられていました。彼らの仕事は、採石、貨車からセメント袋をおろし、それをトロッコで運んだり、セメントを練ったり、トンネル掘削のために爆破した後の土石（ズリ）をツルハシやシャベルで取り除いたり、その他機械の運転や鍛冶仕事や材木運搬などでした。午前５時の点呼の後、６時には収容所を出て、午後６時までは戻らないものとされていました。

連合国軍捕虜は、マレー半島で捕虜となったイギリス人や、フィリピンなどで捕虜となったアメリカ人などでした。捕虜たちは満島収容所到着前にすでに栄養失調、マラリア、皮膚病におかされ、健康状態を害している者も少なくなかったうえに、平岡での厳冬と劣悪な食事や住環境が追い打ちし、薬品も乏しく翌年３月までに 41 人が死亡しました。

中には、食糧を盗んだために収容所職員から厳しい制裁を受けたことが要因となって死亡した場合もあったと言われています。この収容所で捕虜 56 名が死亡したため、戦後の横浜裁判で厳しい審判を受けることになりました。

この捕虜たちの中に 1941（昭和 16）年に太平洋上のイギリス領マキン島で捕虜となったイギリス人、チャールズ・F・ウィリアムズがいました。彼は、平岡へ来る前に東京で、他の 12 人の捕虜とともに、日本陸軍から対米謀略ラジオ放送「日の丸アワー」への協力命令を受けました。「協力を拒みたる者は、その生命を保証せず」とまで宣告された上での命令でしたが、ウィリアムズは唯一人拒否しました。「お前は死んでもよいのか」と担当の少佐から問われ、「死ななければならないならば、仕方がない」と答えると、それを聞いた少佐は激昂して軍刀に手をかけ抜こうとしましたが部下に制されて思いとどまったといいます。その後ウィリアムズは平岡ダムの工事に送られ、終戦まで生き延び、イギリスに無事生還することができました。ウィリアムズは戦後、この勇敢な行為によって英国政府から勲章をもらいました。（名倉有一『長野県・満島収容所』による）

中国人労働者の様子

朝鮮人労働者、連合国軍捕虜につづいて、1944 年６月以後に、中国人が平岡に送られてきました。平岡へ送られて来た中国人は合計 884 名で、おもにコンクリート用砂利採集や工事資材の運搬の仕事をさせられました。国民党軍の捕虜や「八路軍」と呼ばれた共産党軍の捕虜の他、「労工狩り」と称する中国での人狩りによって捕らえられたり、また「日本へ行けばいい仕事がある」と騙されて来た人々もいました。中国人は、3つの中隊に分けられ、それぞれの宿舎で集団で生活しました。着のみ着たままのうえ、入浴もさせてもらえず、食事は小麦粉の代用としてのコヌカやフスマの入った粗悪なパン1日3個と汁のみでした。そのためわずか1年足らずの間に62名の死者と22名の不具廃失者（多くは栄養失調による失明）を出しました。死者の中には、砂利採集用の渡船転覆による15名の溺死・行方不明の犠牲者も含まれています。遺体は山中の火葬場で焼かれましたが、戦争末期には燃やす薪も不足し、焼ききれない遺体は喉仏の骨を取り出した後に崖の上から投げ捨てたそうです。（寺平政美さんの証言）

戦後のBC級裁判

敗戦直後の1945年12月から捕虜に対する虐待などを裁く横浜裁判が行われました。連合国軍捕虜が故国へ帰る前に書き残したメモ（「宣誓供述書」）などを証拠として「捕虜虐待罪」が裁かれました。

満島捕虜収容所1944年のクリスマスパーティ、中央が久保収容所長

平岡ダム関係では、満島捕虜収容所の初代所長を含め6名が絞首刑、4名が無期懲役、1名が懲役25年という判決が下されました。十数名いた職員の半数以上が厳しい裁きを受けたことになります。横浜裁判の最初が満島捕虜収容所職員の裁判でした。連合国側が、多くの捕虜が死亡した満島捕虜収容所での出来事を重視していたことがわかります。

この中にあって、敗戦直後捕虜たちが帰国するときに、捕虜たちから1枚のメモを渡された収容所職員の西野洋吉は、戦犯に問われることはありませんでした。捕虜多数の連名のサインのあるこの紙片には「関係各位」宛に「彼（西野）は捕虜に対していつも親切で思いやりがあり、決して私たちの物をとることなく、また決して暴力をふるわなかった。」と英文で書かれており、後に予想された戦犯追及が及ばないように配慮したものでした。

また、2代目の所長、久保龍郎は1944年のクリスマスを前に捕虜たちが強く要望したクリスマスを祝う行事を許可したことをはじめ捕虜に対し人道的にふるまったこともあり、戦犯追及をされませんでした。

横浜裁判は主に連合国軍捕虜に対する虐待を裁いた裁判で、多くの犠牲者を出した中国人労働者や朝鮮人労働者に対して行われた行為についての追及はほとんどありませんでした。

平岡ダム周辺の慰霊碑

平岡ダム周辺には、平岡ダムの傍らに建つ中国人犠牲者の慰霊碑をはじめ、連合国軍犠牲者の鎮魂碑（捕虜収容所跡）、ダム・発電所工事での日本人を含む工事犠牲者の慰霊碑（平岡発電所構内）など、4基の慰霊碑が建立されています。また、近くの寺院である自慶院には、中国人犠牲者全員の名前を刻んだ石碑が建てられています。いずれもダム工事に関わる悲惨な歴史を繰り返すことのないようにとの思いから戦後に建立されたものです。ただし、朝鮮人の慰霊碑はいまだに建立されていません。

【参考文献】
天龍村史編さん委員会『天龍村史 下巻』（2000）
平岡ダムの歴史を残す会『65年目の平岡ダム』（2011）
名倉有一『長野県・満島収容所　捕虜生活と解放の歴史』（2013）

《コラム》

戦争の愚かさが残る「松代大本営予定地地下壕」
―― 本土決戦～国体護持に備えた松代への大本営移転計画

北原高子

長野市松代に残る大地下壕

松代城址

長野市松代町は、かつて六文銭の旗をなびかせた、真田氏十万石の城下町です。今も城跡や侍屋敷、立派な寺院、古い家並みなどが残っています。

ここにアジア太平洋戦争末期の 1944（昭和 19）年秋、戦争指導の最高機関である大本営が、突然建設され始めました。

大元帥である天皇はじめ、大本営、政府機関、日本放送協会など国の主な機関を移す計画で、「松代倉庫工事」通称「マ工事」と称して松代の山々を中心に善光寺平一帯に次々に地下壕が掘りすすめられました。幸い使用はされませんでしたが、巨大な地下壕が当時の姿で残っています。

敗戦間際の大本営移転計画

戦時または事変に際して天皇（大元帥）に直属して陸海軍を統帥する「大本営」は、過去３回、日清戦争、日露戦争、日中戦争時に設置されました。1937 年、日中戦争時に設置された大本営が、1944 年秋、松代への移転が計画された大本営です。日中戦争からアジア太平洋戦争へとすすんだ日本は、当初は優勢と見られていましたが、まもなく連合国軍の反攻が激しくなり、日本本土への空襲が迫ってくると、東京にある大本営を安全な場所へ移転しようとの計画が浮上し、1944 年５月頃、「信州あたりに適地を」探すよう極秘命令をうけた大本営参謀らが予定地を探して、松代への移転が決定しました。

なぜ松代に？

大本営の移転先として、松代が選ばれた理由は以下のよう考えられています。

① 戦略的に東京から離れていて、本州の最も幅の広い地帯にあり、近くに飛行場がある。
② 地質的に硬い岩盤で抗弾力に富み、地下壕の掘削に適する。
③ 山に囲まれた盆地にあり、工事に適する広い平地がある。
④ 長野県は比較的労働力が豊富である。
⑤ 信州は人情が純朴で、天皇を移動させるにふさわしい風格、品位があり、信州は「神州」に通じる。防諜上からも適している。

９ヵ月間に 10 数キロを掘る突貫工事

工事は「イ号倉庫」「ロ号倉庫」と記号で呼ばれました。1944 年 10 月４日、地元の地主が集められて、工事に必要な土地が買収され、飯場・倉庫・事務所等が建設され、11 月 11 日から松代の三山、象山（イ

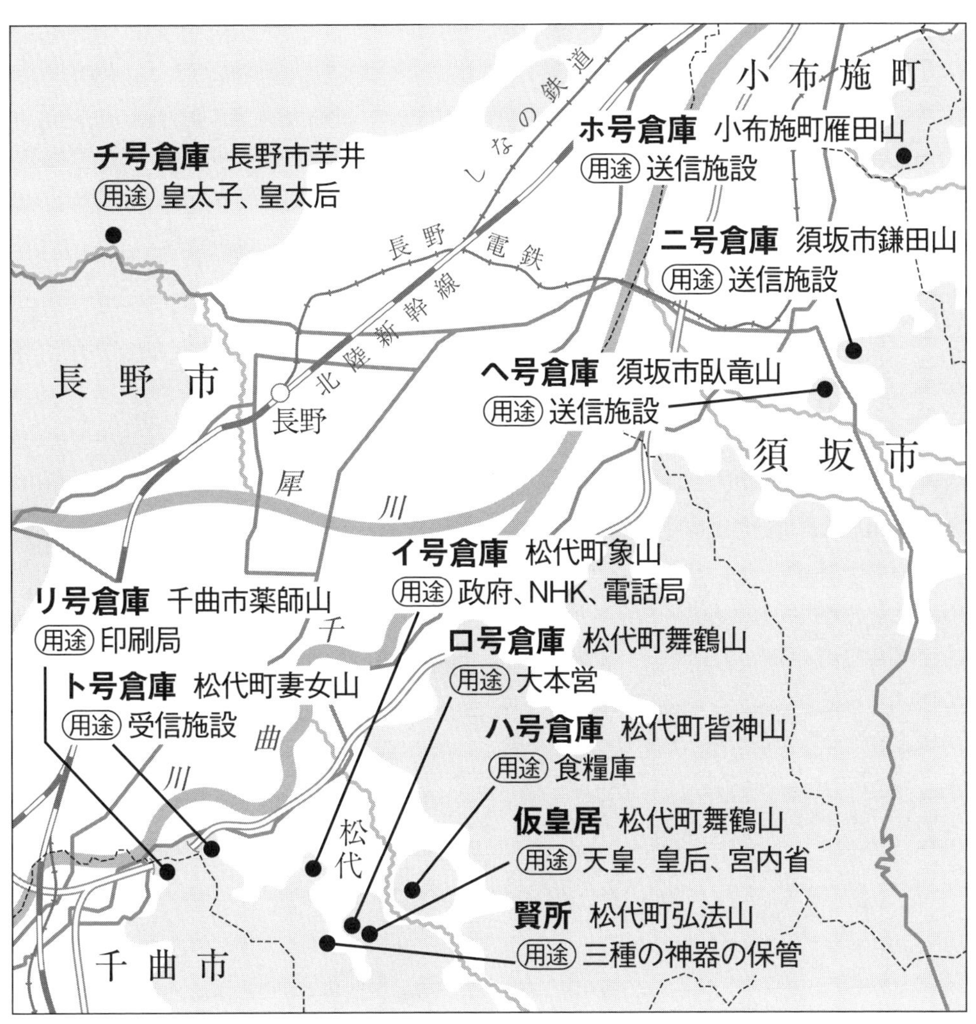

倉庫名	場所	用途
イ号倉庫	松代町象山	政府、NHK、電話局
ロ号倉庫	松代町舞鶴山	大本営
ハ号倉庫	松代町皆神山	食糧庫
二号倉庫	須坂市鎌田山	送信施設
ホ号倉庫	小布施町雁田山	送信施設
へ号倉庫	須坂市臥竜山	送信施設
ト号倉庫	松代町妻女山	受信施設
チ号倉庫	長野市芋井	皇太子、皇太后
リ号倉庫	千曲市薬師山	印刷局
仮皇居	松代町舞鶴山	天皇、皇后、宮内省
賢所	松代町弘法山	三種の神器の保管

号)、舞鶴山（ロ号)、皆神山（ハ号）の地下壕の掘削が始まりました。二号以下の工事は 1945 年になってからの命令です。大本営移転の目的は、戦局の悪化に伴って変転し、当初は米軍の空襲を避けて安全な場所に大本営を避難しようとの目的でしたが、沖縄戦が始まる頃には本土決戦準備の中枢と目され、大元帥である天皇の移動が計画され、近隣の住民を立ち退かせて天皇・皇后・宮内省用地上庁舎が構築されました。そして敗北が迫ると、「国体護持」を目して皇太后、皇太子、三種の神器の移転先の構築も命じられました。

工事のために苦しめられた人々

地下壕の掘削には 1 日およそ 1 万人、9 ヵ月で延べ 300 万人が携わったと言われています。若い男性のほとんどは戦地に応召され、働き手のない中、堅い岩盤をダイナマイトで爆破して掘削していく労働の中心は、当時日本の植民地であった朝鮮半島出身の労働者でした。日本各地の土木工事に従事していた朝鮮人労働者や朝鮮半島からの強制連行者を含む 6500 人～ 7000 人ほどが昼夜兼行で掘削工事に従事していました。最深積雪を記録した厳しい寒さの冬、朝鮮人労働者の多くは柱のない「三角兵舎」に収容され、雪の舞い込む飯場に薄っぺらな布団、コーリャン中心の粗末な食べ物などの劣悪な生活環境に置かれ、厳しい監視付きで、危険で過酷な労働を強いられました。危険な作業に従事した朝鮮人労働者の怪我・事故死などの実態は解明されていません。

「三角兵舎」と呼ばれる飯場

日本人は東部軍その他の将兵、勤労報国隊、労務報国会などの他、児童、生徒まで動員しての工事でした。近隣の小学生は地下壕から掘り出され、山の斜面に押し出されたおびただしい石屑に、草や木の枝を切ってかぶせて、カモフラージュする仕事をしました。労働者の飯場となった所は、地域の人たちの桑畑などの農地です。生活の糧である土地を提供させられたり、天皇用施設の構築時には立ち退きを迫られたり、黙って戦争に協力させられた地域の人々の苦しみは計り知れません。そしてこの間沖縄の住民の多くも本土決戦のための時間稼ぎの戦いで悲惨な死をとげました。

一般公開されている「象山地下壕」

十数カ所の大本営関連施設のうち、実際に内部が見学できるのはイ号倉庫象山地下壕の一部です。多くの見学者が「松代大本営」といって見学に来るのはこの象山地下壕です。佐久間象山の生誕地に伸びる象山に、政府·日本放送協会·中央電話局などが入る予定で、高さ 2,7m、肩高 2m、幅 4 m の隧道が 5,900m 掘られていて、このうちの 500m 区間が長野市観光振興課の管理の下、壕内の安全対策が施されて一般公開されています。

壕内には、ダイナマイト装填のために岩に穴をあける際、抜けなくなって残っている鑿岩機のロッドや、爆破の跡、石屑を運び出すためのトロッコの枕木の跡、当時の人が書き残したと思われる朝鮮半島の地名などが残っています。

象山地下壕同様 1944 年、大本営の本部用地下壕が掘られた舞鶴山の上方に、45 年になって構築された仮皇居は、戦後間もなくから 2016 年まで気象庁の地震観測所として使用されてきましたが、現在は

象山地下壕内部

皇后用地上庁舎

無人化となっています。当時のままの姿で残っており、外からの見学はできます。

平和学習をする子どもたち　～戦争遺跡は平和の語りべ～

戦争の実相を学ぶ機会がなくなってきている現在、松代大本営跡は実際に当時を体験できる貴重な遺跡です。全国から多くの小・中・高校生が平和学習、歴史学習などの目的で訪れます。沖縄への修学旅行と併せて訪れる高校生も少なくありません。松代で、朝鮮人労働者を酷使し、住民に協力を強いて、一刻も早く大本営や天皇の移転先を完成させようと、急ピッチで工事が進められていたとき、沖縄では本土決戦を一日でも長く先延ばしするための時間稼ぎの戦いを強いられ、住民を巻き込んだ地上戦で兵士よりも多くの島民が犠牲になりました。そして今もなお基地の苦しみの中にいます。戦争は遠い過去のことではなく、沖縄の問題と平和の課題はずっと現在まで繋がっています。私たちNPO法人松代大本営平和祈念館では、この戦争遺跡を平和のために保存・活用したいと願い、学習・研修を積み、依頼があると地下壕のガイドをしています。

【参考文献】
青木孝寿『改訂版　松代大本営　歴史の証言』新日本出版社（1997）
和田登編緒『図録・松代大本営　幻の大恩英の秘密を探る』郷土出版社（1987）

《コラム》

陸軍登戸研究所と長野県への疎開

木下健蔵

はじめに

謀略・諜報・防諜・宣伝などの秘密戦に必要な資材・機材の研究開発にあたる日本で最初の「秘密戦資材研究室」が新宿に設立されたのは、1927（昭和2）年4月のことです。

その後、1939（昭和14）年に川崎市登戸に移転しました。この時からこの研究所は「登戸研究所」と呼ばれるようになりました。これは秘匿名で、正式には「第九陸軍技術研究所」です。

長野県には、敗戦の半年前に疎開してきました。しかし、研究内容は不明、関係者も何も話さないため内容はベールに包まれたままでした。

この問題に取り組んだのは、赤穂高校平和ゼミナールの生徒たちです。関係者からの証言を引き出しました。ここから登戸研究所の研究が進展しました。

疎開関係の資料

「特殊研究処理要領[注1]」と標題のついた陸軍の文書があります。この文書は陸軍省軍事課が敗戦と同時に関係機関に発した通達です。

内容は、「敵ニ証拠ヲ得ラル>事ヲ不利トスル特殊研究ハ全テ証拠ヲ隠滅スル如ク至急処置ス」という方針のもとに、処分すべき特殊研究が5項目にわたり取り上げられています。

この通達の最初に出てくる文が、「ふ号及登戸関係ハ兵本草刈中佐ニ要旨ヲ伝達直ニ処置ス」というもので、登戸研究所への証拠隠滅の伝達時刻は8月15日午前8時30分となっています。

その後、七三一部隊および一〇〇部隊関係、糧秣本廠1号関係、医事関係、獣医関係と続きます。陸軍では登戸研究所関係の証拠隠滅が最重要であったことがわかります。

文書のなかに出てくる「ふ号」とは登戸研究所の第一科が研究開発していた風船爆弾の秘匿名であり、「兵本」とは兵器行政本部のことです。

長野県の疎開先でも、この通達により本部のあった宮田村の真慶寺や、研究部門の中心であった中沢国民学校（現駒ヶ根市立中沢小学校）において、1週間以上にわたり多くの関係書類が焼却処分された事実が、元所員の証言から判明しています

現在までに登戸研究所が上伊那に疎開したことは、元所員の証言や学校日誌などの断片的な資料により明らかになっていましたが、疎開に関する公文書類は見つかっていないのです。唯一の政府側の資料が兵器行政本部の資料（1945年8月31日付資料。防衛庁防衛研究所図書館蔵）です。

この資料によれば、長野県の疎開先として本部は宮田村。北安分室が北安曇郡松川村、中沢分室が上伊那郡中沢村（現駒ヶ根市）、その他、兵庫県の小川村、登戸分室となっています。それぞれの研究内容は次のとおりです。

研究内容（元の資料はカタカナ）

北安分室	強力超短波の基礎研究
中沢分室	挺進部隊爆破焼夷弾及び行動資材、宣伝資材、憲兵資材並びに簡易通信機材の研究及び製造
登戸分室	資材の収集、他の機関との連絡

各科の研究内容

第１科…物理関係
- 風船爆弾、殺人光線、宣伝用自動車、スパイ用無線通信機、宣伝用自動車など

第２科…化学関係全般
- 秘密インキ、秘密カメラ、生物化学兵器（毒薬・細菌）、青酸ニトリール、特殊爆弾、時限信管など

第３科…経済謀略資材関係全般
- 偽造紙幣、偽造書類、偽造パスポート、各種証明書の偽造

第４科・…機材製造関係全般
- 第１科・第２科で研究開発された機材の製造、陸軍中野学校の指導など

上伊那地方における疎開先

- 宮田村真慶寺（本部）
- 中沢国民学校（現中沢小学校）第２科、中心施設
- 東伊那国民学校（現東伊那小学校）第２科
- 赤穂国民学校（現赤穂小学校）第２科
- 飯島国民学校（現飯島小学校）第２科、毒物の研究

北安曇地方における疎開先

- 松川国民学校（現松川小学校）第１科（長短波の研究）
- 会染国民学校（現会染小学校）第１科（極超短波の研究）

右の写真は松川村に疎開した電波研究部門が B29 を追撃するために建設したものです。ここに 10m のパラボラアンテナを作りました。この写真はそのときの礎石です。

北安曇地方に疎開した第１科の所員は、殺人光線の研究や超短波の研究を２棟の研究室を建設しています、他の疎開先は借り上げ施設施設です。

大本営の移転に備えて疎開した各機関（木下健蔵『消された秘密戦研究所』318頁より作成）

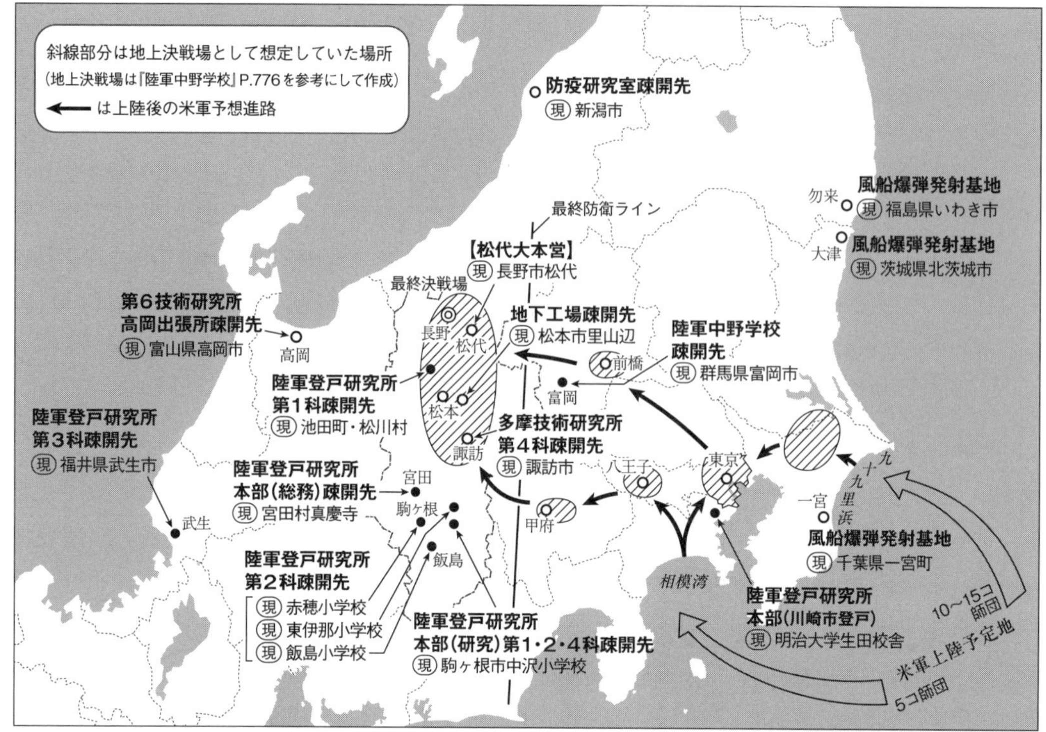

「殺人光線の関係は登戸から多摩研究所へ変更されました、殺人光線とは仮の名前で、多少は研究していたと思います。弾道規制を主に研究していました。弾道規制というのは、敵の弾道を追尾するのではなく、味方の弾道を誘導するのための兵器です。非常に方向がしっかりしている電波を発射して、弾がその電波からはずれると、弾の中になかに仕組まれている操舵装置が働いて、弾を電波の出ている方向に誘導します。

松川国民学校が第１科の本部で、極超短波の研究をしていました。会染国民学校ではロケットを誘導をしていました。

普通高射砲では間に合わない、無線操縦でロケットを誘導し、極超短波で相手を打ち落とすという課題のもとに、北安曇の各施設で研究をしていました。」

駒ヶ根訪問の旧陸軍登戸研究所員

「殺人光線」の研究 証言

松川村に建設パラボラアンテナ

米機「電波で撃墜」狙う

「信濃毎日新聞」1998年10月13日付記事

北沢さんは登戸研究所を上伊那に疎開させた人物です。

1945（昭和20）年６月22日、政府は本土決戦に備えるため、「義務兵役法」を公布しました。

男子は15歳から60歳まで、女子は17歳から40歳までを動員、国民義勇戦闘隊として軍の統帥下に置くという、国民のすべてを戦闘要員とする法律でした。

上伊那地方でも数千人規模の戦闘隊組織を準備することが計画されました。この準備に当たったのが北沢隆次さんです。

北沢さんは当時の様子を次のように証言しています。

「登戸研究所には長野軍管区司令部から通知があり、予想される上陸敵軍に対し、軍人以外の在郷男子が各郷土で組織を作り、抵抗する指示が示されたと思います。登戸研究所に通知が来たのは、昭和20年8月13日ではないかと思います。」

陸軍登戸研究所とGHQ

登戸研究所は、8月15日の午前8時30分に、すべての資料を焼却するよう通達が電信で送られてきました。各研究所も1週間にわたり処分しました。中沢では焼却中に大爆発があったと言われています。[注2]また東伊那では、女子児童が毒入りチョコレートを食べ、処置したと学校日誌に書かれています。人体実験や偽造紙幣の製造など国際法に反する行為があっても、誰も戦犯にならないのは、登戸研究所の研究内容と交換に免責を与えたためです。

写真はGHQに接収されたときのものです（昭和20年10月25日）。

【注】

注1　同文書は、軍務局軍事課が発したもので、元軍事課員の新妻誠一氏所蔵のものである。敗戦時これらの文書は焼却処分されたはずであるので、新妻氏所蔵の文書は控えであろう。（森村誠一『悪魔の飽食ノート』晩聲社、1982年、161頁）

注2　東伊那小学校に現存していた昭和20年度の伊那村国民学校の「学校日誌」。8月18日に「登戸学徒有毒チョコレート誤食。事前処置完了」と記されていた。伊那村国民学校の生徒たちが登戸研究所の中澤製造所へ後片付けの手伝いに動員された際、毒入りと知らなかった軍関係者が親切心で処分するはずのチョコレートをくれた。それを食べた女生徒が見つかり、慌てて医者に連れて行かれ、胃の洗浄を施された。

【参考文献】

木下健蔵『日本の謀略機関陸軍登戸研究所』文芸社（2016）
木下健蔵『消された秘密戦研究所』信濃毎日新聞社（1994）
木下健蔵『長野県における陸戸研究所の疎開資料について』明治大学平和教育登戸資料館砲報2号所収（2016）

《コラム》

特攻隊員・上原良司
――散華ではなく戦死　英霊ではなく戦没者　偶像ではなく人間

亀岡敦子

なぜ日本人は戦争を続けたのか

1931年9月に「満州事変」が始まって以来、1945年8月の「敗戦」に至るまで、日本は中国大陸で、東南アジアの国々で、また南太平洋の島々で、戦争をしていました。日本は、「日清戦争（1894−1895)」を皮切りに、10年おきに戦争をしたのです。「日露戦争（1904−1905)」、「第一次世界大戦（1914−1918)」、その後中国東北部に「満州国」を建国し（1932年)、翌年には国際連盟を脱退しました。その頃、同じような全体主義国家であるドイツ・イタリア・日本は「日独伊防共協定（1937年)」を結ぶと、世界を敵に回しての2度目の世界大戦へと突入しました。軍部が巨大化し、政府と一体になった日本は、「徴兵令」で20歳以上の成年男子をかき集め、「国家総動員法」で全国民に戦争協力をさせました。

なぜ日本国民は、戦争を続ける政府を半世紀にわたって支え続けたのでしょうか。戦争を支持するということは、自分の生命と生活すべてを政府に預けるということです。中でも、自分自身を武器の一部として、戦死した特攻隊員は、どのような環境で育ち、何を学び、軍隊での日々を送り、どのように死に向き合ったのか、知りたいと思っていました。

特攻隊員・上原良司との出会い

1994年夏、慶應義塾大学三田キャンパスの図書館で、白井厚経済学部教授研究会が主催する「特攻五〇周年」の展示があり、そこには学徒出陣し特攻隊員として戦死した3人の慶應義塾生の写真や遺書、遺品が、整然と並んでおり、その中に長野県南安曇郡有明（現安曇野市）出身の上原良司の遺書がありました。上原の「所感」と「遺書」は『きけ　わだつみのこえ　日本戦没学生の手記』（岩波文庫）に掲載されており、特攻関係の資料館で見られる、特攻隊員が残した愛国的な遺書とは、大きな違いがあります。自分を自由主義者とよび、権力主義全体主義国家は敗北するなどと書かれた、特異な内容です。そのためか、上原に関するドキュメンタリー番組や研究は多く、上原を知ることはそんなに難しくはありませんでした。何よりも有難かったのは、2人の妹清子さんと登志江さんをはじめとする、直接良司を知る人たちとの交流が次第に広がり、深まったことでした。30年近くかけて、ようやく素顔の上原良司が見えてきました。「上原良司」という一人の戦没者を丹念に追うことで、戦争の時代に生まれてしまった不運な若者たち、戦争によって生命と未来を奪われた、古今東西の若者たちの心情を少しでも明らかにすることが、この項を書く目的です。

上原良司

故郷・安曇野と家族そして教育

上原良司は1922年9月27日、長野県北安曇郡七貫村（現池田町）で、父の医師寅太郎と母与志江の間に、長男良春（1915年）と次男龍男（1918年）に次ぐ三男として誕生しました。間もなく一家は、恩人である青木茂登一が開院した「有明医院」を継ぐために、北アルプスの麓南安曇郡有明村に移り、長女清子（1926年）と次女登志江（1930年）が生まれ、慈愛に満ちた両親のもと、仲の良い5人兄妹は、文化的にも経済的にも恵まれた生活を送っていました。

松本と安曇野は明治初期に興った自由民権運動の、中心地のひとつであり、井口喜源治・荻原碌山・相馬夫妻など多くの文化人を輩出しました。上原兄妹の祖父上原三川（良三郎）は、正岡子規門下の俳人であり、教育者でした。良司が文章に思いを込めることができるのは、祖父譲りかもしれません。清子によれば、父寅太郎の教えは、「嘘をつくな。誰の前でも、自分の思うところを述べよ。」であり、手紙の返事を書くことに関しては特に厳しく言われそうです。

3兄弟は、旧制松本中学校（現松本深志高等学校）を卒業後、長兄と次兄は慶應義塾大学医学部に進学し、続いて三男良司も1941年4月、慶應義塾大学経済学部に入学し、緑豊かな日吉キャンパスで、予科生（本来3年間であるが、6ヵ月短縮）としての学生生活を送りました。この頃の日本は戦時下ではありましたが、慶應義塾大学経済学部予科第一学年の講義内容は、「修身1・国語及び漢文4・英語9・ドイツ語（フランス語）5・歴史2・数学3・心理及び論理2・体操（教練）」（『慶應義塾総覧』昭和16年3月）であり、外国語学習が重視されていました。また上原たちは、「旧制高校最後の教養主義世代」と言われるように、多くの本を読み、スポーツや芸術にも親しんでいました。そして、親戚の青木家や親しかった竹林家の人々と、新宿や銀座での映画鑑賞や外食を楽しむなど、43年頃までは普通の市民生活であったようです。

安曇野の上原家にとっても、この年の9月に龍男が南太平洋沖で戦死するまでが、幸せな年月と言えるでしょう。清子も登志江も、大学生の兄たちが休暇で帰省をするたびに、東京から買ってきてくれる、都会の匂いのする綺麗な小物や文房具がどんなに嬉しかったか、声を弾ませて話してくれました。しかし、学生たちは、間もなく徴兵されることへの予感はあったようで、同年代の誰よりも恵まれている自分たちが、安全な学窓にいて好きな学問をしていることへの後ろめたさと、戦況の悪化を感じとっていたようです。

学徒出陣と第一の遺書

43年9月14日予科最後の試験が終わり、上原は帰省しており、夜7時からのニュースと、それに続く7時30分からのラジオ放送「国民に告ぐ」を聴きました。そこで東条英機首相が学生の徴兵猶予を停止する旨の演説を行い、上原は、目前に来てしまった自分の現実を知ったのです。そして直ぐに、最も影響を受けたイタリアの思想家クロォチェについて書かれた本、羽仁五郎著『クロォチェ』の表紙裏4ページに「遺書　父上様並びに母上様」で始まる遺書を書きました。家族一人ひとりと、東京でお世話になった人たちへの別れと感謝、そして石川啄木の短歌と母校の応援歌をもじった短歌が書かれています。

それに加えて、良司はこの愛読書に、ひそかに思いを寄せている石川冶子への恋文を文中の文字を囲むという形で潜ませたのです。丸で囲まれた文字を繋ぐとこの様な恋文になります。「きょうこちゃん　さようなら　僕はきみがすきだった。しかしそのとき　すでにきみはこんやくの人であった。わたしはくるしんだ。そしてきみのこうフクをかんがえたときあいのことばをささやくことを　ダンネンした。しかしわたしはいつも　きみをあいしている。」その後、この本は簡単には見つからないように、本棚の引き出しに入れ、釘で細工をし、死後第2の遺書に記された手順で発見されるまで、離れの本棚に眠っていました。

陸軍は同年12月1日に、海軍は10日に、兵役に就くと決まってからの出陣学徒たちは、最後になるかもしれない2ヵ月足らずの学び舎で、慌ただしい日々を送りました。慶應義塾大学の場合は、9月30日に予科を繰上げ終了し、10月4日に本科入学式が三田大ホールで行われ、10月21日には神宮外苑競技場において出陣学徒壮行会が行われました。翌22日、イ号潜水艦に乗っていた海軍軍医の次兄龍男の戦死の報を知り、上原は必ず兄の仇を打つと日記に記しています。

陸軍特別操縦見習士官２期生としての日々

1943年12月1日、上原は松本市「陸軍東部第五十連隊」に入り、軍隊生活が始まりました。上原は次第に不足していた操縦士の、促成養成コース、「陸軍特別操縦見習士官」を選び、２期生として1200名の同期生と約１年６ヵ月の厳しい教育を受けました。神奈川県の熊谷陸軍飛行学校相模分教所と、群馬県の同舘林教育隊で飛行機操縦の基礎を習得し、鹿児島県知覧基地の第40教育飛行隊と、佐賀県目達原基地の第11錬成飛行隊で実践的訓練を受け、1945年３月末には一人前の操縦士、つまり一人前の特攻要員になりました。

軍隊での「修養反省録」と名付けられた日記は、教官に提出しなければなりません。松本や相模原の頃の上原の日記からは、飛行学校の課題に真剣に取り組み、早く立派な操縦士になろうと努める様子が伺え、暴力的な軍組織への反感はあっても日記には書いていません。しかし、舘林教育隊では、よほど理不尽な扱いが多かったのか、上官や軍組織への批判の記述が増えました。上原は酷い扱いを受けても、自由を賛美し全体主義批判を続けました。

次の知覧では、不思議なことに一通の手紙も葉書も残されていません。遺族によれば、禁止されていたそうです。それに反して、目達原基地は、厳しい訓練は少なく、テニスボールを打ち合う暇もあり、上原にとって最後の青春の日々でした。

特攻隊員としての最後の日々と第２の遺書、そして所感

４月４日満開の桜の下、上原は最後の帰郷のために、三田川（現吉野ヶ里）駅を後にし、松本には６日早朝に着いたようです。そして11日夜、常陸教導飛行師団に転属の為、有明駅を出発しました。故郷には６日間滞在したと推察され、友人知人にそれとなく別れを告げました。親友吉田（犬飼）五郎には特攻隊の心情を「喜んで死ぬ奴はいない。上官が手を挙げさせるのだ」と語り､登志江には「日本は負けるよ。死んでも靖国神社には行かないからね」と話したそうです。そして便箋３枚の「遺書」を書き、入学記念アルバムに挟みました。水戸で特攻隊が編成され上原は「第56振武隊員」となり、調布飛行場から知覧へ出発しました。５月11日に出撃が決まり､その前夜の報道班員高木俊朗との奇跡的出会いによって、日本映画社の200字詰め原稿用紙７枚の「所感」を書くことができ、高木は戦後両親のもとに届け、その後、『きけ　わだつみのこえ』に応募したのです。

おわりに

22歳で戦死した上原良司にも、濃密な個人史があることがわかりました。上原を調べることにより、全ての戦死者や空襲で死んだ市民にも個人史があることがわかります。私たちは、このような無念の死を遂げる人を出さないための努力を続けねばなりません。

【参考文献】
岩井忠正・岩井忠熊『特攻最後の証言』河出書房新社（2020）
上原良司著・中島博昭編『新版 あ＞祖国よ恋人よ　きけわだつみのこえ』信濃毎日新聞社（2005）
日本戦没学生記念会編『新版 きけわだつみのこえ　日本戦没学生の手記』岩波書店（1995）
日吉台地下壕保存の会編・山田朗監修『本土決戦の虚像と実像 ── 一度は訪ねてみたい戦争遺跡』高文研（2011）

《コラム》

陸軍松本飛行場に飛来した特攻隊

きむら けん

歴史は過去を知るものさしです。過去を知ることでこれからをどう生きるかという算段が生まれてきます。そういう点で言うと記録は重要です。ささいな書きつけであっても後になれば生きてきます。とくに当時の全国民が命運を決した戦争の記録は大事です。

しかし、戦争のことを調べようとすると必ず壁にぶつかります。終戦前日に日本政府や大本営が「戦時記録の消却」を命じたからです。公的な記録はほとんど消えてしまいました。

陸軍松本飛行場は終戦まじかになって急遽造成された飛行場です。1944 年 2 月に工事は着手され飛行機が着陸できるようになったのは 10 月です。翌年 2 月には特攻機が飛来してきました。米軍の沖縄侵攻は 3 月から始まります。これに備えてのものです。沖縄戦が始まる 3 月、4 月、5 月は続々と特攻機が飛来してきました。公的な記録が残っていれば何機が飛来してきて何機出ていったかがわかります。ところが、これは全部焼却されてありません。したがって特攻機の飛来の全貌はわかっていません。

私は、世田谷から浅間温泉に疎開した学童のことを調べました。この過程で松本陸軍飛行場にやってきた特攻隊員と学童とが宿泊先の宿でふれ合っていることを知りました。これがきっかけとなって調査を進め、その成果を 6 冊の本にまとめました。以下は私の著作に書いたことを手短にまとめたものです。これらは文末に一括して紹介しています。

特攻隊飛来の謎　なぜ特攻隊は松本飛行場にやってきたのか？

戦争末期各地で特攻隊が編成されました。太平洋戦争に突入しましたが戦況は悪くなる一方でした。アメリカ軍に攻め込まれ、劣勢は鮮明になってきました。これを打開するための捨て身戦法が特攻作戦です。爆弾を搭載した戦闘機で米軍艦船を狙い撃ちし、少しでも戦いを有利にしようと軍部が考えた作戦です。

戦争末期 1944 年末に米軍上陸が想定されました。それで特攻隊の編成をせよと内地や外地の航空部隊に命令しました。多くの若者が進んで応じて隊員となりました。翌45年になって沖縄侵攻が明確になったことから特攻隊の編成を急ぎました。しかしそれは容易ではありません。特攻機は 1 回こっきりの戦闘に使われるのみです、出す方には当然出し惜しみというのがあります。それで多くの中古機が使われるようになりました。飛行機は精密機械です。機器が摩耗している機の整備が欠かせませんでした。もう一つ大事なことがあります。特攻機に使用するにはきちんと整備する必要がありました。それは特攻機用に改造をしなければなりませんでした。これを爆装改修と言います。両翼に250キロの爆弾を吊り下げます。また沖縄まで飛べるように燃料を多く積めるように増槽が必要でした。

戦争末期の戦況ですが、44 年に日本軍は南洋諸島を奪われました。米軍はこの地に重爆撃機を飛ばせる滑走路を作り、ここから飛び発った B29 が日本本土を空襲してくるようになりました。具体的に言うと 1945 年 2 月 15 日名古屋の三菱重工発動機制作所が、また、3 月 11 日には名古屋市街が空襲を受けました。これによって制空権が奪われていたことがわかります。先の爆装改修は大きな飛行場、陸軍各

武揚隊隊員と疎開学童

務原飛行場で行うよう命令されていました。太平洋側の飛行場では爆装改装中に爆撃を受ける可能性がありました。虎の子である特攻機をやられたのでは元も子もありません、それで内陸部が安全だということで松本飛行場に特攻機が飛来してきたのです。もう一つ、名古屋一帯が爆撃されたことで飛行機製造に関わる人たちは松本に疎開してきました。技術者です。この人たちを擁していたのが各務原の航空分廠です。爆装改修を行っていた彼らもまた疎開してきました。それで特攻機も松本に飛来してきたのです。なぜ松本に飛来してきたかはこれでわかるでしょう。

謎はなぜ解明されたか

先に述べましたが陸軍の記録はありません。ところが意外なところに記録があったのです。これらは偶然に見つかりました。言ってみればこれは戦争史における発見でもあります。それは学童疎開です。1944年8月東京の学童は空襲の難を避けるために集団で疎開をしました。松本市外にあった温泉宿泊旅館は好都合な施設でした。収容力の大きい浅間温泉は、東京世田谷の7校の学童約2500名ほどを受け入れました。

特攻隊がやって来た時期と疎開学童が温泉にいた時期とが重なっていたことは大事です。それは1945年2月～4月です。寒い時期ですから隊員たちはお風呂に入ります。お湯で学童たちと一緒になり、ここで出会いがありました。椿の湯に泊まっていた学童の1人は、「お前は天皇陛下のために死ねるか？」と聞かれたときに「死ねます」と答えたそうです。ふれ合いがあったからこそこれは記憶に残りました。

実はここが大事です。学童たちは日記をつけたり、親に手紙を書いたりしていました。そこにこそ記録が残っていたのです。一例を挙げましょう、7校の一つが東大原国民学校です。この学校は浅間温泉富貴之湯に疎開生活を送っていました。そのうちの一人が太田幸子さんです。彼女は小さな記録を日記から見つけてくれました。それには「三月二十八日（水）午後、吉原さんが飛行機で富貴之湯を飛んだ。宙返りもした」とありました。たった一行の記録ですが、大きな手掛かりとなりました。

これを具体的に調べました。それで全貌がわかったのです。吉原さんは、吉原香軍曹です。浅間温泉富貴之湯を宿舎としていた特攻隊員です。これは謎を解くキーとなりました。富貴之湯旅館に特攻隊員が泊まっていたということ。彼は誠第三一飛行隊に属する特攻隊員だったのです。その総勢は15名です。

吉原香軍曹が所属していた隊は別称武揚隊とも言いました。実は1945年2月10日に満州新京で特攻隊４隊が発足しています、このうちの２隊が武揚隊であり、武剋隊なのです。この２隊は沖縄に出撃していくのですが、爆装改修のために松本にやってきたのです。

松本飛来の特攻隊は記録がないためによくわかりません。ところがこの２隊については記録が多く出て来ました。一つは疎開学童が書き残した日記や手紙です。二つ目は『週間少国民』（第４巻 18 号 1945 年５月５日　朝日新聞社）の記事です。三つ目は松本高女の慰問女子学生が持っていたサイン帳です。またこの他に武剋隊についていた整備員の記録も見つかりました。

その他の特攻隊

武揚隊、武剋隊については詳しくわかりましたが、他は不明です。それでも手掛かりは得ています。先に椿の湯のことを書きました。ここと小柳の湯を世田谷の山崎国民学校の学童が使っていました。この隊は出撃していくときに浅間温泉まで飛んで来てお別れの旋回をしたそうです。彼らの戦闘機は宮崎県新田原飛行場へ飛びました。そして 1945 年４月３日付けで隊員の小林三次さんから手紙が届きました。「近々出撃して戦果を挙げるから新聞をよく見ていてくれ」と葉書には書かれていました。それで出撃したものだと思っていたら満州から「皆さん、元気ですか？」という手紙が来ました。これも大きな謎です。

戦争と平和展：松本博物館

全体のまとめです。戦争末期において陸軍松本飛行場は特攻機を温存し、整備するための重要飛行場だったと言えます。その理由としては地政学的な優位性があったからだと考えられます。特攻機は特攻用に改造する必要がありました。本来なら設備や要員が整った本土の航空工廠で行ったでしょうが、制空権が奪われた太平洋側の飛行場では無理がありました。そのために急遽予定を変えて松本に飛んできたのです。周りがアルプスに囲まれていて、これが盾となって襲われ難かったからだと言えます。

最近わかったことは平壌を本拠地とする第五航空軍傘下の戦闘機が松本に来ていたことです。満州や朝鮮などの外地ではやはり改修が難しかったのでしょう。陸軍松本飛行場に特攻隊が数多く飛来してきたのは、山岳飛行場で敵機の襲来を避けられたからでしょう。が、戦争末期において陸軍松本飛行場が特攻機を温存し、整備するための重要飛行場だった。このことは近代戦争史の中では記録されていません。

【参考文献】

きむら けん『鉛筆部隊と特攻隊──もうひとつの戦史』彩流社（2012）

同上『特攻隊と（松本）褶曲山脈──鉛筆部隊の軌跡』彩流社（2013）

同上『忘れられた特攻隊──信州松本から新田原出撃を追って』彩流社（2014）

同上『と号第三十一飛行隊「武揚隊」の軌跡──さまよえる特攻隊』えにし書房（2017）

同上『台湾出撃沖縄特攻── 陸軍八塊飛行場をめぐる物語』えにし書房（2022）

《コラム》

神宮寺本堂に残る丸木位里、丸木俊の 88 面の絵画

岡村幸宣

松本市の浅間温泉に、神宮寺という臨済宗の寺院があります。境内には浅間温泉に投宿した際に与謝野晶子が詠んだ歌碑や、浅間温泉「香蘭荘」の経営者で、前衛詩人として活躍して治安維持法容疑で捕まり、戦後に本郷村（当時）村長をつとめた高橋玄一郎（本名・小岩井源一）の詩碑もあります。

本堂には丸木位里と丸木俊の描いた 88 面の見ごたえのある襖絵・杉戸絵・屏風絵が残されています。上間に 8 面の「竹図」、上間次の間には 18 面の「シルクロード図」、下間に 4 面の「臥龍梅図」と 4 面の「若松図」、下間次の間には 12 面の「上高地図」と 6 面の「安曇野図」。本堂の正面には 8 面の「十六羅漢図」、右に 6 枚の「涅槃図」、左に 6 面の「六道図」、別棟の客間に 4 面の「竹図」と屏風 2 面。

本堂外側を仕切る杉戸には 10 面の墨絵の「十牛図」もあります。「十牛図」とは、北宋時代の禅師・廓庵が考案した禅の精神を学ぶための物語絵で、逃げ出した牛（真の自己の象徴）を探し求める牧人を段階的に描くものです。黒々とした太筆の力強い円の内に描かれた牧人の姿は、位里と俊ならではの伸びやかなユーモアが感じられます。

広島出身の位里と、その妻の俊は、1950 年から約 30 年かけて共同制作「原爆の図」を発表し続けたことで知られています。当初は米軍を中心とする連合国軍の占領下で、原爆被害の報道が厳しく禁じられていました。沖縄や奄美などを除く日本が占領から解放されて原爆報道が解禁されたのは 1952 年 4 月のことです。しかし位里と俊は朝鮮戦争の勃発により米軍の圧力が強まっていたにもかかわらず、「原爆の図」を携えて日本全国を巡回し、いち早く人びとに原爆の惨禍を伝えました。

長野県内でも 1951 年 5 月 20 日から 25 日まで松本市の第一地区公民館で、同じく 5 月 27 日から 31 日まで長野市の城山公園で「原爆の図」三部作の展覧会が開かれた記録が残されています。このとき長野北高校の生徒で、のちに芸術家として活躍した池田満寿夫は、「原爆の図」を観た感想を日記に記しています。

その位里と俊が、なぜ神宮寺に襖絵を描いたのでしょうか。

1988 年 2 月、松本市内で、本橋成一写真展「ふたりの画家～丸木位里·丸木俊の世界～」が開かれました。本橋は 1980 年代なかばに埼玉県東松山市にある原爆の図丸木美術館に通い、隣接する自宅で暮らす位里と俊の日常を写真に撮り続けていました。1987 年 4 月には晶文社より同名の写真集も刊行していました。

この写真展をきっかけに市民有志が集まり、同年の 10 月 5 日から 11 日まで松本市勤労者福祉センターで「原爆の図」の展覧会が開催されたのです。「原爆の図」15 部連作より 7 点が出品され、加えて「沖縄の図」8 連作、「南京大虐殺の図」などが展示される大規模な展覧会でした。当時、神宮寺の副住職だった高橋卓志も有志に加わっていました。高橋は新築された神宮寺本堂の襖絵を位里と俊に描いてほしいと依頼し、

上「本堂襖絵・十六羅漢」 右「杉戸絵・十牛図」(写真提供・神宮寺)

ふたりも快諾して、11月から12月にかけて浅間温泉の「御殿の湯」に長期滞在し、襖絵の制作に取り組みました。

北アルプスの美しい自然だけでなく、天山山脈、火焔山、鳴沙山など中央アジアの雄大な山嶺が描かれたのは、1985年に位里と俊が敦煌、ウルムチ、トルファン、カシュガルなどを旅した影響でしょう。「極楽図」に描かれた飛天も、敦煌莫高窟の壁画をもとにしています。中でも特徴的なのは「十六羅漢図」です。通常の十六羅漢はもっとも修業を積んだ釈迦の高弟や聖者を指しますが、位里と俊は、当時の神宮寺住職の家族たちや作者である自身の姿を取り入れ、現代的な風俗の羅漢を描き残しています。位里の足もとに酒があり、車いすにのった女性も登場するユニークな襖絵は、観る者の印象に強く残ります。

高橋は1991年より2019年まで神宮寺の住職をつとめ、その間に、永六輔を校長、無着成恭を教頭とする「尋常浅間学校」を開校しました。明治期に「廃仏毀釈」で消滅した神宮寺の跡地にあった実在の学校名を使い、現代における地域の学びの場として再生したのです。1997年から2007年にかけての10年に100回企画された授業では、終末医療や高齢社会、宗教、沖縄や在日朝鮮人問題など、いのちをめぐるさまざまな対話やコンサートが行われました。1998年からは毎年8月に「原爆の図」が展示されました。最初の展示は朝鮮人被爆者を描いた原爆の図第14部《からす》でした。この企画は2001年から「いのちの伝承」と名を変え、2017年まで20年間続けられます。

高橋はチェルノブイリや福島の原発事故の被災者の支援活動にも熱心に取り組みましたが、こうした活動の原点には、原爆から南京、アウシュビッツ、沖縄戦、水俣病へと視野を広げ、いのちを想い続けた位里と俊の絵画との出会いがあったと回想しています。

絵画にこめられた思いは、土地や人に根を下ろし、新たな歴史を生みます。これからも位里と俊の絵画は、いのちを想う人びとともに未来へ伝わっていくことでしょう。

【参考文献】

高橋卓志「ふすま絵日記」、『原爆の図丸木美術館ニュース』第31号、原爆の図丸木美術館(1989)
金井奈津子+高橋卓志編著『奇跡の学びの軌跡　尋常浅間学校10年鑑100回顧』企画室僧伽(2007)
岡村幸宣『《原爆の図》全国巡回　占領下、100万人が観た!』新宿書房(2015)
高橋卓志「42/69神宮寺——再建(Renaissance)と変革(Revolution)の軌跡　前編:神宮寺(Renaissance)再建」、『未来への遊行帳』No.008、神宮寺花園会(2017)
高橋卓志「42/69神宮寺——再建(Renaissance)と変革(Revolution)の軌跡　後編:神宮寺(Revolution)変革」、『未来への遊行帳』No.009、神宮寺花園会(2018)

満蒙開拓の歴史は私たちに何を教えてくれるのか

加藤聖文

近代化のなかで解体する農村

一般的には「満蒙開拓団」と呼ばれる満洲移民は、近代以降の日本の農村が抱え続けてきた諸矛盾の象徴です。

今では農村出身者の影は薄くなってしまいましたが、高度経済成長期前までは日本人の多くは農村出身者でした。明治から始まった日本の近代化、そして戦後の高度経済成長は農村を踏み台にして進められたもので、日本の近現代史は農村を抜きにして語ることはできません。しかし、東京一極集中の現在では農村そのものが忘れ去られようとしています。

日本の農村は近現代の歴史に翻弄されてきましたが、その萌芽は当初からあらわれていました。日本の農村の根源的な問題であった地主制度は、近代資本主義の発達に伴って肥大化・構造化し、地域経済を支える存在となっていました。そして、地主は政党政治の伸張という時流に乗って政治権力まで獲得するにいたります。その結果、地主制度の諸矛盾を解決すべき場である政治は、その役割を放擲(ほうてき)し地主制度を擁護する場となりました。

政治の力で解決不可能な農村問題をいかにして解決したらよいのか？　この課題に取り組もうとした者は、既得権に縛られない理想に燃えて熱意あふれる青年たちでした。彼らはそれぞれの立場から農村問題の解決に向き合いました。農林官僚は法制度の整備によって、農学者は学術研究の成果に基づいた理論をもって、農本主義者は貧しい農民と向き合った経験と教育者としての熱意をもって、それぞれの立場から農民の保護、そして近代化の中で解体の危機にさらされた農村の再生を図ろうとしました。

満洲移民政策に関わることになる石黒忠篤、那須皓、橋本傳左衛門、杉野忠夫、加藤完治たちはいずれも人並み以上の「熱量」をもって農村問題に取り組んだ「善意」にあふれる者たちでした。彼らは自己の利益だけを考える帝国主義者や国家主義者や軍国主義者ではありません。この点を押さえておかないと満蒙開拓団の根源的な矛盾はわからないでしょう。

日本の農村は貨幣経済の浸透に伴って近世後期から地主制が拡大していきましたが、明治維新以降、政府主導で国民国家が創造されると同時に近代資本主義が形成されると地主制がますます肥大化し、前近代の村落共同体は急速に解体していきました。今日、私たちが理解している「村」は、正しくは明治以降の地方制度改革によって生まれた行政村であって、近世までの「ムラ」ではありません。

そして、日本を支えてきた農村が「近代化」した結果、旧来の共同体を構成していた農民間の人間関係も変容していきました。具体的には、自作農(じさくのう)からなる中農層(ちゅうのうそう)が没落するとともに地主層の寄生地主化が進むと、これまで村落共同体内で「顔の見える」関係にあって融通の効いた地主＝小作関係が、共同体を超えた「顔の見えない」ビジネスライクな関係へと変化し、その結果、小作料をめぐる対立が先鋭化していきました。

理想主義者たちの農村救済

近代以降の農村を襲った急激な変化によって村落共同体は解体の危機にさらされます。これに対して村落共同体の再生を図ろうとしたのが農商務官僚であった柳田國男でした。のちに民俗学者として名をなす柳田が着目したのが地主の自作農化による中農層の拡大でした。しかし、彼の官僚としての試みは挫折します。彼は官界を去って民俗学を打ち立て、失われつつある共同体の記憶を記録として残す道を歩むことになります。

柳田の試みは挫折しましたが、彼の抱いた危機感と共同体再生の構想は後輩にあたる石黒忠篤に受け継がれました。「農政の大御所」と呼ばれ大正・昭和戦前期の農政に大きな影響を与えた石黒は、満洲移民政策を考える上でもっとも重要な人物です。

石黒は、ロシア革命による共産主義国家の登場という世界的な思想変革の影響を受けてますます先鋭化した小作問題に向き合うなかで、旧来の地主からなる名望家層ではなく、自作農層から時代に適応する新しい感覚を持つリーダー「中心人物」を育成し、農村を協同組合化することで農村の立て直しを図ろうとしました。その理論的支柱となったのは那須皓や橋本傳左衛門であり、実践面で「同志」ともいえたのが加藤完治でした。彼らは現代化によって再生を超えた新しい農村を創り出そうと考えていたのです。

ただし、第一次世界大戦後から具体化する石黒の政策プランはあくまでも日本国内で完結する農村再生策でした。一方、この時期は藩閥から政党が政治の主導権を奪取する時代に当たっていました。「大正デモクラシー」と呼ばれる時代に合致していた石黒のプランは、皮肉なことに政党が最大の抵抗勢力となりました。その理由は、国会議員の大半が地主層に属していて、彼らの既得権と衝突したからでした。当時の水田小作料は物納制であって、小作人は民法上の賃借権によっていつでも契約解除される弱い立場にありました。収穫の半分を獲得する地主は、生産性の向上よりも米の供給制限による米価つり上げによって所得の増加を図っていたのです。その結果、貨幣経済の影響を受けていたにも関わらず、小作地での収穫物を現金化できない小作人は、いつまでも苦しい生活を強いられていたのです。

柳田は小作人の生活向上のために小作料金納化を主張しましたが挫折。しかし、第一次世界大戦中の米価高騰によって米騒動が起き、米価対策は政府にとっても喫緊の課題となります。柳田の意思を継いだ石黒は、自作農創設・小作立法・小作調停の農地対策三本柱を軸に小作問題解決に取り組みます。石黒を筆頭とした農林官僚は革新的な農村問題解決に積極的でしが、前述したように政党の抵抗によって容易に実現されませんでした。つまり、農村問題の根本的な解決は政党が力を持つ限り不可能でした。

しかし、農村をめぐる環境は世界恐慌がもたらした蚕糸業の大打撃によって一層悪化していきました。当時、今と違って「経済小国」だった日本の対米主力輸出品は生糸でした。生糸は、生産の末端を担っていた個別農家にとって数少ない現金収入をもたらすだけではなく、世界経済と結び

日本満州位置図（昭和 17 年当時）

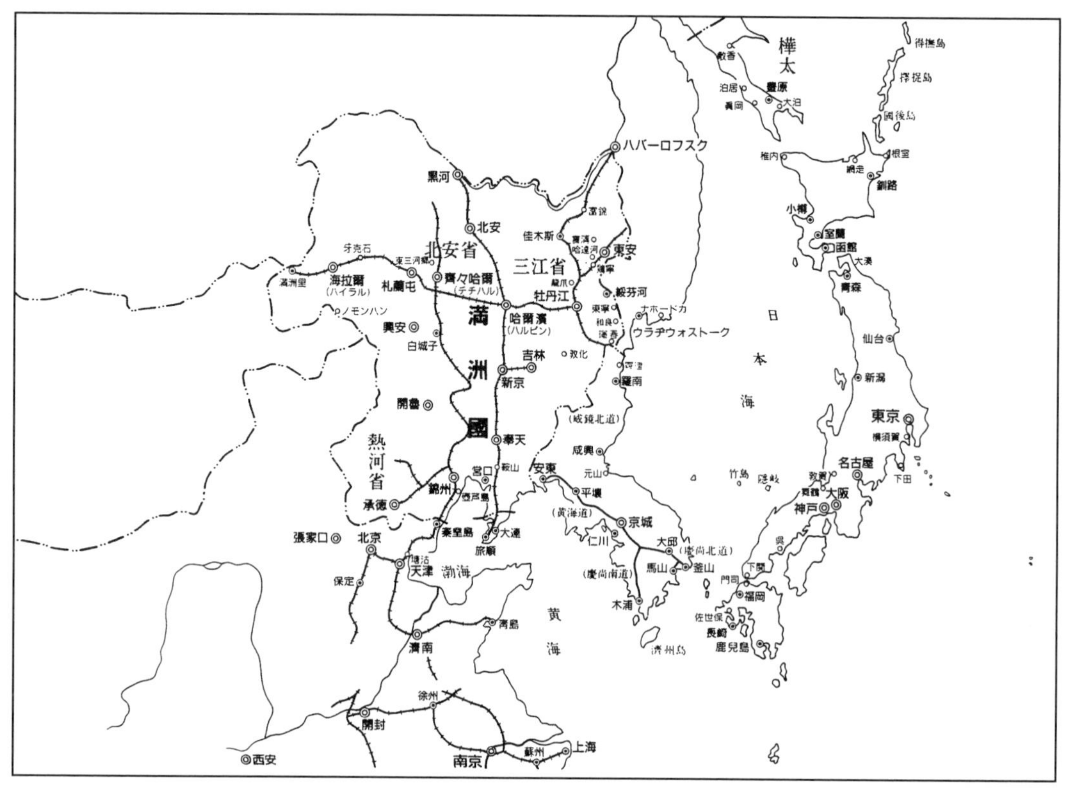

出典：陸軍参謀本部陸地六両部作成「最新東亜大地図」

つける国際商品だったのです。そのため、世界恐慌による生糸輸出の落ち込みと価格の暴落は農家の収入を直撃しました。さらに、都市部では恐慌による工場閉鎖で失業者があふれました。彼らの多くは農村部から送り出された人々だったのです。このようにニューヨークで始まった世界恐慌は、回り回って日本の農村を直撃したのです。

長野県はのちに満洲移民を最も多く送出する県になりますが、長野県は養蚕が盛んな地域であり、世界恐慌の打撃をもっとも受けた地域の一つでした。このように、養蚕業と満洲民とは密接に結びついていたのです。

こうした危機的な農村の疲弊は、農本主義者や国家主義者らにも農村救済の緊急性を認識させました。しかも、共産主義や世界恐慌といった世界的規模の変動に対して、日本国内だけに目を向けた小手先の改革では手遅れであるという危機感も高まり、日本という国家そのものを変革しなければならないという国家改造論の色合いを強めることになっていきました。

満洲事変の衝撃

農村問題が八方塞がりになった現状を打破したのが満洲事変でした。日本の近代史のなかで最も重要な出来事は何かと問われれば、私は迷わず満洲事変を挙げます。それだけ満洲事変が日本と東アジア、そして世界にもたらした影響は大きいのです。そして、満洲移民政策もこの事変を抜きにして語ることができません。

満洲事変によって障壁だった政党の勢力が退潮すると、石黒たち農林官僚の農村改革策は、全国で大規模に展開されることになりました。それが農山漁村経済更生運動です。この運動は世界恐慌の直撃を受けた農村に対して、

①農民への融資拡大

②個人間の負債問題を村全体の問題として解決

③公共土木事業による雇用確保による救済を図る

ものでしたが、基本思想は、世界恐慌前の保護政策的な農政から保護を超えた村づくり的な農政への転換を図ったもので、「隣保共助」「自力更生」をスローガンに掲げ、近代化のなかで崩れつつあった村落共同体を団体自治という新しい枠組みで再建しようという狙いがありました。

そして、この運動を政策に押し上げたのは農林官僚だけではなく、満洲事変を機に勢いを増した農本主義者や国家主義者、さらには社会主義者たち在野の力でした。

のちに経済更生運動が満洲移民政策と結びつくのは、巨額の予算が配分される国策に対して、農林省に加えて拓務省をはじめ中央官庁が競って群がっていっただけではなく、実際に現場で活動に取り組んでいた実践家たちの積極的な関与を無視することはできません。そして、彼らの声を後押ししたのが満洲事変の「成功」に熱狂する国民でもありました。

このような在野の実践家のなかで農村救済を満洲移民と結びつけた代表格が加藤完治でした。加藤の特徴は、農業経済学者として満洲移民の理論的支柱となる那須皓と東京帝国大学で同期、橋本傳左衛門とは1学年後輩にあたり、石黒忠篤と実践活動を通じて肝胆相照らす仲となるなど他の実践家と異なり、政策中枢とのパイプを持っていたことでした。そして、このネットワークで結びついた加藤・那須・橋本・石黒が満洲移民政策の中心的な役割を果たすことになりました。

ただし、満洲移民は農村救済という国内対策が表看板でしたが、本当は軍事的な目的によるものでした。一般の国民はもちろん、満洲移民の推進者であった加藤らも知らなかったこの目的こそ、満洲移民が悲劇的最期を迎える要因です。

満洲事変後によって生まれた満洲国は、関東軍が支配する傀儡国家でした。関東軍にとって満洲国はこれからの戦争の主流となる総力戦体制を支える資源供給地であり、またソ連に対する軍事拠点でした。

実質的には満洲移民政策の主導権は関東軍が握っていました。そして、関東軍にとって満洲移民による開拓団は、有事の際に食糧と兵員を供給する兵站基地と位置づけられていました。そのため、開拓団はソ連との国境、なかでも対ソ戦の主戦場と想定された満洲東部に集中していたのです。
占領地の支配権を確実なものとするために自国民を入植させ、彼らを武装させて兵力として活用することも、東ヨーロッパでは一般的に行われていました。ソ連もまた満洲国の出現に衝撃を受け、国境周辺に武装移民を入植させています。このように、世界的に見れば関東軍の方針も特異なものではありませんでした。

この関東軍の方針は当初から一貫していました。加藤と並んで満洲移民の生みの親といわれた東宮鉄男は関東軍であっても現場の指揮官でしかなく、実際の発案と実現化を図ったのは満洲事変の首謀者だった石原莞爾でした。また、20ヶ年100万戸移住計画も満蒙開拓青少年義勇軍も、関東軍の幕僚たちによって考え出されたものであり、そこには加藤完治や那須皓ら移民推進者も農林省や拓務省といった中央官庁も一切関わることはできず、その本当の意図を知らされることはありま

せんでした。しかも、移民政策の主導的役割を果たした石原莞爾は陸軍内部の権力闘争に敗れて陸軍を去り、その後の移民政策に関与した関東軍の幕僚たちは人事異動で頻繁に入れ替わり、最終的な責任者は誰なのかまったくわからないというのが実情でした。

結局、満洲移民政策は多くの人の熱意と野心が入り乱れるなかで国策となって実行されました。しかし、すべての過程に関与した人物は皆無であって、政策の責任主体は存在しなかったのです。まさに責任所在の「無」が満蒙開拓団の歴史の悲劇であったといえます。

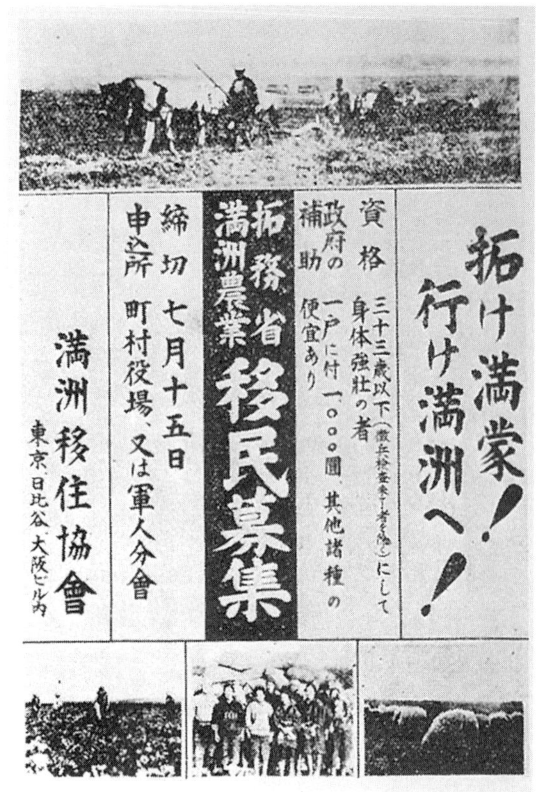

拓務省 移民募集ポスター
（『満州開拓史』満州開拓史刊行会 1980 年より）

そして、このような国策は、中央から地方へ機械的に移民送出の数値目標が定められ、全国くまなく推し進められます。その際に活用されたのが経済更生運動の過程で作り出されたネットワークや新しい農村リーダーたちでした。経済更生運動が熱心に行われた地域で満洲移民が盛んに唱えられます。ある意味において中央の指示に真面目な地域であればあるほど満洲移民にのめり込んでいきました。長野県はそのような代表的な地域であって、教育現場まで巻き込んで強力に押し進められていったのです。

開拓民の終わらない戦後

歴史的に何らつながりのない満洲に日本は開拓団を送り出しました。しかし、日本人にとっては内在的必然性によるものでも自発的なものでもなかったため、満洲国が民族協和を掲げていても開拓民が現地に溶け込むことはありませんでした。

とくに重要なことは、開拓民は新しい生活基盤を築き、一生をそこで過ごす覚悟で満洲国へ渡りましたが、日本国籍のままであったことです。建前上、満洲国は「外国」でしたが、誰もそのような認識を持っていませんでした。満洲国を支配する日本人（関東軍の幕僚や満洲国政府の高官）は自らが日本国籍を捨てたくないために国籍法を作らなかったため、満洲国という「国家」はあっても満洲国民という「国民」のいない奇妙な国でした。

近代国家は「領土」と「国民」と「主権」がなければ成立しません。満洲国は領土だけしかなく、まさに傀儡国家そのものでした。そのため、本気で国を守ろうという国民は皆無であり、ソ連軍の進攻を前にして、あっという間に瓦解（がかい）してしまったのです。

開拓民は満洲国崩壊という大津波に飲み込まれ、多くの悲劇と犠牲者を生み出しました。しかし、彼らの悲劇の歴史は満洲国崩壊で終わるのではなく、その後も続きます。

日本へ引き揚げた開拓民は戦後の生活再建に取り組まなければなりませんでしたが、農民である彼らにとってすでに手放した農地を取り戻すことは難しく、政府が用意した戦後開拓地に再入植します。しかし、戦後開拓地の多くは農耕に適さない荒れ地であって多くが失敗に終わります。日本が高度経済成長に突き進み「経済大国」になる一方で、その恩恵に与れない元開拓民がいたのです。また、開拓団が壊滅するなかで多くの中国残留者——女性と子供——が発生しました。彼らは戦後中国の激動の歴史に翻弄されます。

中国の近現代史は日本と比べものにならないほど激しく変転しました。満洲といわれた中国東北もその例外ではありませんでした。政治の支配者は入れ替わり立ち替わり現れては消え、1945年に日本との戦争が終わった後も内戦が続き、1949年になってようやく中国共産党による支配が確立しました。しかし、日本以上に強固だった地主制度を破壊して、共産主義社会の実現を目指した共産党の政策は社会に大きな混乱も巻き起こします。地主・資本家の根絶と、社会に残る古い考えや習慣の一掃を図った三反五反運動、共産主義の「総本山」だったソ連からの自立を図った大躍進政策、そして共産党内部の権力争いであった文化大革命といった大混乱に巻き込まれて多くの人命が失われました。残留者は日本人であるだけで迫害の対象になりました。彼らが日本人であることを名乗り出ることができるようになったのは、戦争が終わって27年経った1972年の日中国交正常化を待たなければなりませんでした。中国の現代史は、残留者を通して日本の現代史と繋がっているのです。

国交の正常化によって日本への帰国が本格化します。しかし、彼らの苦難の歴史は終わりませんでした。「中国人」になっていた彼らにとって祖国である日本は「異国」だったのです。今は中国と日本は同じような社会であって、中国の方が進んでいる面もあります。しかし、当時の日本は先進国で中国は改革開放前の途上国、社会の仕組みは何もかも違っていました。残留者は言葉だけでなく社会のギャップに苦しみ、経済的にも困窮します。しかし、日本社会は彼らの帰国だけに関心を寄せ、帰国後の問題に鈍感でした。結局、帰国した残留者をめぐる問題は少しずつ改善されていても根本的な問題は今なお続いています。

開拓民の歴史は現在の中国残留者問題まで繋がっています。このことは日中の現代史が密接に結びついていることも教えてくれると同時に、多文化共生といった現在の普遍的な課題に向き合うための生きた教科書でもあるのです。

【参考文献】

加藤聖文『満蒙開拓団——国策の虜囚』岩波現代文庫（2023）
井出孫六『終わりなき旅——「中国残留孤児」の歴史と現在』岩波現代文庫（2004）
井出孫六『中国残留邦人——置き去られた六十余年』岩波新書（2008）
二松啓紀『移民たちの「満州」——満蒙開拓団の虚と実』平凡社新書（2015）
東京の満蒙開拓団を知る会『東京満蒙開拓団』ゆまに書房（2012）

《コラム》

「満蒙開拓平和記念館」の建設経過と現状

寺沢秀文

1. 開館までの経過等

同館は満蒙開拓（満州開拓）に特化した全国唯一の記念館として長野県下伊那郡阿智村に2013年（平成25年）4月に開館しました。かつて全国から約27万人が渡満したとされる満蒙開拓ですが、これに特化した記念館等はそれまで全国どこにもなかったのです（なお満蒙開拓青少年義勇軍だけの資料館が現水戸市内原にある）。日中双方等含め大きな犠牲を出した満蒙開拓の歴史でありながら、これをメインテーマとした資料館等がそれまで全国どこにもなかったのは、「開拓」の美名の下、国策として多くの開拓団員を送出しながらも、その実は現地の人々にも多くの犠牲を強い、また開拓団自体からも多くの犠牲を出した歴史であるがゆえにその歴史に向き合うことが避けられがちな、言わば「不都合な歴史」であったことが大きいためです。また外地でのことであり、かつその悲惨な終末のために当時の現地資料等もほとんど残されておらず、また引揚者も戦後開拓等の苦難な道を歩む中で、これらを取り上げた記念館等が作られることはありませんでした。

そのような中、「満蒙開拓に特化した記念館を作ろう」という全国初の活動が始まったのは、約33,000人と全国最多の満蒙開拓団を送出した長野県の中でも最も多くの約8,400人を送出した県南の飯田・下伊那地方においてでした。全国最多の満蒙開拓団を送出した当地域であるため、現地に残された残留孤児・婦人も多く、これらの人々が長い年月を経てようやく日本へと永住帰国してきた昭和50年代以降、地元行政等と共にその帰国支援等に取り組んだのは、飯伊日中友好協会（現在の飯田日中友好協会）、日中友好手を繋ぐ会（山本慈昭氏らが創設）等の民間団体でした。特にその中核となった飯田日中友好協会ではその帰国支援活動等を通じて、残留孤児・婦人らの多くが開拓団の子女であること等が明らかになる中で、満蒙開拓の歴史を継承、展示する施設設置の必要性を痛感するところとなったのです。同協会が中心となって、2006年（平成18年）7月、全国初の満蒙開拓に特化した資料館建設を目指して建設準備会が発足しました。国策で推進された満蒙開拓のため、当初は国立、県立等公立での記念館設置を目指しましたが行政等の支援はなかなか進まず、当面は民間主体で建設を目指すところとなりました。

しかしながら建設計画は難航し、全国に呼びかけを行った建設資金の募金活動もリーマンショック等もあってなかなか進まず、また当初は飯田市内での確保を目指した建設候補地もなかなか見つからない等の苦境が続きました。そのような中、飯田市に隣接する下伊那郡阿智村が村有地を無償貸与してくれることとなり、また「民間がそこまで頑張っているならば」と長野県、地元行政等からも建設費の助成が得られるところまで漕ぎ着けることができました。こうして約1億2千万円の事業費により全国で唯一の満蒙開拓に特化した記念館が、2013年（平成25年）4月、民間運営施設として開館しました。

2. 開館後の推移と現状等

開館後、来館者数も予想以上にて推移し、コロナ禍による減少等はあるものの、開館後約10年間の来館者総数は約 215,000 人弱を数えます（2022 年 12 月末段階）。また開館 4 年目の 2017 年（平成 29 年）11 月には天皇皇后両陛下（当時）も来館されました。また、開館 6 年目の 2019 年（令和元年）10 月には修学旅行、平和学習等の団体受け入れに対応するための「セミナー棟」を増設し、施設充実が図られています。

館内では満蒙開拓の時代的背景、現地での生活の様子、終戦時の様子、戦後の状況等幅広い分野にわたって資料、写真等の展示、映像等により学ぶことができます。また、元開拓団員ら「語り部」による体験談を聞く会も定期的に開催され貴重な機会となっています。財政的にも厳しい民間運営であり、学芸員等も置けず学術的なフォロー等不十分な点はありますが、民間運営施設として同じ市民目線で、誰にもわかりやすい展示、ガイドに努めています。また当館の基本的スタンスとして「被害」だけでなく「加害」の面にも向き合う等の姿勢も堅持しています。記念館は戦後余り語られなかった満蒙開拓の史実の継承と共に、満蒙開拓をキーワードとして戦争や平和等について共に考える場、人と人の交流の場としてもその存在意義を高めています。

2023 年で開館 10 年となる当館もコロナ禍の中で厳しい運営を迫られていますが、本来、この満蒙開拓という史実は官民協力し、地域一体で継承すべき史実であるという基本的姿勢から、自治体も記念館の運営に共に参画してもらうことを目的とした「自治体パートナー制度」を 2022 年春よりスタートしました。同年 12 月の段階で長野県並びに県下 31 市町村より計 54 口（1 口年間 5 万円）の参加が得られ、開館以来の個人等を主体とする協力会員「ピースサポーター制度」（個人会員年間 2 千円。会員数約 560 人）と共に記念館運営の支えの一つとなっています。

[満蒙開拓平和記念館の概要]

＊所在地：長野県下伊那郡阿智村駒場 711 番 10

＊運営主体：一般社団法人満蒙開拓平和記念館

＊敷地面積：2,067.9㎡（阿智村有地を無償貸与）

＊建物延床面積：（本館）木造平家建　507.70㎡

（セミナー棟）木造平家建　327.96㎡

《**コラム**》

長野県内の「満蒙開拓慰霊碑」とその現状

寺沢秀文

1. 長野県内の満蒙開拓慰霊碑の概要

全国から約27万人が渡満し、そのうち約8万人が旧満州現地で犠牲となった「満蒙開拓」。これら犠牲者を慰霊するための「満蒙開拓慰霊碑」等が戦後、全国各地で建立されています。長野県でも全国最多の満蒙開拓団を送出しているだけに、その犠牲者等を慰霊する慰霊碑等も県内各地に建立されています。

これらの慰霊碑は、その建立の中心となった元満蒙開拓団員ら関係者が健在な間は、その維持・管理を行い、慰霊祭も行われてきたものの、その高齢化と共に、これを維持してきた開拓団の戦後組織もその多くが解散、自然消滅し、その維持管理も不十分な状態のものとなりつつあります。それらのことも踏まえ、その慰霊碑の調査記録誌を作成しようとする活動も行われています。まず飯田日中友好協会の有志らが2003年（平成15年）に伊那谷地区の慰霊碑の調査に着手し、その後、この調査記録活動を全県規模で行うことを、長野県開拓自興会（満蒙開拓からの引揚者等により組織された戦後の全県組織。2010年に解散）の常任理事会にて提案、採択され、全県的な調査を実施することになりました。約1年半の調査を経て2005年（平成17年）に同自興会により全県調査結果をまとめた全県版の『満州開拓乃碑・記録と写真』が出版されました。また、ほぼ同時期に伊那谷分のみを収録した『慰霊碑は語る～満蒙開拓と伊那谷～』が自費出版されています。これらの調査結果によれば、調査時、県下全域で59基（ただし私家的なものも含む）の慰霊碑が建立されていることが確認されています。

その後、前述の2005年調査時の漏れや新設の補充も含めて、寺沢秀文が全県の悉皆調査を実施、その調査結果が2021年8月「ダイジェスト版」として満蒙開拓平和記念館より発行されています。その最新調査結果によれば、私家的なものを除き、下記の通り、県下で計56基の慰霊碑が建立されていることが確認されています。

[地区別]　北信11基　　東信9基　中信11基　南信25基
[開拓団形態別]　　一般開拓団35基　　青少年義勇軍14基　　区分なし7基

2. 県内の満蒙開拓慰霊碑の特徴、傾向等

県下に存在する慰霊碑の前記悉皆調査を通じて、下記の事実や傾向が改めて明らかとなりました。これらは長野県以外の慰霊碑にもほぼ共通して指摘できる事項です。

①建立時期

昭和20年代　7基　　昭和30年代　6基　　昭和40年代　19基
昭和50年代　18基　　昭和60年代以降　5基

上記の通り、戦後20～30年以上を経た昭和40～50年代の建立が6割以上を占めます。これは旧満州からの裸同然での引揚後の厳しい生活時代を経て、ようやく慰霊碑を建てられる経済的、精神的な余裕ができたのは戦後20年を経てからのことであったことと考えられます。

②建立主体

各個別開拓団関係組織等　34基　　市町村・広域行政等　7基

慰霊碑等建立委員会　9基　　その他　2基

建立の過半が、各開拓団の個別戦後組織によるものです。そのため、関係者の高齢化によるこれら組織の解散、自然消滅からその維持管理の担い手がいなくなってきています。

③建立場所

公有地　15基　　寺社境内　31基　　共同墓地　4基　個人墓地　1基

不明・その他　5基

前記の通り維持管理団体がなくなる中で、その所在場所によっては今後の維持、存続すら困難となる可能性もあります。

3. 慰霊碑の碑銘、碑文等について

これら慰霊碑の碑銘は「慰霊碑」とするものも多いが、「拓魂碑」としているものも少なくありません。また、碑文の内容を見ると、当然ながら同志同朋らの慰霊の思いは第一としています。しかし、多くの犠牲を生んだ満蒙開拓と言う史実そのものの受け止めについて、その問題点の指摘や反省を取り入れた碑文は極めて少なく、逆に満蒙開拓そのものを美化した賛美的、懐古的な記述のものも少なくありません。それは前述のように「慰霊碑」とせず「拓魂碑」としているものが少なくないことにも相通じています。碑銘、碑文を見ても、戦後の満蒙開拓に対する受け止めが見てとれます。

4. これら慰霊碑等の今後の維持管理、活用について

全国的にも同様ですが、これら満蒙開拓慰霊碑は戦後70年以上を経て、その維持管理が不十分となりつつあり、損傷、汚損等も進んでいるものもあります。更にはその存在自体もほとんど地域の中で知られていないのが現状です。かつての地域の歴史でもある満蒙開拓の史実について、身近なところで学ぶことのできる貴重な歴史的遺産でもあるこれら慰霊碑は、地域を挙げてその維持・管理、そして活用に取り組むことが切に望まれるところです。

[長野県内・満蒙開拓・慰霊碑等一覧表]

※ 1. 当一覧表は「長野県開拓自興会」（平成 22 年に解散）が平成 17 年に調査作成した記録誌『満州開拓乃碑』（全県版）を基に、現在時点にて再調査し作成したものである。（旧山口村所在分も含む）

通算No.	地区		碑　名	揮　毫　者		建　立　者
1		1	満州開拓団慰霊碑		大森幸雄	北佐久郡町村会
2		2	大門靖国霊社	靖国神社宮司	筑波藤麿	大門遺族会
3		3	千曲郷開拓団戦争殉難者慰霊碑	内閣官房長官	井出一太郎	千曲郷同志会
4		4	李花小県開拓団物故者慰霊碑		岡川保	李花小県会
5	東信	5	満州佐久郷開拓団物故者含霊塔		記載なし	送出関係町村・団員
6		6	拓魂		加藤完治	柏葉会（宮本中隊）
7		7	牡丹地蔵		記載なし	瑞原会
8		8	満蒙開拓殉難者供養塔・観音像		記載なし	大日向進興会
9		9	満州開拓戦争殉難者慰霊碑	川上村長	藤原忠彦	満州開拓戦争殉難者慰霊碑建立促進会
10		1	水曲柳開拓団殉難犠牲者慰霊之碑	長野県知事	吉村午良	水曲柳開拓団団員一同
11		2	満州開拓観音		記載なし	満州国東安省密山縣南五道崗第六次開拓団河野屯生存者一同
12		3	満州開拓殉難者供養塔	総持寺	勅賜禅師玄宗	富士見町拓友協会
13		4	地蔵尊		記載なし	満州富士見分村拓友会ほか
14		5	満蒙開拓青少年義勇軍殉難之霊		拓道	元義勇隊寮母（個人）
15		6	拓魂碑	大僧正	半田孝海	富士見町満州開拓団関係者一同
16		7	惟拓魂	善光寺貫主	半田孝海	川路自治協議会、川路建碑委員会
17		8	満州大八浪開拓団慰霊碑	泰阜村長	松下利雄	泰阜村、開拓団生存者一同
18		9	満州開拓慰霊碑	長野県知事	西沢権一郎	千代地区満州開拓慰霊碑建立委員会
19		10	満州開拓碑	長野県知事	西沢権一郎	上久堅開拓団拓友一同
20	南信	11	慰霊碑	長野県知事	吉村午良	高森町満蒙関係殉難者慰霊碑建立委員会
21		12	拓魂碑	長野県知事	西沢権一郎	元満州三峯郷開拓団永和会
22		13	慰霊塔		記載なし	伊南わらび会（伊南郷）
23		14	供養塔	長岳寺住職	山本慈紹	哈達河会会員一同
24		15	満州開拓殉難之碑	長野県知事	西沢権一郎	清内路村、村内開拓引揚者一同
25		16	満蒙開拓殉難慰霊碑		加藤完治	旧南向村（現中川村）
26		17	少年の塔		記載なし	上伊那市町村会、上伊那教育会ほか
27		18	満蒙開拓之碑	長野県知事	西沢権一郎	満蒙開拓記念碑建立委員会（旧上郷村）
28		19	喬木村満蒙開拓殉難者慰霊碑	長野県知事	西沢権一郎	喬木村満蒙開拓殉難者慰霊碑建設委員会
29		20	義勇軍招魂碑	松本市長	降旗徳弥	青少年義勇軍・曙会

※2．以下の慰霊碑等は満蒙開拓関係単独のもののみであり、戦争犠牲者等との合同慰霊碑等は含んでいない。また満蒙開拓関係でも個人的なものは含んでいない。

（2021年12月1日現在）
（2021年8月20日分に補追）
（再調査・作成） 寺沢秀文

関係開拓団等名称	建立場所	建立時期（年号）	（西暦）	碑の分類	全県版掲載頁	備考
第八次小古洞蓼科郷開拓団、第十次三台子小諸郷開拓団	佐久市岩村田上の城・城跡境内	S 33.9	1958	合同	38	
第九次羅圏河大門村開拓団	小県郡長和町大門・靖国神社境内	S 28.4	1953	単独	42	
第九次密山千曲郷開拓団	南佐久郡北相木村宮の平・諏訪神社境内	S 50.6.29	1975	単独	52	
第十次李花屯小県郷開拓団	上田市別所温泉・安楽寺境内	S 50.3.22	1975	単独	56	
第十次歓喜嶺佐久郷開拓団	佐久市野沢・原・薬師寺境内	S 26.10	1951	単独	76	
第三次柏葉義勇隊開拓団	北佐久郡軽井沢町塩沢・個人宅地内	S 44.9.23	1969	単独	90	
第四次東海浪瑞原義勇隊開拓団	北佐久郡軽井沢町追分・泉洞寺境内	S 46.9.26	1971	単独	102	
第七次四家房大日向村開拓団	北佐久郡軽井沢町借宿・共同墓地内	H 31.2.21	2019	単独		H31に新設
川上村送出開拓団	南佐久郡川上村・川上村文化センター敷地内	H 23.3	2011	合同		H23に新設
水曲柳開拓団	飯田市箕瀬町・長源寺境内	H 6.3.28	1994	単独	8	H30に現在地に移転
第六次南五道崗長野村開拓団	下伊那郡豊丘村河野・泉龍院境内	S 49.8.16	1974	単独	14	
第八次富士見村開拓団	諏訪郡富士見町南原山	S 29.8	1954	単独	19	
第八次富士見村開拓団	諏訪郡富士見町南原山	S 53.8	1978	単独	20	
満蒙開拓青少年義勇軍	諏訪郡富士見町南原山	S 52	1977	合同	22	
富士見町町送出開拓団	諏訪郡富士見町・富士見保育園北側	S 43.12	1968	合同	22	
第八次老石房川路村開拓団	飯田市川路・川路神社境内	S 47.4.30	1972	単独	24	
第八次大八浪泰阜村開拓団	下伊那郡泰阜村平島田・平和宮境内	S 53.3.18	1978	単独	26	
第八次窪丹崗千代村開拓団	飯田市千代米川・八幡神社横	S 51.10.11	1976	単独	30	
第八次新立屯上久堅村開拓団	飯田市上久堅神之峰	S 48.9.23	1973	単独	32	
高森町送出開拓団	下伊那郡高森町吉田・大丸山公園内	S 56.4.17	1981	合同	40	
第十一次永和三峯郷開拓団	上伊那郡高遠町西高遠・満光寺境内	S 52.9.24	1977	単独	62	
第十一次苗地伊南郷開拓団	駒ヶ根市中沢・常秀院山門前	S 43.11.27	1968	単独	64	
第四次哈達河開拓団	下伊那郡阿智村駒場・長岳寺境内	S 54.4.6	1979	単独	73	
南信濃郷開拓団ほか	下伊那郡清内路村下神社境内	S 50.5.30	1975	合同	74	
旧南向村送出開拓団	上伊那郡中川村大草中組・「望岳荘」上	S 29.11.3	1954	合同	78	
満蒙開拓青少年義勇軍	伊那市中央区・伊那公園内	S 36.4.19	1961	合同	80	
旧上郷村送出開拓団	飯田市上郷黒田・姫宮神社境内	S 46.11.3	1971	合同	81	
喬木村送出開拓団	下伊那郡喬木村阿島・八幡社境内	S 57.4	1982	合同	83	
第二次曙義勇隊開拓団	伊那市中央区・伊那公園内	不明		単独	92	

通算No.	地区		碑　名	揮　毫　者		建　立　者
30	南信	21	満州開拓鳳鳴義勇団　供養塔	開拓団団長	小池由作	鳳鳴同志会
31		22	二龍山農場追悼碑	宇都宮大学教授	堀内宗一	八ヶ岳暁天同窓会
32		23	義勇軍拓魂碑		記載なし	青少年義勇軍・龍川会
33		24	少年義勇軍乃碑	衆議院議員	小川平二	各地区三江会
34		25	わかい拓友の碑		記載なし	三江会生存者一同
35	中信	1	殉國		記載なし	長野弥栄会
36		2	拓魂碑	長野県知事	西沢権一郎	読書村自興会
37		3	拓友之碑	楢川村長	滝澤重人	蘭花会
38		4	慰霊碑	開拓団副団長	浦澤富意知	推峯御嶽郷
39		5	満洲開拓之碑	長野県知事	西沢権一郎	山口村開拓団関係者
40		6	拓魂　宝泉開拓団記念碑	長野県知事	西沢権一郎	宝泉開拓団記念事業実行委員会
41		7	寶泉木曾郷殉歿者供養塔		深沢又佐	木祖村
42		8	東筑摩開拓団殉難碑	塩尻市長	小野光洪	東筑郷拓友会
43		9	八州魂		記載なし	八州会（折山中隊）
44		10	拓友之碑		河原正男	国美拓友会
45		11	拓友之碑	中隊幹部	小川袈裟男	満蒙開拓青少年義勇隊斉藤中隊
46	北信	1	拓魂碑	長野県知事	西沢権一郎	長野県開拓自興会
47		2	慰霊之碑	長野県知事	西沢権一郎	第五次黒台信濃村同志会
48		3	慰霊碑	長野県知事	西沢権一郎	南五道崗長野村同志・同郷会
49		4	慰霊碑	長野県知事	西沢権一郎	中和鎮信濃村同志会
50		5	満州開拓者殉難慰霊塔		山口菊十郎	満州開拓団殉難者下高井郡慰霊委員会
51		6	第九次索倫河下水内郷開拓団慰霊之碑	飯山市長	小山邦武	慰霊碑建立委員会
52		7	更埴満州開拓殉難慰霊碑	善光寺大本願	智光上人	更埴満州開拓殉難塔護持会
53		8	満洲開拓黒姫郷之碑	柏原村長	中村与惣治	上水内郡北山部七ヶ村ほか
54		9	満州珠山開拓慰霊碑	建立委員長	永井正雄	満州珠山開拓慰霊碑建立委員会
55		10	北信拓友会記念碑		小出聖水	北信拓友会
56		11	慰霊碑		記載なし	八洲会（松田中隊）

関係開拓団等名称	建立場所	建立時期（年号）	（西暦）	碑の分類	全県版掲載頁	備考
第三次鳳鳴義勇隊開拓団	諏訪市元町・貞松院境内	S 41.1	1966	単独	94	
満州二龍山特設修練農場	諏訪郡原村・八ヶ岳中央農業実践大学校構内	S 52.8	1977	合同	95	
第四次西海浪竜川義勇隊開拓団	伊那市中央区・伊那公園内	S 46.10.17	1971	単独	100	
第七次三江義勇隊両角中隊	諏訪市湯の脇・温泉寺境内	S 51.3	1976	単独	108	
第七次三江義勇隊両角中隊	飯田市宮の前・大宮神社境内	S 54.11.25	1979	単独	109	
弥栄村開拓団	安曇野市穂高町豊里・共同墓地内	S 45.	1970	単独	7	
第八次公心集読書村開拓団	木曽郡南木曽町読書・天白公園内	S 34.8	1959	単独	28	
第十三次蘭花楢川村開拓団	塩尻市旧楢川村・諏訪神社前	S 49.10	1974	単独	34	
第十四次推峯御嶽郷開拓団	木曽郡木曽町三岳・大泉寺門前	S 32.4.28	1957	単独	36	
第十次双竜泉第一木曽郷開拓団	中津川市・旧山口村・山口支所前	S 47.6.15	1972	単独	58	
第十一次第二木曽郷宝泉開拓団	木曽郡木祖村薮原・木祖村民センター敷地内	S 49.12	1974	単独	67	
第十一次第二木曽郷宝泉開拓団	木曽郡木祖村薮原・下河原共同墓地内	S 22.8	1947	単独	66	R3.11に移転先を確認
第十一次瑪瑯河東筑摩開拓団	塩尻市東山・市営東山霊園内	S 58.10.30	1983	単独	69	
第一次八州義勇隊開拓団	塩尻市・善知鳥峠	S 45.8.16	1970	単独	86	
第二次国美義勇隊開拓団	松本市美須々・長野県護国神社境内	S 48.4	1973	単独	88	
第七次興安義勇隊斉藤中隊	松本市美須々・長野県護国神社境内	S 51.11	1976	単独	106	
長野県内送出全開拓団	長野市・上松・善光寺雲上殿・境内（東裏）	S 49.11.14	1974	合同	2	
第五次黒台信濃村開拓団	長野市・上松・善光寺雲上殿・境内（東裏）	S 47.10	1972	単独	10	
第六次南五道崗長野村開拓団	長野市・上松・善光寺雲上殿・境内（東裏）	S 50.4.29	1975	単独	12	
第七次中和鎮信濃村開拓団	長野市・長野・花岡平霊園　入口	S 50.3	1975	単独	15	
第九次万金山開拓団高社郷	中野市・東山公園	S 26.8.25	1951	単独	44	
第九次索倫河下水内郷開拓団	飯山市飯山盾之平・出雲社入口	H 7.8.15	1995	単独	46	
第九次尖山更級郷開拓団、第十次東索倫河埴科郷開拓団	千曲市上山田町城山・善光寺別院観音寺境内	H 6.4.27	1994	合同	49	
第十次薬泉山黒姫郷開拓団	上水内郡信濃町柏原・小丸山公園内	S 29.8	1954	単独	54	
第十一次珠山上高井郷開拓団	須坂市・臥竜公園内	S 37.11.18	1962	単独	60	
第四次北尖山北信義勇隊開拓団	長野市城山・城山公園（清泉高校北側）	S 38.9	1963	単独	98	
第五次八洲義勇隊開拓団	長野市・上松・善光寺雲上殿・境内（東裏）	S 42.4	1967	単独	104	

清内路村慰霊碑＝現阿智村の諏訪神社境内

惟拓魂（おもう拓魂）の碑（下伊那郡川路分村開拓団慰霊之碑）
＝現飯田市川路にある川路神社

元第七次中和鎮信濃村開拓団＝長野市箱清水・善光寺雲上殿裏駐車場

拓友之碑（満蒙開拓青少年義勇軍第七次斉藤中隊）
＝松本市護国神社境内

《コラム》

戦争遺跡に平和を学ぶ〈安曇野編〉

平川豊志

戦争遺跡とは

戦闘が行われた場所・空襲の被害地はもちろんですが、戦争を遂行するために作られたもの、たとえば軍隊の駐屯地・軍隊のために作られた道路・飛行場、軍需工場、また戦争の被害者、慰安婦や強制労働の跡地なども戦争遺跡と考えられます。また、戦争を進めるための精神的なもの、戦時教育（皇民化教育）奉安殿、慰霊碑、忠魂碑などの厭戦争観を払拭すべく造られたいわば戦争に突き進んでいくための碑など、もっと言えば靖国神社・護国神社・各地の霊社も戦争遺跡と考えられます。

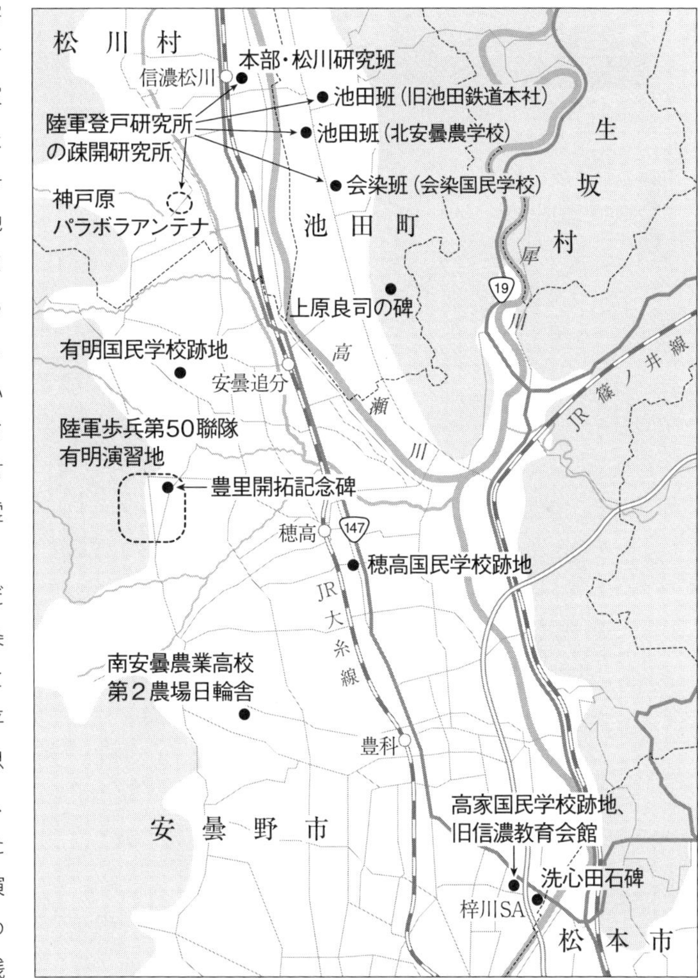

戦争遺跡を、軍人の顕彰や慰霊だけと考えるのではなく、戦争の不条理さ、悲惨さを伝え、戦争を二度と起こさない・起こさせないための平和教育の場として活用すべきだと思います。信濃毎日新聞社の元主筆、故中馬清福さんは、松本で行われた戦争遺跡保存のシンポジウムで講演し、「痛みのある戦争遺跡」と言われていました。戦争の日常の中で残されたものが、つまりは痛みを感じさせるものとして、今に残っているのではないかと考えます。とすれば、この戦争遺跡から学ぶことは、「あの時代あの戦争の痛みを繰り返さない」に尽きるのではないでしょうか。

以下、安曇野市の戦争遺跡をまずはその「教育の観点」からみていくことにします。

大東亜戦争記念開田洗心田

信濃教育会本館移築

愛馬出征記念の碑

高家国民学校跡地

高家霊社脇の忠魂碑

長野道の梓川サービスエリアの外からの入り口すぐそばの工業団地の駐車場脇に石碑が建っています。洗心田という大きな文字が目に入ります。「大○○○○記念開田　洗心田」裏側は「昭和十八年四月高家國民学校」。○○○○は削られた跡で、東亜戦争が削られていると推定すれば大東亜戦争記念開田洗心田と読めます。当時の高家国民学校の実習田として開田された記念に洗心田と名付けるというのは、戦争に向かう学校教育の精神が偲ばれる碑です。高家国民学校では哲学を通しての教育を行っており、その拠り所となったのが、西田幾多郎で、戦争に若者を駆り立てていった「物となって考え、物となって行う」の碑が残されています。紀元2600年（教育勅語御下賜50周年）記念として建てられたものです。学校跡の隣には、満蒙開拓青少年義勇軍を送り出していた「信濃教育会」本館が移築され、国の有形登録文化財となっています。ここは、信濃教育会生涯学習センターになっていると同時に西田幾多郎記念館のような働きもしています。この近くには、忠魂碑と共に愛馬進軍歌碑が建っています。農耕のためになくてはならない愛馬を軍馬として22頭供出させられ、一頭も帰ってきませんでした。その愛馬の出征記念の碑です。裏には当時うたわれていた「愛馬進軍歌」（愛馬の歌）が刻まれています。

南安曇農業高校第2農場日輪舎

豊科の町中から西側の山沿いに近づくと右手に南安曇農業高校の第2農場があります。その中に国の登録有形文化財となっている日輪舎があります。昭和20年5月に完成したこの「日輪舎」は、当時の生徒たちが満蒙開拓も考えつつ、クヌギ林を開墾して造られた第2農場に、茨城県内原訓練所の宿舎に模して造られたものです。

有明豊里開拓記念碑

有明演習地跡

ここは、大正4年(1915)から昭和20年(1945)にかけて、旧日本陸軍松本歩兵第50連隊が演習地(約170ha)として使用していた場所です。戦後、政府・県の指導により、この一帯に食糧増産を目的に76戸が入植し、開墾が行なわれました。
なお、この開拓の功績を偲ぶ記念碑から北西約150mの場所には、兵舎正門があった土塁の跡が今も残っています。

昭和10年頃の有明演習地風景

昭和20年当時の有明演習地兵舎正門

安曇野市教育委員会
写真提供・協力：豊里区 豊里住民協定委員会
平成27年2月

50 聯隊有明演習地正門の写真

陸軍歩兵 50 聯隊の有明演習地

有明演習地の石積み

有明演習地の陸軍用地標柱

豊科から北上して穂高に入ります。穂高有明の山沿いには陸軍歩兵 50 聯隊の有明演習地があります。大正 4 年から敗戦まで歩兵 50 聯隊の演習地として使われてきました。50 聯隊は明治 41 年 1 月松本市民らの誘致活動の甲斐があって松本市旭に建設され、海外に展開された主要な作戦（南京攻防など）にはその都度出動していました。1945 年 8 月 2 日マリワナ諸島テニアンにて玉砕。その後 150 聯隊（最終トラック島より多くの犠牲者を出し帰還）も有明演習地を利用しています。その後新たに編成された決部隊歩兵第 204 聯隊がこの演習地を聯隊本部等として利用しました。昭和 19 年 7 月 16 日に関東平野における本土決戦を予想して訓練体制に立ち、穂高国民学校・有明国民学校・農学校（現穂高商業高校）などの一部に駐屯しました。本部などは有明演習場の廠舎にあり、北穂高小学校には陸軍野戦病院もありました。本土決戦を想定した訓練で、たこつぼ塹壕（現在でも演習地裏に残っているといわれる）を掘り、時には農作業を手伝うような中年の部隊であったといいます。この演習地には、兵舎 4 棟と、本部・厩舎・炊事場・医務室・衛兵所・営倉等がありましたが、現在は残っていません。周りを取り囲んでいる土手の端の石組みは松本の陸軍墓地のものとよく似ています。ここでは、実戦訓練として実弾射撃も行われ、ほかには児童生徒の連合大運動会や軍事訓練も行われました。またここは農耕隊（自活隊）として従軍していた多くの朝鮮人が敗戦後集団で帰国するための一時的な宿舎ともなっていました。この帰国の任についていた将校下士官の一部がその後の豊里の開拓に従事しました。現在はこの土手のほかは、地形が残っているだけですが、現在の地名「豊里」の開拓記念碑には、当時の写真と演習地の周りに建てられていた石造の陸軍用地の標柱が多く集められています。

有明決部隊同期の桜の碑 .

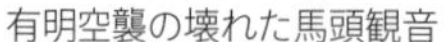
有明空襲の壊れた馬頭観音

有明空襲の遭難記念の石碑

有明国民学校、穂高国民学校跡地

安曇野市は２ヵ所爆弾が投下されています。いずれも国民学校があった付近です。１ヵ所は有明の演習地の近く有明国民学校の南で、1945 年５月 19 日午前、２人が即死、多くの負傷者が出ました。この空襲の跡地に、昭和 27 年慰霊碑が建てられました。GHQ に配慮したか、「遭難記念」という何とも言えない、しかし悲しい碑です。総務省の HP にも記載があります。この爆撃で壊れた馬頭観音が移されて長く残されています。有明国民学校はなくなって現在は江戸川区立穂高荘となっています。敷地内に決部隊の木製の碑が建っていて部隊の様子が書かれていましたが、撤去されてしまいました。同じ日に穂高国民学校の近くに落ちた爆弾でも負傷者が出ています。現在国民学校の跡地は穂高小学校を経て安曇野市中央図書館と公園になっています。

陸軍登戸研究所の疎開研究所

池田鉄道本社跡登戸研究所池田班

安曇野市の北側松川村と池田町には、陸軍登戸研究所の疎開研究所がありました。

松川村神戸原に本部と松川研究班が置かれ、近くの松川国民学校も使用していました。主に上空を飛んでいる飛行機を撃墜するための強力超短波の研究開発を行っており、神戸原には２基の 10m パラボラアンテナを設置していました。神戸原のこの地域は戦後登戸の地名が残っています。現在は本部の建物の基礎やパラボラアンテナの土間コンクリートが残っています。

池田町には大正 15 年から昭和 13 年までわずか 12 年間の操業だった旧池田鉄道の社屋がありました。戦中は信濃池田の本社建物（洋館）などを、陸軍登戸研究所池田班などが使用しました。地元では、風船爆弾や殺人光線の製造・研究のうわさが流れていたといいます。池田班の本隊は、当時の北安曇農学校（現池田工業高校）を使用していました。また会染国民学校を使い会染班が活動していました。会染班ではロケット砲を、池田班はロケット砲を誘導する超短波受信誘導装置の研究開発をしていました。現在はこの旧池田鉄道の本社社屋が残っています。

この地域に登戸の疎開研究所が来たのは、電波兵器の研究に電力を必要とすることが一つの要因と考えられます。実際、登戸研究所があった郷戸原には穂高有明宮城の水力発電所の送電線が通っています。

上原良司記念碑

池田町の高台には上原良治の記念碑が建っています。きけわだつみの声の巻頭で所感（自由の勝利は明白なことだと思います。明日は自由主義者が一人この世から去っていきます）が紹介され、自由主義者として有名です。1945年5月11日知覧から沖縄へ特攻出撃帰らぬ人となりました（池田町の出身、穂高有明で医師の3男として育つ、松本中学を経て慶應義塾大学予科から経済学部本科へと進んだ)。

【参考文献】
穂高町の15年戦争・町民がつづる戦争体験集　穂高町戦争体験を語りつぐ会編　郷土出版社
高校生が追う陸軍登戸研究所　（1991）赤穂高校平和ゼミナール，法政二高平和研究会著　教育史料出版会
僕らの街にも戦争があった―長野県の戦争遺跡－（1988）長野県歴史教育者協議会　銀河書房

《**コラム**》

戦争遺跡に平和を学ぶ〈松本編〉

平川豊志

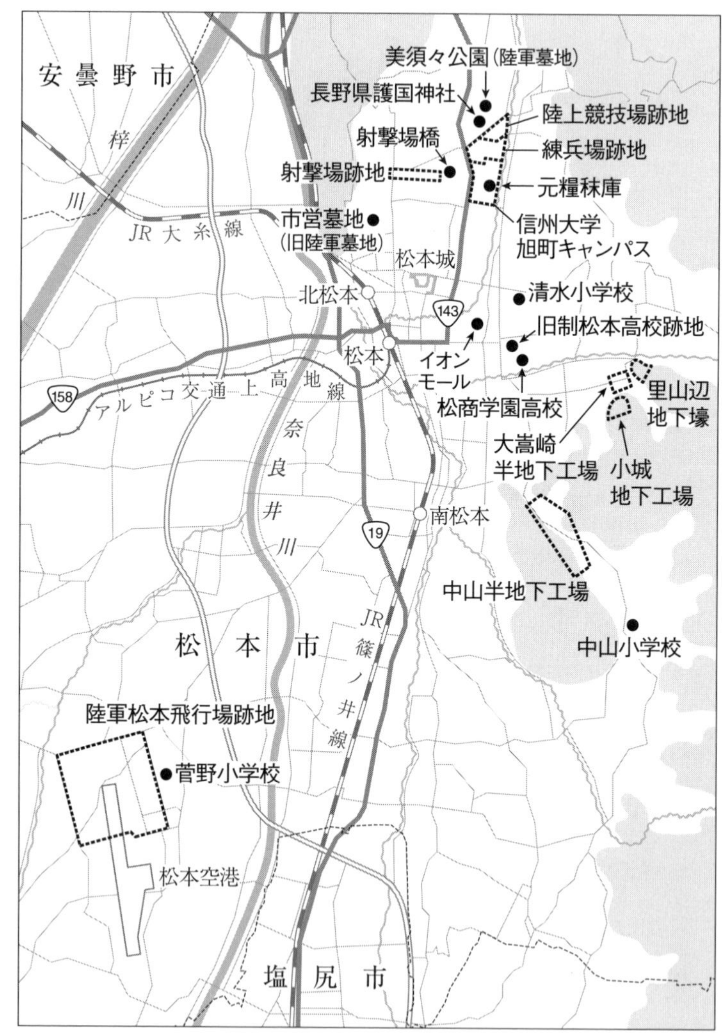

陸軍歩兵50聯隊・150聯隊の駐屯地

松本市は陸軍歩兵50聯隊・150聯隊の駐屯地のあったところです、50聯隊が松本に入営したのは明治41年11月、150聯隊が成立したのは昭和12年10月中国・松本に駐屯していたのはわずかで、大部分は満州、シベリア、中国そして太平洋地域へと連戦し、それぞれ最後はテニアン島・トラック島で玉砕もしくは終戦を迎えています。この50聯隊関連の戦跡が松本市の北部地域に残っています。これらを巡ることで兵隊がいた町を想像したいと思います。

元糧秣庫（食糧庫）（信大旭町キャンパス）

赤レンガ糧秣庫全景

赤レンガ糧秣庫正面

まず信州大学の旭町キャンパスの中にある赤レンガ建物を訪れます。元糧秣庫（食糧庫）として使われていたもので、明治の終わり頃に盛んに作られたイギリス積みの赤レンガ建物です。現在中は見学できませんが、戦後松本医専、信州大学医学部、信州大学教職員組合などで使用されて、現在も倉庫として北相木村栃原岩陰遺跡などの考古資料が眠っています。近くには浴室・炊事場・食堂として使われていた長さ 80m ほどの赤レンガ建物があったのですが、記録保存ということで壊されてしまいました。周辺にはボイラー室として使われていた赤レンガ建物など２棟も残され、部室などに使われています。周辺にはほかに兵舎の跡などは残されていませんが、植栽などは当時からのものがあるようです。この赤レンガは信州大学の申請で国の登録有形文化財となっており、説明板と陸軍用地の標柱が移設され残っています。また東側の入り口には 50 聯隊の正門の将校の入り口の門柱の一部が残されています。

信州大学の北門を出て、練兵場の跡地に戦後作られた旭町中学校と美須々ケ丘高校の間を通って、北へ向かいます。北門の前には松本市が建てた石造の説明板が立っています。ここは赤レンガ建物についてですが松本市にはこのような戦跡の説明板が４ヵ所あります。それぞれの場所で見ることにしましょう。

練兵場北側の陸上競技場の跡地（文化センターホール）

長野県護国神社社殿

元練兵場の中の道を北に向かうと体育館と「OMF＝セイジ・オザワ松本フェスティバル」の開催される文化センターホールがありますが、ここは練兵場北側の陸上競技場の跡地です。その北側の森の中が長野県護国神社です。各県に１つずつ作られた県護国神社が松本にあるのは 50 聯隊があった故でしょう。すぐに入らずに道路端の黒い石柱を見ることにします。第９代松本市長・降旗徳弥の揮毫による昭和 33 年建立の歩兵 50 聯隊の碑です。50 聯隊の様子が刻まれています。この前が護国神社です。中に入ってみましょう。県民の総意によって昭和 13 年から本県の中央であり、旧陸軍歩兵第 50 連隊に隣接する現在地に仮殿が創建されたと護国神社の趣意書には書かれています。明治戊辰戦争以降の戦争で亡くなった長野県出身の兵士を全員英霊として祀るこの神社、現在は普通の神社の姿をしてい

松本市波田の忠魂碑

ますが、戦争遂行のための牽引役を担ってきました。神社の杜の中を歩いてみると戦後に建てられたものですが、巨大なニューギニア慰霊碑（嗚呼戦友の碑）・満蒙開拓青少年義勇軍拓友の碑、シベリア抑留者の慰霊碑そして特攻隊慰霊碑（ああ特攻・特攻勇士の像）など戦争関連の慰霊碑が多く建てられ、一瞬時代が遡った気さえします。GHQ が松本に来ていた頃は護国神社の名を隠し、美須々の宮神社として存在していました（当時の石柱が半分土に埋もれて横たわっています）が昭和 32 年に神社庁の別表神社として長野県護国神社に戻っています。また、皇太子のご成婚記念の樹木園など天皇関連のものも多くみられます。

横切ってもう少し北へ進んでいくと北西の角に忠魂碑が建っています。日清日露戦争に従軍した 50 聯隊は多くの戦死者を出し、厭戦気分が漂っていました。亡くなった兵士たちの慰霊として、在郷軍人会、遺族会が中心となって作られたのが忠魂碑です。松本市にも安曇野市にも多く存在します。ここの忠魂碑は県護国神社の管理でしめ縄が張られています。

陸軍墓地（美須々公園内）

さらに北へ進むと美須々公園に着きます。松本市公園緑地課が管理する公園ですが、ここは昭和 19 年に完成した陸軍墓地です。公園入口には太い花崗岩の門柱が左右に立ち、右側には松本陸軍墓地の石造りの表札がつけられていました。現在は外されてコンクリートで埋められていましたが、左側の下に「松本〇〇墓地」の石造りの表札が置いてあります。松本陸軍墓地は長らく蟻ケ崎にありましたが（現市営墓地）手狭になり（亡くなった兵士が増えたということ）、昭和 16 年から護国神社の北に隣接する美須々の地に移されます。完成したのは昭和 19 年、一人一人の石塔はなく、合葬碑が作られ、蟻ケ崎地区から石灯篭などが集められました。中央には納骨堂が建てられ計画では高さ 30m の大忠霊塔となる予定でしたが、納骨堂だけとなっています。納骨堂は桜をかたどった取手や屋根の上の九輪塔を模した作り物が見えます。中には 6000 余りの遺骨が納められているといいますが、ほとんどは髪の毛や紙切れ石ころなのではないかと言われます。以前には賽銭箱が置かれていましたが撤去されました。石灯篭には 50 連隊建立・長野県民有志の至誠による恤兵金をもって戦傷死者慰霊のために建立・愛国婦人会松本市分会等の文字が刻まれています。納骨堂は護国神社が管理しているということで、遺族会による祭祀も行われているようです。美須々公園は現在お花見のメッカで陸軍墓地という意識はなく利用されています。護国神社や、忠魂碑、陸軍墓地は慰霊の名のもとに戦争へ駆り立てていく力を感じるものです。

陸軍墓地納骨堂

陸軍墓地（美須々公園）正門の石積みと表札

射撃場跡地

50 聯隊跡地からまっすぐ西へ延びる道の城山の手前までは 50 聯隊が銃器の演習に使っていた射撃場の跡地です。敗戦までは 3m ほどの高さの土塁に囲まれた 120m × 800m 位の細長い場所でした。戦後、50 聯隊はなくなりましたが、昭和 25 年頃から警察予備隊・保安隊・陸上自衛隊が次々に使用して近隣の住民や近くの高校にも轟音や流れ弾の被害が出て、多くの陳情や要望書の提出などにより、ようやく昭和 31 年使用が中止された経緯があります。平和運動の成果と言ってもいいと思います。現在は西から蟻ケ崎児童公園・ドラックストア・信州大学の官舎・信州大学生のこまくさ寮・検察庁法務局の建物・市民プール・テニスコート・沢村公園・自衛隊官舎・一部住宅などになっています。射撃場の残り物は、蟻ケ崎児童公園内の地形・沢村公園の土塁そして射撃場橋と名付けられた小さな橋です。この橋を通って 50 聯隊は射撃場へ演習に出かけていました。

なくなった格納庫基礎 1

中山基礎小型 1

中山半地下工場跡地の凹地

松本市各地の疎開工場

50 聯隊関連の戦跡を見てきましたが、松本が軍都と呼ばれるのは 50 聯隊だけでなく、軍需産業である三菱重工の名古屋航空機製作所・名古屋発動機製作所の疎開工場が市内あちこちにあったことにもよります。名古屋航空機製作所の分散工場のうち試作を担当していた第 1 製作所が 1945 年 2 月に松本に疎開、松本高等学校（現信州大学）・清水小学校などの学校 7 校、日本蚕糸松本工場（現在イオンモール内に扉のみ現存）・芝浦タービン松本工場などの 4 工場、映画館・松本飛行場格納庫（一部の建物の基礎が残存）など 20 を超える建物が使われて、生産が行われていました。しかし中島飛行機製作所の武蔵野工場など全国各地での空襲に軍部は危機感を感じ、再度山間部への疎開が計画され、里山辺地下工場群はそのために作られました。地下壕周辺～中山地域にかけて半地下式の工場も 100 棟近く作られました。エンジンの試作（第二製作所）は現在の松商学園高校グラウンドで、ロケット戦闘機秋水のエンジンの試験を行っていました。同校の中にはコンクリート製の半地下式燃料貯蔵庫が残されています。

里山辺地下壕跡

では、里山辺地下壕を見に行くことにします。現在は私有地のため地元の私も所属する松本強制労働調査団が保存活用と平和ガイドを行っていて、お願いすれば中を見学することができます。

1945 年 4 月より、陸軍航空本部が山間部への再疎開工場として、熊谷組に掘らせたものです（異論もあり)。昼夜 2 交代で当時の里山辺村長によれば朝鮮人 7000 人が働かされていたといいます。松本市の調査では、日本人を含めて延べ 7000 人と推定されています。働いていた方たちの名前や死傷者など詳しいことはわかっていません。完成形は断面 3m × 3m くらい。ただしほとんどは試掘抗で高さ 2m 弱×幅 2m 弱、出来高は 40% ほどと言われています。機械の設置はなく稼働もしていませんでした。ここは朝鮮人の強制労働の跡という意味での戦争遺跡なのです。たくさんの文字や数字、記号などが墨で書かれており、中には「天主」の文字や十字架とみられる記号もあり、働いていた朝鮮人の生活や心情をうかがい知ることができます。削岩機のロッド穴・ダイナマイトの不発弾、トロッコの線路などが残されています。中で働いていたのはほとんど朝鮮人で、食事や衣服も不自由で過酷な働かされ方をしていました。ほとんどははだしで、足は血だらけだったという証言もあります。現在通れるところは 1㎞強、見つかっている当時の作業用地図には 3㎞ほどの坑道が書かれています。外に出て金華山を反時計回りに回ると、当時のトロッコ道の傍に松本市の立てた石造りの説明板があります。「山辺地域の戦争遺跡」と書かれていて、説明文のほかに坑道図や当時周りに作られていた半地下式の工場の写真・米軍が撮影した空中写真が示されています。この説明板の周辺から近くの薄川までの地域には朝鮮人の宿舎、半地下式の工場などが立ち並んでいました。

この場所から西側の山に沿って中山地域まで行くと、たくさんの古墳が残されている中山に着きます。中山地域の谷あいには半地下式の工場が多数建てられ、この工事には朝鮮人のほか 503 人の中国人も働かされていました。ここでも過酷な労働状況が証言されています。中山地区には里山辺に比べ田畑が少なく半地下工場跡が戦後しばらくは残っていました。現在もいくつかの基礎のコンクリート跡が残っています。また、道路に沿って平坦に掘られた半地下工場の跡もいくつか残っています。

中山小学校の近くには、松本市の説明板が建てられ、空中写真や当時の半地下工場の写真が説明とともに載っています。

陸軍松本飛行場跡地（松本空港北半分）

中山から西に松本盆地の真ん中まで下ると、日本一標高の高い信州松本空港に到達します。この空港の北半分は陸軍の松本飛行場の跡地です。1944 年 2 月道路・高圧線など移動工事開始、3 月工事請負は

側壁先進導坑

里山辺地下壕トロッコ線路と枕木

地下壕入り口

底設先進導坑掘削法

里山辺地下壕内の「天主」の文字

陸軍松本飛行場の無蓋掩体壕

松本飛行場格納庫（飛行機工場）基礎

松本憲兵分隊長官舎跡のコンクリート塀

飛行場基礎菅野小横

熊谷組（滑走路）、鴻池組（格納庫）他下請け各社で建設され、敗戦を迎えます。朝鮮人は約700人から1,000人ほどが働いていたといわれます。地域の旧制中学生・地域の勤労奉仕の人たちも働いていました。各地の特攻隊の飛行訓練が行われ、浅間温泉に疎開していた学童疎開の子供たちとの交流がありました。現在は誘導路の跡が道路として使われているほか、滑走路は工業団地等になっています。兵舎跡の建物の基礎なども残っていますが、6棟あった格納庫のうち4棟が三菱の第1製作所の疎開工場として使われ、建物の頑丈な基礎が住宅地の中に点々と残っており、塀の基礎としても使われています。菅野小学校の周りのフェンスの基礎としても使われており、異様な感じです。この小学校の北西隅に松本市の旧陸軍飛行場の説明板があり、説明とともに当時の全体の地図が復元れています。

身近な地域の中には戦争の傷跡が残っています。それだけでは物言わぬ、戦争遺跡が語ることに耳を傾け想像して平和への思いを強くしてほしいと思います。

【参考文献】

軍都松本における慰霊施設の創設（2010）原明芳　　長野県歴史館研究紀要第16号：米国戦略爆撃調査団撮影1948年11月22日国土変遷アーカイブ国土地理院空中写真閲覧サービス

陸軍松本飛行場についての覚書（2005）原明芳　　長野県考古学会誌110

「里山辺における朝鮮人・中国人強制労働の記録」（1992）里山辺朝鮮人・中国人強制労働調査団

「松本市における戦時下軍需工場の外国人労働実態調査報告書」（1992）松本市・松本市史近代・現代部門編集委員会編1992

続・しらべる戦争遺跡の事典（2003）十菱駿武／菊池実＝編　柏書房株式会社

岩波ジュニア新書　戦争遺跡からまなぶ（2003）戦争遺跡保存全国ネットワーク 編（2003）　岩波書店

高校生が追う戦争の真相（1991）地域の戦争を掘り起こす信州の高校生平和ゼミナール　　教育史料出版会

岐阜県になった馬籠宿と藤村記念館
――長野県山口村と岐阜県中津川市合併事案

岩下哲典

大学生の頃ですから、おそらく1985年頃、まだ長野県だった馬籠宿に東京からの友人を案内しました。宿場そばの民宿に宿泊したのですが、その窓から見ると、なだらかではありますが、岐阜県中津川の落合宿に続く下り坂の田園風景が広がって見えていました。ああ、ここは岐阜県にとても近く、馬籠宿とは馬籠峠を越えなければならないところなのだなあ、と実感しました。

藤村が岐阜へ

その馬籠宿が岐阜県に行ってしまうという衝撃的な事案が、2001年末から2002年2月に起きました。長野県山口村と岐阜県中津川市合併問題でした。「衝撃」と書きましたが、それはあくまでも山口村民ではない私の勝手な思いで、当事者の方々の中には、悲願の成就だった方もいて、それを知ったときもまた「衝撃」でした。

島崎藤村

ここでは、藤村記念館のある馬籠宿を含む山口村の県境を越えた合併問題を考えてみましょう。

そもそも山口村は、古代律令国家においては美濃国恵那郡絵下郷に属していたと考えられ、中世には同国同郡遠山荘の一部でありました。江戸時代にも尾張藩領で、1871年、明治4年の廃藩置県は筑摩県に属し、1876年には同県は長野県になったのです。江戸時代まで美濃国（岐阜県）であったことは注意しなければなりません。歴史的に生活圏は美濃国なのです。地形的には冒頭に述べたように、馬籠宿からは中津川市が一望でき、長野県側の南木曽町とは馬籠峠を越えなければならない山々で隔てられています。

2005年頃の山口村HPによりますと、岐阜県恵那庁舎まで乗用車で約30分、長野県木曽合同庁舎までは同じく50分かかったそうです。さらに、JR西日本中央西線の岐阜県側坂下駅まで5分、長野県側南木曽駅まで15分、常設消防署まで岐阜県側5分、長野県側15分、公立病院岐阜側5分、長野側50分、県立高校は5分と15分だそうです。行政、移動・旅行、財産や生命、教育の面において岐阜県のほうが近く、また、ごみ・し尿処理は岐阜県側市町村と共同あるいは委託で、国保病院は村が負担金を岐阜県側に支払っていました。決定的なのは通勤者の55％が中津川市、また、通学者の46％、約半数近くが中津川方面であることです。まさに山口村の多くの人の生活圏が岐阜県側にあったことはいうまでもありません。

アジア太平洋戦争後の、1958年、戦後の町村大合併での、山口村になる前の神坂村における越

山口村合併前

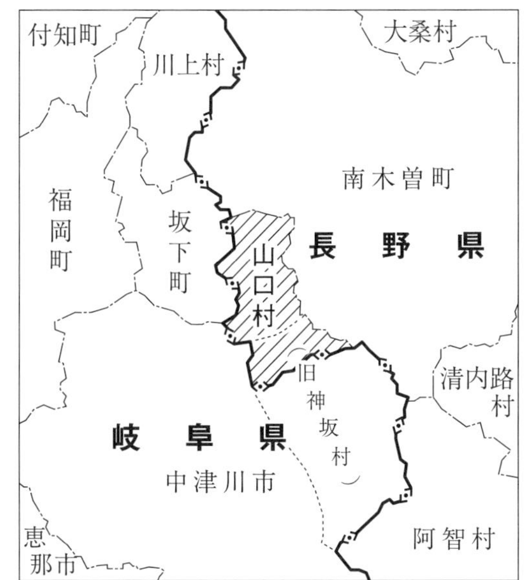

山口村合併後(現在)

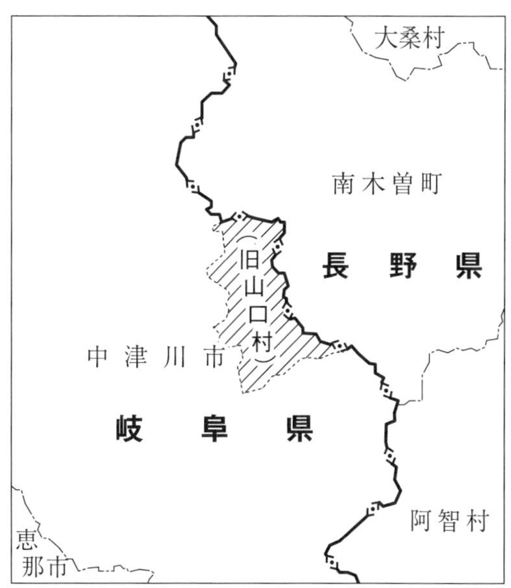

県合併事件は今回の合併事案の背景として重要です。生活圏が岐阜県だった神坂村は、村議会で中津川市との合併を議決しました。これに長野県が反対し、国・自治庁に裁定がゆだねられました。自治庁は、神坂村の峠・馬籠・荒町を長野県に残し、そのほかの地区は岐阜県という分村合併案を提示しました。長野県は了解したのですが、現地神坂村では賛成派・反対派に分かれて、文字通り村を二分する大問題になってしまいました。結果、神坂村は長野県と岐阜県に分村となり、長野県側は山口村となったのです。長野県側に残った地区の、岐阜県との合併賛成派は、児童を岐阜県側に通学させるなどして対抗したそうです。1976年に教育委員会間の協定が結ばれ、正常化に近づける努力もあったようです。したがって、2001年からの越県合併は、長野県側に残った地区の人々の中で、岐阜県への合併賛成派の悲願達成の面があったのです。こうした歴史的背景を知ることは重要です。

将来への不安

また、歴史的背景ばかりでなく、2003年7月に示された山口村の財政シミュレーションも重要なファクターだったようです。このシミュレーションでは村が単独自治体として存続した場合、2年後には赤字再建団体となり、20年後には40億円の累積赤字を抱えるというものでした。そのため、特別職（村三役・村議会議員）や一般職員の削減と給与カット、公共料金の値上げ、幼稚園、小・中学校の統廃合、建設事業費の削減など、行政サービスの低下を相当程度覚悟しなければならないというものでした。これなどは将来構想、つまり未来的背景ともいうべきものでしょう。

これらの背景から、住民の多くは、2003年4月には越県合併推進派村長を選出しました。そして、2004年2月には投票方式による住民意向調査が行われました。対象者は18歳以上の村民で、結果は投票率約91%、賛成約62%、反対約37%、無効約1%でした。以前の2001年に山口村の役場内研究会が実施した住民アンケート調査では、回答率約83%で、中津川市との合併賛成派は約72%

で、長野県の町村との合併は17%に過ぎなかったですから、反対派の巻き返しや慎重論もあったものと思われます。しかし、過半数6割以上が賛成という数字は重く、2004年3月合併協定調印式、4月長野県知事に合併申請書が提出されました。山口村では、6月から地域づくりの会が発足し、今後合併することになる、分村したかつての旧神坂村の幼稚園、小・中学校との交流会などを行い、準備を進めました。さらに、10月には岐阜県議会が合併関連議案を可決したのです。

県知事、離県をみとめず

ところが、小説家出身の田中康夫（たなかやすお）長野県知事は、10月県議会にも12月議会にも提出議案に盛り込まなかったのです。知事は県民意向調査が必要だ、として予算要求をしましたが、議会は否決しました。しかし、10月に行われた県の外郭団体長野県世論調査協会によるアンケートで、県知事が議案提出をしなかったことを「よくないこと」とした県民が約64%、山口村民の意向を重視すべしが約78%、越県合併に賛成が約58%という数字が出ました。12月22日県議会で議員提出により合併議案は可決され、この結果に県知事も動かざるをえなくなりました。2005年1月4日仕事始めそうそう県知事は、総務大臣に申請書を送付しました。そして1月17日合併が決定され、2月13日の予定期日に山口村の岐阜県中津川市への合併が実現したのでした。

田中康夫

第28代アメリカ合衆国大統領ウッドロウ・ウィルソン

住民自治は戦後政治の根幹であり、住民に自決権があるというのは、第一次世界大戦に参戦した時のアメリカ大統領ウイルソンの14か条平和構想に源流があるものです。その5か条の民族自治に基づく植民地問題解決がそれに当たります。これによってアメリカは多くの国々から支持され、世界初の平和機構である国際連盟ができました。また、政治的に支配されていた諸民族が独立への機運を高めたのは云うまでもありません。日本国憲法の、国民主権・平和主義・基本的人権の尊重の理念も背景としてはウイルソンの平和構想のもとにあると言っていいでしょう。

山口村という自治体の自治および住民主権と長野県のそれでは、この案件の場合、どちらを優先すべきなのか、県知事はもっと早くから考えておくべきだったのではないでしょうか。自明の真理でもあったのですから。

境界とは何か

もちろん、戦争によって国境線が移動するヨーロッパの人にとっては日本の自治体の固定的な境界線はなじみにくいかもしれません。また、日本人にとっては、ヨーロッパの国境事情は、なかなかなじみがないかもしれません。しかし境界線は生活するうえでとても大切なものです。中世のドイツでは、ある一定の年齢になった子供を、村の境界に連れていき、殴る蹴るなどの暴行をしたそうです。子供たちが村の境界を生涯にわたって忘れないために、現代では許されないそうした過激なことをしたそうです。そのように考えると、ヨーロッパにおいても日本においても実生活の最小単位である村の境界はとても重要であることが分かります。生活の利便のためにどちらの自治体につくべきか、答えは簡単です。生活優先です。ただし、人間は生活上の利便性を求めるだけでもないところが、厄介なところです。

先の長野県世論調査協会によるアンケートでは、島崎藤村出身地の馬籠宿が岐阜県に移ることにこだわりがあるか、ないか、なんともいえない・わからないか、を聞いています。回答は、こだわりがある約46%、ない約49%、なんともいえない・わからない5%、でした。半数に近い長野県民が島崎藤村や馬籠宿にこだわりを持っています。そして、山口村でも2003年10月に合併推進派村長は、村による住民意識調査を行っていますが、そこには、生活的には岐阜県だが心情的に長野県に残りたいという複雑な気持ちを吐露した住民もいました。

自分としてはどちらにアイデンティティーの源泉を認めるか、県歌「信濃の国」でつながった長野県への愛着や文学者島崎藤村という大きな存在があったことが、実はこの合併問題を複雑にしました。ようするに山口村の問題は、歴史や文化・生活、そして人間にとっての境界とは何か、そうしたところで生活するとはどのようなことなのか、という大きな大きな課題を突き付けているように思います。

そして外部の人間は、その場所に行き、また文献を読み、現地の人に聞き取りなどを行って深く知ることで、その場所そのものやそこに住む人や過去に住んだ人のこと、そして将来のことを少しだけ理解できて、自らのことも考えたりすることができるのです。

【参考文献】

福川裕一・平林義勝「木曽馬籠にみる町並み保存の課題」『第21回日本都市計画学会学術研究論文集』445号、(1986)
吉沢正広「観光地の経営発展に関する一研究」『中京学院大学経営学会研究紀要』第12巻（2004）
北崎浩嗣「岐阜県中津川市と長野県山口村の46年ぶりの越県合併について」『経済学論集』鹿児島大学（2005）
阿部謹也『中世の星の下で』ちくま学芸文庫（2010）

《コラム》

オリンピックの問題点
―― 長野大会や東京大会から見えてくるもの

岩下哲典

2021年は、「2020東京オリンピック・パラリンピック」（東京オリパラ、夏季）の年でした。新型コロナウイルスの世界的な感染拡大により1年延期されて行われた異例な大会でした。それでも日本選手たちは金メダル27個、銀14個、銅15個と大いに活躍しました。選手の大活躍とは裏腹に、2022年にはオリンピックの残念な問題点があぶり出されています。特に大会のみならず、オリンピック前に行われるテスト大会まで「談合疑惑」が浮上し、東京地検特捜部と公正取引員会は11月25日に独占禁止法（不当な取引制限）に違反したとして、東京オリンピック・パラリンピック組織員会（以下、組織委員会）から落札した企業や関係先などを家宅捜索したことが報道されました。

他にも大会を主催する日本オリンピック委員会（JOC）と開催都市東京都が組織する組織員会の役職者が、女性蔑視発言をして役職の辞任を求められました。また、組織委員会元理事が総額約2億円の賄賂を受け取ったとして起訴されています。オリパラには巨額の公金（国税・都税等）が投入され、組織委員会の役員·職員は公務員に准ずる扱いですから、賄賂を受け取ることは禁止されています。そもそも、「人間の尊厳の保持に重きを置く平和な社会の推進を目指」し、「人種、肌の色、性別、性的指向、言語、宗教、政治的またはその他の意見、国あるいは社会的な出身、財産、出自やその他の身分などの理由による、いかなる種類の差別も受けること」がないようにと定めた、すなわち世界平和や公正で平等な社会の実現をスポーツを通じて実現しようとする「オリンピック憲章」を尊重しなければならないのに、なんとも残念な結果です。

どうしてこのようなことが起きてしまうのでしょうか。個人としての資質の問題はさておき、オリパラが巨大な商業イベントと化し、私たちはその経済的効果に目がくらんでしまうのではないでしょうか。例えば、1964年の東京夏季オリンピックでは、アジア・太平洋戦争の敗戦後の復興した日本の姿を世界に発信するのだ、という理念で国家予算を先行投資しました。高速道路や新幹線などの交通インフラの整備、国立競技場·武道館·選手村などのスポーツ施設·関連施設建設を行い、民間でも宿泊施設建設が推進され、その経済効果はオリンピック景気とまで言われました。復興日本の情報発信じたいは成功し、日本の世界におけるプレゼンスは高まりました。国内的にも国民の自信回復につながり、スポーツが浸透して、健康増進にもつながったことは良い効果ではありました。つまりこの時の東京オリンピックは国民の精神と肉体に良い影響を及ぼしたことは否定できません。しかし、経済的に豊かになっていったものの、その経済効果ばかりに目が向き、オリンピックの精神・理念を忘れがちになってしまったことが、今日のこの結果なのだろうと思います。やはり原点に戻ることが大事です。

1964年の東京夏季オリンピックののち、1972年には札幌冬季オリンピックが開催され、その後1998年は長野冬季オリンピックが開催されました。長野大会ではスキー・ジャンプの船木和喜（ふなき かずよし）や団体の

長野オリンピックスタジアム

東京オリンピックスタジアム

金メダル、スピードスケートの清水宏保が男子500メートルで金メダルを獲得しました。フリースタイルスキーのモーグル女子では里谷多英が日本女子選手初の金メダルを取りました。

長野オリンピックでは、長野新幹線が、在来線でのミニ新幹線ではなく、フル規格の新幹線に格上げされたり、長野スタジアムや競技関連施設、宿泊施設など、1964東京大会と同じような社会インフラ整備や経済効果がありました。しかし、大会終了後の巨大施設のランニング・コスト（運営費用）の増大による自治体の財政悪化や宿泊施設の稼働率が低下して地域経済の景気が低迷するなど、大会後の不況が長野県を覆ったこともありました。県や市の職員の給与がカットされたこともあったようです。また長野市の招致委員会が、解散した時に会計帳簿などの重要書類を破棄したことから、オリンピック招致にいったいどのくらいの金額がかかったのか、税金がどれだけ投入されたのかを解明することができなくなっていたのです。この問題は、いずれの大会の関係委員会にもあり、解散すると関係文書が破棄されて、オリンピックの招致・運営が適正であったのかどうかが全くわからなくなってしまっています。つまり後世において検証する方法がないというゆゆしき問題にたち至っているのです。

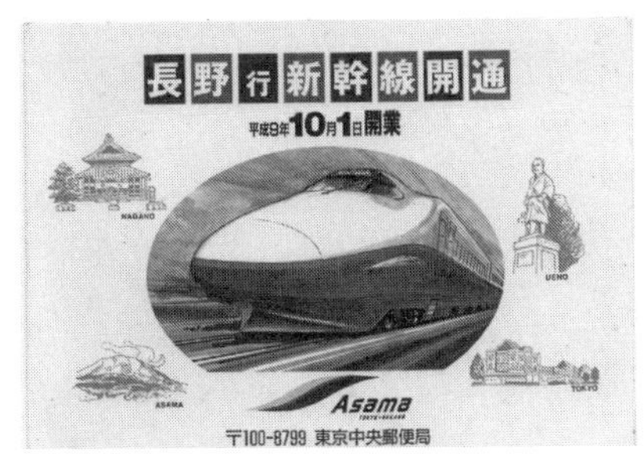

長野行新幹線開通記念　開業初日カバー表紙
（東京中央郵便局発行）

おりしも、国会議員から地方自治体の議員に至るまで、税金で政治活動を行っているにも関わらず、会計帳簿や提出書類の不備が時々指摘されたりしています。国や自治体の役所は税金を使って仕事をしており、その予算や決算を関係議会の議員が適正かどうか厳しくチェックしています。国には会計検査院という監査機関もあり、地方自治体にも監査委員会があります。ですから議員じたいも税金による活動の部分は適正に支出しているかどうか、自ら襟を正すべきですし、しっかり監査するシステムも今後は必要ではないかと思います。

ひるがえってオリンピックの組織委員会なども、関係書類をしっかり残す部署である、オリンピック関係文書保存館をＪＯＣの中に作るべきではないでしょうか。そうしなければ、いつまでたっても帳簿や文書の破棄が行われ、後世、歴史学的にオリンピックを研究しようにも、そうした基礎資料が十分に残っていないということになります。みなさんはこの問題をどう考えるでしょうか。

【参考文献】

本間龍『東京五輪の大罪』ちくま新書（2021）
吉見俊哉編著『検証コロナと五輪』河出新書（2021）

災害への備えを歴史から学ぶ
――善光寺地震と千曲川の水害

山浦直人

信州は山国です。県の周りと中央に高い山々がそびえ立ち、各地に森林が広がり、流れ出る河川の水源を涵養するなど、美しい自然を育んでいます。

しかし、山々の地形は急峻で、地質は脆い部分が多いことから、自然災害と常に隣り合わせの歩みをしてきました。

各地には災害を伝える記録や伝承が語りつがれ、その内容から地域がどのような歩みをたどってきたかを知ることができます。

最近の災害から考える

令和元（2019）年10月13日、長野県を東から北へ流れる千曲川は、異常な豪雨により各地で氾濫し、長野市長沼では千曲川の堤防が決壊し、多大な被害につながりました。その氾濫により浸水した区域では、多くの家々の生活の場が破壊されました。現代文明の象徴の１つともいえる新幹線の車両が水没し、その機能が停止した様子と共に画像を通じて私たちの記憶にのこされました。

千曲川の堤防は昭和58（1983）年に飯山で決壊するなど、信州の大きな河川、千曲川、天竜川などの水系では大きな水害がたびたび起きてきました。全国各地でも大きな水害は、毎年のように起きていますが、その原因となっている異常な豪雨は、地球温暖化の進行とともに、ますます規模が大きくなっています。

図１　令和元年10月の千曲川堤防の決壊による浸水被害（長野県撮影）

このような自然現象そのものをなくすことはできませんし、災害から私たちの生活を防災インフラの整備だけで守ることも難しい状況です。

いかに自然災害に対応し、被害を減少させていくかがこれから未来にわたっての課題です。すなわち減災という視点が問われていると思います。

では、減災を進めるにはなにが必要でしょうか。その地域がどのような「経歴」をたどっているかをまず知ることからではないでしょうか。

ここでは、長野県内で起きた自然災害の事例として、地震災害を例にして、災害が地域にどのような影響を与えたかを学んでいきましょう。

長野県内でおきた自然災害から学ぶ

長野県内では被害が大きな地震がたびたび起きています。その中で日本の歴史上でも、特別に取り上げられている地震が「善光寺地震」です。

この地震は、幕末日本が維新に向けて変化し始めた時代におきました。ちょうど松代藩では、佐久間象山が活躍していた時代です。

地震の起きた時の様子を残されている史料から振り返ってみましょう。

地震は弘化4年旧暦3月24日の夜四つ時　今の時刻で夜10時頃に発生しました。

弘化4年は1847年、3月24日は現在の暦では5月8日にあたります。

干支(えと)で年をいうことがありますが、この年は未年(ひつじとし)でした。

未年の5月8日、長野でどんなイベントが行われているでしょうか。そうです！　善光寺のご開帳です。ご開帳は未年と丑年(うしどし)の年に行われることが決まっており、5月8日は人出も最高潮に近い時期になります。

江戸末期のご開帳も大変な賑わいで、数千人の参拝者が全国から訪れており、夜まで参拝が続き、また善光寺へ向かっている人が街道途中の稲荷山などの宿にもたくさん宿泊し、被害が大きくなりました。亡くなった方は1万人とも言われています。

この地震は、善光寺付近を震源としていること、またちょうど善光寺のご開帳の最中に発生し、被害を大きくしたことなどから、「善光寺地震」と明治時代から呼ばれるようになりました。

地震の発生したときの様子は、次のように伝えられています。

> 「地震の震動　あたかも盆を蹴返したごとく、不意に上下に激震し、方角は戌亥(いぬい)の方角へ震動したり、何事も例えなく、怪しき、恐ろしき地響きして、天地が覆(くつがえ)る」

こうして、善光寺周辺では、9割以上の建物が倒壊し、宿泊者などはその下敷きとなり、また火災が起こり多くの犠牲者が出ました（図2）。

図2　善光寺地震で起きた家屋倒壊と火災に逃げ惑う人々
（地震後世俗語之種　国会図書館所蔵）

地震のあとに大きな火事が発生することは現代でも同じです。

善光寺周辺でも多くの建物が倒壊し、倒壊した家屋から出火し、周囲に延焼したようです。火災になったのは、町家の焼失戸数がおよそ2200戸だと伝えられています。

潰れも焼けもしなかったのは140戸程といわれていますから、総数のおよそ9割以上が被害にあったということになります。

夜10時といえば、多くの人が寝静まる頃でした。人々は突然の地震の驚き、また倒壊した建物の下敷きになってしまいました。災害はいつ起きるかわかりません。夜中に起きるとさらに被害が拡大してしまうことがわかります。

こうして大本願、仁王門など善光寺の南側にあった建物は焼失してしまったようですが、肝心の善光寺本堂は、多くの参拝者がいたとされていますが、大きな揺れにも耐えて、残りました。そして、周囲からの延焼をなんとかふせごうと人々が懸命に防火活動をしたと伝えられています。

現在私たちの家屋も、地震の際にまず倒れないこと、仮に傾いても脱出できるということが大切だといわれています。これは、このような地震災害の歴史から学んだ点です。

地震の後には、現在の千曲市稲荷山、長野市信州新町、飯山市などでも火災が起き、大きな被害になっています。

地震が起きれば、家屋の倒壊と火災の発生をまず念頭においておくことが大切です。

山津波とは

このような激しい揺れになった善光寺地震ですが、現在でいう震度は7だったと推測されています。現在の地震震度の階級では、最大震度は7ですから、最大級の揺れだったことになります。

大地震の後には、余震が続きます。1年間におよそ4千回という大変な数になりました。松代藩の資料では、大地震の後、1ヵ月間で余震は924回との記録があります。

松代藩では、観測者を決め、余震の回数や大きさまでも記録していたようですが、現在のように機械で計れるようになっていれば、実数はもっと多かったと思います。

余震は時折強い余震を起こしながら、翌々年の嘉永2年の中頃までは目立って活動し、その後も長く続いたようです。

図3、4　善光寺地震で起きた山崩れの絵図（青木雪卿絵図　真田宝物館所蔵）

善光寺地震の被害には、長野県ならではの特徴があります。それは、地震による山崩れです。発生した山崩れの箇所は、なんと4万2千箇所と言われています。

この数は、松代藩が調べた被害記録に記述されている数です。

平成16（2004）年新潟県で起きた中越地震、この際に、無数の山崩れが発生しましたが、その箇所数は、航空写真を分析してみると3800箇所余といわれていますので、善光寺地震の4万箇所いうのはとても大変な状況だといえます。

地震の際の山崩れの状況は、松代藩絵師によって絵図に克明に書かれ、現代に伝えられています（図3、4）。

長野県は山間地が多いため、地震が起きれば山崩れが各地に発生することは避けられません。昭和59（1984）年に木曽郡王滝村で起きた「長野県西部地震」では、御岳の山体の一部が大崩壊して下流を襲い、人命も奪いました。

長野県は海なし県ですので、地震が起きても津波の心配はないわけですが、地震によって山崩れなどが必ず起きます。

崩れた土砂が集落に一気に押し寄せてくることなどから、人々はこのような突然襲ってくる土砂崩れの現象を「山津波」と呼ぶようになったとも云われています。

私の家の周りには山はないから安心と思っている方もいるでしょうが、地震はいつどこで発生するかわかりません。家族で高原や温泉にでかけた折りに地震はおきるかも知れないのです。

地震で大洪水が起きる？

善光寺地震による無数の山崩れの土砂の総量を概算するとおよそ1000万 m^3 になりますが、その中に大変な山崩れがありました。

長野市信更町涌池の虚空蔵山（こくぞうさん）（別名岩倉山）の山体が大崩壊し、崩れた土砂で大河川である犀川をせき止めてしまいました。

この山崩れは、1箇所でなんと3000万 m^3 をこえる日本の山崩れの歴史上でも代表的な規模となりました。せき止められた犀川は、水がどんどんたまりダムのようになりました（図6）。

図5　善光寺平を襲った大洪水の絵図（信州地震大絵図　真田宝物館所蔵）

せき止めによる湛水は、30km上流の生坂村山清路まで達し、深いところで60mになり、諏訪湖の水の4倍以上およそ2億5千万 m^3 がたまってしまいました。そしてせき止めは、20日を過ぎた旧暦4月13日の夕方決壊して大洪水となり、下流の地域を襲いました（図5）。

図６　地震による虚空蔵山の崩壊とせき止めの様子を伝える絵図（生坂村所蔵）

犀川の谷では、洪水は高さ20mほどに達し、下流の川沿いの平地では洪水は、津波のような勢いを持って広がりました。長野市津野の妙笑寺では、洪水が地上から約1.8mの高さに達した痕跡が残されていました。

でもこの水害には、現代につながる大きな教訓があります。
それは、この大洪水で亡くなった方が少なかったという点です。
下流の人々は、せき止めの事実が伝わると、決壊洪水をおそれ、高い丘などに避難していました。さらに松代藩は、決壊したとき、その事実をのろしにより下流にリレーで伝えたといわれています。また、夜には周囲の山々にかがり火を焚いて避難を支援したといわれています。
災害では、個々の瞬時の行動の判断が生死をわけるといわれていますが、百数十年前のこの事実は、避難の重要性を伝えていると思われます。

情報を伝える

善光寺地震が注目されている点の１つに「情報の伝達」があります。
地震による被害を受けた人々の行動からみてみましょう。
善光寺地震の被害の様子は、全国各地にいち早く伝えられていきます。
その役割を果たしたのが、「瓦版」などの刷り物です。地震の被害の様子が図入りでかかれています。ご開帳で全国から数万人を超える参拝者が訪れており、被害にあいましたので、被害情報も瞬く間に全国各地へ伝わっていったわけです。

また、村々では藩へ、藩は幕府へ被害の様子を頻繁に、図入りなどの資料をつくり伝えました。その結果、見舞金や復興の資金が提供されたようです。
もちろん復興には十分な額ではなかったとおもいますが、被災者の救済という活動が進められたことは注目に値します。

そのきっかけをつくったのは、災害情報のわかりやすい伝達であることは間違いないでしょう。

災害の歴史から学ぶこと

善光寺地震は、活断層の活動によっておきましたが、県内では長野盆地西縁断層帯、糸魚川静岡構造線断層帯、伊那谷断層帯など各地に活断層が多く分布しているため、過去にも多くの地震が起きています。

東日本大震災直後の栄村の地震、神城断層が動いたとされる白馬村の地震は記憶に新しいですが、昭和59（1984）年には御嶽山麓で長野県西部地震がありました。

さらに昭和40（1965）年から5年も続いた長野市の松代群発地震は、市街地の生活にも大きな影響を与えました。

善光寺地震では、山国信州ならではの様々な災害現象が起きていますが、それは、水害でも共通しています。

災害の形態はその地域の土地の性状や形状などに大きく起因しています。

いま、ここで地震が起きたとき、豪雨が襲ってきたとき、どのような現象が発生するかを知っておくことこそ、災害から身を守っていく一歩ではないでしょうか。

地球規模での視点から自然災害をみよう

世界各地では大地震、大洪水、火山噴火、台風など自然災害が増加し続け、毎年1億人以上が被災し、およそ10万人の命が奪われているといわれています。

そして自然災害は、発展途上国などで度々発生し、貧困問題とも重なり、その影響をさらに拡大しており、地球規模での対応や解決が求められる時代になっています。

多くの指摘があるように、自然災害の巨大化、頻発化の大きな要因として、地球温暖化による気候変動が関連しています。千曲川では、昔から大きな洪水が繰り返されてきましたが、異常気象により、その規模がだんだんと大きくなっています。令和元年の洪水は、記録上最大の規模ともいわれていますが、今後もこの規模を上回るような洪水が起きる可能性があります。

自然災害をなくすことはできませんが、人命などへの被害を減らしていくことは人間の行動、人々や国、地域の取り組みによってできることが多くあります。

持続可能でよりよい社会の実現を目指す、世界の共通理念と対策を学びながら、自分の地域でできることを考え、これからの災害への対策や備えを進めていきましょう。

【参考文献】
善光寺地震災害研究グループ「善光寺地震と山崩れ」長野県地質ボーリング業協会（1994）
中央防災会議『1847 善光寺地震報告書』（2007）
山浦直人「善光寺地震による土砂災害に関する史料研究」市誌研究ながの第27号（2020）
山浦直人「冬季展『山国の水害』で展示した善光寺地震による水害関係史料について」長野県立歴史館研究紀要20号（2014）

《コラム》

信州で起きた災害の痕跡を訪ねる

山浦直人

蛇抜けの碑

土石流

◇蛇抜とは

長野県の南の南木曽町の桃介橋（国重要文化財）をわたると「悲しめる乙女の像－蛇ぬけの碑－」があります。昭和 28（1953）年 7 月 20 の伊勢小屋沢の土石流によって犠牲となった 3 人の霊を慰めるとともに、災害で得られた幾多の教訓を伝え、再びこのような惨事を受けぬことを念願し建立されました。「蛇抜」とは土石流災害の威力を表した伝承なのです。

碑にはこうあります「白い雨が降ると蛇抜けが起こる』､異常な大雨によって発生した土砂災害の発生の様子を伝える貴重な伝承です。

石坂地区の崩壊状況（小谷村役場所蔵）

◇稗田山崩壊

長野県北安曇郡小谷村の姫川支流の浦川は、アルプスの北の端の稗田山が水源です。この稗田山は、明治 43 年に大崩壊を起こし、直下の金山沢と浦川本流を埋め､死者 26 名という大きな被害を出しました。大量の土砂は、崩壊地点から約 6 ㎞流れ下り、姫川をせき止めてしまいました。

姫川をせき止めた場所では、深さは 60 mに達し、上流に広がった湛水により小谷村下里瀬（くだりせ）では、ほぼ全戸が浸水してしまいます。その高さは、道路沿いの電柱に大人の身長ほどの高さとして記されています。

◇小さな沢が豹変　宇原川

宇原川を下った土石流（長野県砂防課）

長野県須坂市の宇原川は、菅平高原の根子岳に源を発する、小さな静かな沢でした。

ところが､昭和 56 年 8 月 23 日未明の｢台風 15 号｣の襲来により、根子岳北側の斜面が大崩壊して土石流が始まり、川沿いの土砂を巻き込みながらどんどんと拡大し、土石流は須坂市仁礼地区を襲いました。

仁礼地区では、一瞬にして 10 名の人命が奪われるとともに全半壊家屋 20 戸という大被害になりました。現地にある慰霊碑を訪ねると土石流の威力を感じることはできにくいですが、それほど土石流は静かな沢を豹変させるのです。

地震による大崩壊

◇五畿七道の地震と八ヶ岳の大崩壊

仁和３(887) 年７月30日、五畿七道諸国にわたる巨大な地震が発生しました（日本三代実録）。この地震で、太平洋から離れた信州の八ヶ岳の山体が強く揺すられ、最近の研究では、天狗岳の東麓で大規模な山体崩壊が発生したとされています。崩壊した岩塊は大月川を岩屑なだれとなって下り、西側から千曲川をせき止めてしまいました。そのため、千曲川の上流部に湛水高130m、湛水量５億 m^3 をこえる大きな湖が形成されました。この湖は翌仁和４年に決壊し、千曲下流を襲います。下流の遺跡には洪水によって運ばれた砂の層が各地で確認されています。

◇長野県西部地震による御嶽山の大崩壊

昭和59（1984）年９月14日、長野県王滝村を震源とする長野県西部地震が襲います（マグニチュード6.8　最大震度６と推定)。地震の強い揺れにより御嶽山の山体の一部が崩壊し、崩れた岩石は、土石流となって伝上川・濁川を10km以上も流下し、王滝川をせき止めました。そのせき止めでできた湖が「自然湖」と呼ばれ、現在も満々と水をたたえています。

この「御岳崩れ」は、崩壊した土砂量が３千万 m^3 を超え、国内で最大クラスの規模ですが、村の中心部でも大きな山崩れが発生し、地震により29名の方が犠牲となる、大きな災害となりました。

地震により大崩壊した御嶽山の斜面（長野県砂防課）

大雨による山地大崩壊

大西山の崩壊と集落の被害（長野県砂防課）

昭和36年６月梅雨前線豪雨により伊那谷全域で崩壊や土石流などが多発し、死者・行方不明者139名、負傷者999名、家屋全壊585戸等甚大な被害が生じました。長野県では三六災害（さぶろくさいがい）として、今も語り継がれている大災害です。

リニア新幹線が通過する南アルプスの麓、大鹿村では、この災害で小渋川沿いにある大西山が大崩壊しました。崩壊は高さ450m、幅500mにわたり、大量の土石が山津波となって対岸の集落に押し寄せました。濁流によって多くの家屋が流され、42名の命が奪われました。大西山の崩落跡地は、犠牲者の慰霊と村の復興を願って公園に整備され、忘れてはいけない災害の痕跡と教訓を今に伝えています。

【参考文献】

井上公夫「歴史的大規模土砂災害地点を歩く（シリーズ３巻)」丸源書店（2018～2020）
長野県砂防課「長野県の砂防1972」「長野県砂防史2020」

日本から考えるロシアのウクライナ侵略

窪田善雄

ロシアのウクライナ侵攻とロシア・ウクライナ確執の歴史

2022年2月24日、ロシアはウクライナへの軍事侵攻を開始しました。プーチン大統領は、これをロシア系住民の多いウクライナ東部のドンバス地方を「解放」するための「特別軍事作戦」としましたが、この戦争は、ウクライナに親ロシア政権を樹立してロシアの勢力圏に取り込み、さらにはウクライナのNATO加盟を阻止しようとする侵略戦争であったことは明白です。

プーチン大統領は、圧倒的な戦力差によって短期間で目的は達成できると目論んでいたと思われます。しかし露骨な侵略戦争は国際社会から厳しい批判にさらされ、欧米諸国による武器援助で強力化したウクライナ軍の頑強な抵抗によって侵攻は計画通りに進みませんでした。ロシア軍は、当初目的としていた首都キーウの制圧をあきらめ、侵攻開始から半年となった現在（2022年8月末）、主戦場は、ウクライナの東部・東南部に移り、戦況は膠着しています。ウクライナ各地は無差別な攻撃で荒廃し、ロシア軍の住民虐殺の事実も発覚し、戦争はますます悲惨なものになっています。

今回の戦争の背景には、ウクライナとロシアの複雑に絡み合った確執の歴史があります。「ウクライナ」という地名は「辺境」を意味し、ポーランド圏（西欧カトリック圏）とロシア圏（東欧ロシア正教圏）があいまいに境を接する双方にとっての辺境であり、農奴身分を逃れてこの地に逃亡してきた人々が「コサック」とよばれる騎馬農民の自治的な社会を形成していました。ウクライナは、ロシアとポーランドの係争の地となり、ピョートル大帝時代にロシア帝国に併合されますが、ウクライナとロシアは、そもそも一体の地域ではなく、さらにいえばウクライナ自身が西部西欧圏と東部東欧圏の本源的対立を抱える、極めて複雑な地域だったのです。

ウクライナとロシアの関係が悲惨なものになっていくのは、ロシア革命の時代からです。二月革命によってロシア帝国が消滅し、臨時政府がロシアの統治を開始すると、ウクライナでは独自の自治政府が成立し、ロシアからの独立をめざします。その矢先十月革命が勃発、ロシアの実権をレーニン率いる社会主義政権が奪取しました。新たに成立した社会主義政権（のちのソヴィエト連邦）もウクライナの自立を許さず、むしろさらに過酷なウクライナ抑圧政策を実施していきました。スターリン時代になるとこの動きは極限化します。スターリンは、重工業化した社会主義体制を建設するため、1920～30年代にかけて「第1次5ヵ年計画」という強引な国家改造改革を推進し、その一環としてウクライナの穀物を収奪し国家改造の原資としました。1932～33年、農業生産物を奪い尽くされたウクライナでは凄まじい飢饉が発生、少なく見積もっても400万人から600万人が餓死したとされます。これは想像を絶する計画的民族大虐殺でした。

1980年代になるとソヴィエト連邦という社会の摂理に反した人工国家は、長年の無理がたたって機能不全に陥り、1991年解体します。ウクライナは独立を果たしましたが、国内の東西文化圏対立に根差す親ロシア派と反ロシア派の対立を抱え政局は安定しませんでした。一方ロシアではプーチン大統領が登場し、強権的な手法で安定を確保してウクライナへの介入を始めました。2014年、ウクライナで親ロシア政権が革命的反政府運動で打倒されると、ロシアは一方的にクリミア半島を編入し、ウクライナのロシアへの反感は強まります。2019年新たに就任したゼレンスキー大統領は、ロシアへの対抗姿勢を明確化、ＮＡＴＯへの加盟の動きも見せ始めました。このような状況下、ロシアはウクライナ侵略に踏み切ったのです。

日本の侵略的覇権主義の歴史をたどる

私たちは今、現在進行中のロシアによる侵略戦争を目撃していますが、かつて日本も露骨な侵略戦争を遂行し、近隣諸国に多大な損害をもたらし、そして自らも破滅的な結末に至るという歴史をもっています。ロシアの侵略戦争を目の当たりにして思うのは、この侵略戦争を一つの「鏡」としてかつての日本の侵略戦争を問い直すことの重要性です。ロシアの侵略戦争とかつての日本の侵略戦争を比較し、何が違っていて何が似ているのかを明らかにすることで歴史の教訓がより鮮明に浮かび上がってくると思うのです。

かつて日本の歴史学界はマルクス主義の影響が強く、日本の侵略的覇権主義の説明として、巨大独占資本が生み出す大量商品や金融資本のための独占市場欲求に原因を求めてきました。しかし近年、緻密な実証的研究が進み、事実に即した説明がされるようになりました。それは、日本の安全保障についての危機意識が膨らんでいったという説明です。端的にいえば日本が他国から侵略されないためには、日本の外にナワバリを持っていれば安心だという発想です。たとえば日露戦争は、日露による満洲・朝鮮の市場争奪戦争というより、日本の安全保障のために朝鮮というナワバリを死守しようとした戦争でした。朝鮮半島がロシアの勢力圏に置かれることだけは何が何でも阻止しようとし、それが絶望的となったとき、日本は戦争に踏み切ったのです。

第一次世界大戦に日本は参戦しましたが、凄まじい総力戦を体験しませんでした。そのため、日本は第一次世界大戦から何も学ばず、日露戦争とほとんど変わらない戦術と装備でその後の戦争を戦っていったとされることがあります。しかし、それは違っています。むしろ日本は、総力戦の凄まじさを極めて深刻に受け止め、その危機感というより恐怖感がその後の日本の在り方を決定的に左右していったのです。こうして1920年代以降、日本はさまざまな国家構造改革に着手していくことになりました。

加えて、その後の国際情勢は、日本の危機意識をさらに深刻なものにしました。1920年代後半、蒋介石が中国国民革命による統一国家の形成に乗り出したことは、日本の新たな脅威となりました。日本は山東出兵に踏み切りましたが、日本の干渉の背景には、強力な中国の出現に対する恐怖があったのです。一方、ロシアに出現したソヴィエト連邦は、1920～30年代にかけて「第1次5ヵ年計画」を強行して重化学工業化を推進し、急速な軍事拡張を始めたことも大きな脅威となりました。さらに、これまで良好な関係あった米・英ともしだいに対立の兆候が見え始めます。こうした危機感を背景に、現地軍（関東軍）が暴走して1931年満洲事変を引き起こしました。満洲地域をソ連対抗の根拠地とし、さらには対米戦争を戦うための資源地帯としても期待したのです。満洲事変は、対ソ戦争、対米戦争に備えるために引き起こされたということです。

満洲国建国は、新たな恐怖の連鎖を引き起こします。満洲国だけでは安心できないので、満洲国に隣接する中国の領域に勢力圏を広げ、対ソ戦争の後背地を確保しようとしました。この結果、日本陸軍の華北分離工作が始まり、中国との新たな軋轢を生んでいくことになります。この状況下で盧溝橋事件が発生し、日本は中国との全面戦争にはまり込んでいきました。そして日本は、この泥沼から抜け出せないまま、ついに太平洋戦争に突入し、破滅的な敗戦を迎えるのです。

日本の安全確保をめざして日本の勢力圏を広げようとし、ところがそのことが逆に他国との軋轢を生み出し、反って「おびえ」を現実のものにしてしまう。皮肉なことに、日本は一番恐れていたことに向かって主体的に自ら墓穴を掘っていったということです。

日本の対外侵略をロシアのウクライナ侵略と比較してみる

以上、日本の侵略的覇権主義の歴史を概観しましたが、この歴史を現在進行中のロシアの侵略戦争と比較してみたいと思います。そこから未来志向の歴史の教訓を得たいからです。

日本とロシアの対外侵略に大きな違いは、侵略戦争を推進する権力機構の決定的違いです。ロシアは、プーチンに国家意思が集約され一元的な意思決定により侵略戦争を遂行しています。戦争を遂行する国家の在り方としては当然です。しかし、日本の対外侵略は、日本の権力機構が一枚岩となって推進したものではありませんでした。これは、戦前日本の権力機構の根本的な欠陥に由来するものでした。大日本帝国憲法では各権力機構が平等な権限をもって虚構の絶対権力者「天皇」にそれぞれ直属していました。虚構の独裁者「天皇」を頂点に配することで実質的な最高権力者を不在にし、超法規的な明治の元勲というスーパーなリーダーたちが背後から国家を運営したのです。このスーパーリーダーたちの寿命が生物学的に尽きた大正から昭和にかけて、日本の統治機構の深刻なシステム欠陥が露呈しました。つまり行政府省庁、陸軍、海軍など巨大権力機構それぞれの利害や意向が衝突しても調整することができないのです。政府と軍は対立し、軍でも陸軍と海軍は対立し、陸軍では参謀本部と陸軍省が対立し、海軍では軍令部と海軍省が対立し、陸軍に至っては軍中央と現地軍が対立し、指導体制は支離滅裂でした。こうした欠陥が背景となって、海軍や陸軍の暴走を許し、明確な展望や検討を欠いたまま重大な国家政策が決定されていったのです。現地軍が勝手に始めた満州事変はその典型ですし、日中戦争から太平洋戦争にかけて、その場しのぎの判断が繰り返され、選択肢をすべて失って日本は無謀な対米英戦争にはまり込んでいったのです。これは、近現代史上あり得ない日本特有の現象であり、歴史上特筆すべき現象といえるでしょう。

日本とロシアの対外侵略には、似ている点もあります。それは、再三指摘してきた、国家の安全保障を担保するためのナワバリ拡張戦争である点です。ソ連解体以来、旧ソ連諸国や東欧諸国が次々NATOやEUに加盟していったのはプーチンにとって極めて苦々しい事態でした。ロシアの安全保障のためにウクライナを自己の勢力圏下に置きたいというのが、今回のウクライナ侵攻の本質です。しかし、この試みは今のところ大失敗です。ウクライナ国民のロシア感情を決定的に悪化させてNATO加盟の意思をさらに強化し、その上中立外交を堅持してきたスウェーデンやフィンランドまでがNATO加盟を検討するまでになってしまったからです。

ロシアにとって最善の道は、失敗を認めて戦争から手を引くことでしょう。しかし国家の場合、そうはいかないのです。かつての日本がそうであったように、どれほど国際的非難を受けようが、どれだけ経済制裁に晒されようが、いまさらこれまでの戦略が間違っていたとは言えないのです。国家は、勝利するか敗北するか、内部で政権が打倒されるかしない限り、仕掛けた戦争を止めようとはしません。面子にこだわって身を亡ぼすことはバカげていると思いますが、面子が、国家レベルにまで拡大した場合、国の存亡を左右しかねない根深い問題を孕んでいるのです。このことも、かつての日本と現在のロシアの侵略戦争が提示している深刻な問題点だといえるでしょう。

おわりに　父の戦争体験に寄せて

父 窪田作水
（満洲 1945 年 21 歳）

最後に父の戦争体験を紹介させてもらいます。現在進行中のロシアの侵略戦争とかつての日本の侵略戦争を比べつつ、自分に引き寄せて思い至ったのが、父の戦争体験だったからです。私は、父親から戦争体験を聞くことができるぎりぎり最後の世代ですが、それは必然的に太平洋戦争最末期の体験ということになります。父は20歳で召集され、1945年1月ソ連と満洲国の国境警備隊に配属されました。ところが5月、父の部隊に沖縄への移動が命令されます。4月に沖縄戦が始まっており、「平和」なソ満国境に精鋭部隊を遊ばせておく余裕はなかったのです。ところが父の部隊は、沖縄への移動中、朝鮮半島南端の済州島で停止しました。日本の制海権は完全に失われていたからです。結局父は、済州島で8月15日の敗戦を迎えました。もし父がソ満国境に留まっていたら、ソ連の突然の参戦で悲惨な戦闘に巻き込まれていたはずであり、もし沖縄に到着していたら、アメリカとの悲惨な戦闘に巻き込まれていたはずです。どちらにしろ命を失っていた可能性が高いのです。父の戦争は実戦を伴わないものでしたが、九死に一生を拾ったことは間違いありません。そして、父の体験は私にとっても運命そのものです。父が戦死していれば、当然私はこの世に生まれなかったからです。

私はこの体験を聞かされた時、自分のなかにも「命」というものがあって世代から世代へ受け継がれていくことを実感しました。そして受け継がれていく「命」の総体が「世界史」なのです。そうだとすれば、かつての日本や今のロシアの侵略戦争がいかに理不尽かつ不条理であるかは明白です。他者の「命」の尊厳を踏みにじらずに普通に生きている人々の「命」の尊厳を、不当に踏みにじる侵略戦争は「絶対悪」だからです。この思いが、遥かに離れた日本の長野県から考える、私にとってのロシアのウクライナ侵略戦争です。

【参考文献】

加藤陽子『それでも、日本人は「戦争」を選んだ』朝日出版社（2009）
森山優『日本はなぜ開戦に踏み切ったか』新潮選書（2012）
片山杜秀『未完のファシズム』新潮選書（2012）
下斗米伸夫『宗教・地政学から読むロシア』日本経済新聞出版社（2016）

あとがき

竹内良男

信濃の国は十州に　境連ぬる国にして　聳ゆる山はいや高く　流るる川はいや遠し
松本伊那佐久善光寺　四つの平は肥沃の地　海こそなけれ物さわに　万ず足らわぬ事ぞなき…

本書冒頭に掲載した長野県歌『信濃の国』の始まりの一節です。要するに“お国自慢”が延々と続くのですが、この「信濃の国」という県歌、さすがに最近の若い人たちはわかりませんが、かなり多くの長野県人が歌うことが出来るはずです。県歌とか市歌はあっても歌ったことがない、そもそも知らない、ということを多く聞く中で、「信濃の国」は、信州人を固く結びつける大きな役目を果たしていると言えるでしょう。

この『信州から考える世界史』の編集に関わった人たち、そして執筆者の多く、さらには出版社に至るまで「信州」をこよなく愛する「信州人」が集まって、作りあげた作品です。考えてみると、古代の尖石遺跡などから始まって、現代に至るまで、この国の歴史年表にとても多く現れてくる出来事が続くのは信州＝長野県の他にはあまりない、と言ったら言い過ぎでしょうか？

私自身は、現代編の担当でしたが、まずぶつかったのは、そもそもいったいいつから「現代」とすればよいのか？　というかなりの難問でした。日清、日露から始まる明治以降のこの国の戦争の歴史は、アジア・太平洋戦争の終結まで、途切れることなく続いています。近代との境目をどこに置くか？　さらに今は本当に「戦後」なのかと、問われたなら、「戦後78年」という言葉の一方で、例えば沖縄では「戦後はまだ始まってさえもいない」と言う人たちも多くいます。1945年に終わったとされる長い戦争をどう呼ぶのか、その定義さえ国として確定していないこの国の歴史にも思いを馳せつつ、「戦後」をきちんと定義することの大切さを思います。

「現代」の定義も同様なのですが、結局のところ、目次をご覧いただくとおわかりのように、1本の大きなテーマとしての「戦争」は、総論として山田朗さん（明治大学教授）に信州と戦争について俯瞰していただき、もう1本の「満蒙開拓」は加藤聖文さん（国文学研究資料館准教授）に総論をお書きいただき、関連する多岐にわたる個別のテーマを、専門の研究者の方々、さらには地域での活動に関わって現場を知り尽くしている方々に執筆をお願いしました。それからここで特別に書いておきたいことは、「登戸研究所と信州」について執筆された木下健蔵さんが、この本の刊行を見る前に亡くなられたことです。病を押しての執筆だったと伺っていますから、その意味で貴重な遺稿となりました。謹んでお悔やみを申し上げます。

「現代編」の論考の“強み”と言えるのは、取り上げられた〈現場〉にまっすぐにつながるということでしょう。例えば、北原高子さんの松代大本営地下壕の論考を読んだらぜひ松代へ、岡村幸宜さんの神宮寺を読んだら松本浅間温泉へ、そして原英章さんの平岡ダムの論考から天龍村を訪ねるのもアリでしょう。出来事の現場を訪ね、吹く風に吹かれつつ、「歴史といま」をつなげて考えてほしい、この本の現代編に執筆いただいた方々の願いはそこにあります。

木下さんを含めて大勢の執筆者のみなさん、本当にご苦労さまでした。ありがとうございました、この本が信州人のみならず、広く読者に、特に若い世代に、信州の「歴史といま」とを考えるきっかけになることを願っています。

2023年　5月

〈執筆者・編集委員一覧〉

※以下の紹介は各自が提供した内容を尊重し、最低限体裁を整えました。

〈執筆者略歴（50音順）〉

相澤みのり（あいざわ・みのり）

長野県飯田市生まれ。佛教大学大学院博士後期課程。

「平田国学の明治──平田胤雄と本教教会をめぐって──」『佛教大学大学院紀要 文学研究科編』第50号（2022年）。

「明治の平田家、平田胤雄と印行社」山下久夫・斎藤英喜編『平田篤胤　狂信から共振へ』（法藏館、2023年）。

青木隆幸（あおき・たかゆき）

1957年長野県下伊那郡喬木村生まれ。1981年立命館大学大学院文学研究科博士課程前期修了。長野県下の公立高校に勤務後、長野県立歴史館学芸部長を経て飯田市美術博物館専門研究員。

編著書『松本市史　第二巻歴史編Ⅱ近世』（1995年）、『長野県の歴史散歩』（山川出版社、2006年）、『長野県の満洲移民──3つの大日向をたどる──』（長野県立歴史館、2012年度春季企画展図録）、『田中芳男──「虫捕御用」の明治維新』（長野県立歴史館、2017年度冬季展図録）。

青木歳幸（あおき・としゆき）

1948年長野県松本市生まれ。1972年信州大学人文学部文学科史学専攻卒業。2003年博士（歴史学）。信州大学、筑波大学等非常勤講師を経て佐賀大学地域学歴史文化研究センター教授、同センター長。現在佐賀大学特命教授。日本医史学会理事、洋学史学会元会長。

著書『在村蘭学の研究』（思文閣出版、1998年）、『江戸時代の医学』（吉川弘文館、2012年）、『伊東玄朴』（佐賀城本丸歴史館、2014年）、『天然痘との闘い──東日本の種痘』（岩田書院、2023年、編著）。

池田さなえ（いけだ・さなえ）

1988年兵庫県生まれ。2016年 京都大学大学院文学研究科博士後期課程研究指導認定退学。2018年博士（文学）（京都大学）。京都大学人文科学研究所助教、大手前大学専任講師を経て現在京都府立大学文学部准教授。

著書『近代天皇制と社会』（思文閣出版、2018年、分担執筆）、『皇室財産の政治史──明治二〇年代の御料地「処分」と宮中・府中』（人文書院、2019年）、論文「仏教教団の「近代化」における門信徒の経済的役割──明治期・西本願寺「有力門徒」らによる会社設立」（『史学雑誌』第130編第10号、2021年）など。

遠藤由紀子（えんどう・ゆきこ）

1979年福島県郡山市生まれ。2007年昭和女子大学大学院生活機構研究科生活機構学専攻修了。博士（学術）。現在、昭和女子大学歴史文化学科非常勤講師、女性文化研究所研究員。専門は近代史、女性史、歴史地理学（地域文化）。

著書『近代開拓村と神社──旧会津藩士及び屯田兵の帰属意識の変遷──』（御茶の水書房、2008年）、『会津藩家老・山川家の近代──大山捨松とその姉妹たち──』（雄山閣、2022年）、共著『女性と仕事』（御茶の水書房、2010年）、『守山藩』（現代書館、2013年）、『女性と家族』（御茶の水書房、2014年）、『幕末明治を生きた女性たち』（洋泉社、2015年）など。

大橋敦夫（おおはし・あつお）

1961年長野県長野市生まれ。1989年上智大学大学院文学研究科国文学専攻博士後期課程単位取得退学。専攻：国語史。上田女子短期大学総合文化学科教授。

著書『洋学史研究事典』（思文閣出版、2021年／「信州11藩の洋学」「言語学」執筆）、『魅せる方言　地域語の底力』（三省堂、2013年、共著）『今さら聞けない！正しい日本語の使い方【総まとめ編】』（永岡書店、2003年、監修）。

岡村幸宣（おかむら・ゆきのり）

1974年東京都生まれ。原爆の図丸木美術館学芸員・専務理事。2016年第22回平和・協同ジャーナリスト基金奨励賞。著書『非核芸術案内──核はどう描かれてきたか』（岩波書店、2013）、『《原爆の図》全国巡回──占領下、100万人が観た！』（新宿書房、2015）、『《原爆の図》のある美術館──丸木位里、丸木俊の世界を伝える』（岩波書店、2017）、『未来へ──原爆の図丸木美術館学芸員日誌 2011-2016』（新宿書房、2020）など。

織田顕行（おだ・あきゆき）

1972年愛知県生まれ。1997年佛教大学大学院文学研究科仏教文化専攻修士課程終了。現在飯田市美術博物館学芸員。著書『伊那谷の古雅拝礼　仏教美術をめぐる55のエッセイ』（南信州新聞社、2012年）、編著『信州の祈りと美──善光寺から白隠、春草まで──』（飯田市美術博物館、2015年）、『信州の仏像』（しなのき書房、共著、2008年）など。

加藤聖文（かとう・きよふみ）

1966年愛知県生まれ。2001年早稲田大学大学院文学研究科史学（日本史）専攻博士後期課程修了。人間文化研究機構国文学研究資料館准教授。

著書『満蒙開拓団──国策の虜囚』（岩波現代文庫、2023年）、『海外引揚の研究──忘却された「大日本帝国」』（岩波書店、2020年、第43回角川源義賞受賞）、『満鉄全史──「国策会社」の全貌』（講談社学術文庫、2019年）、『国民国家と戦争──挫折の日本近代史』（角川選書、2017年）、『「大日本帝国」崩壊──東アジアの1945年』（中公新書、2009年）。

亀岡敦子（かめおか・あつこ）

1946年生まれ。2006年慶應義塾大学文学部卒業（通信教育課程）。1991年より日吉台地下壕保存の会運営委員（現副会長）。2015年より戦争遺跡保存全国ネットワーク運営委員。その活動の中で戦没学生上原良司を知り研究を始める。共著書に白井厚編『いま特攻隊の死を考える』（岩波ブックレット、2002年）、日吉台地下壕保存の会編・山田朗監修『本土決戦の虚像と実像』（高文研、2011年）。

北原高子（きたはら・たかこ）

1942年生まれ。長野県須坂市在住。元高校教諭。NPO法人松代大本営平和祈念館 事務局長。

木下健蔵（きのした・けんぞう）

1954年長野県生まれ。愛知学院大学大学院商学研究科修士課程修了。長野県下で高校教諭を歴任。駒ケ根市立博物館の専門研究員も務める。赤穂高校（駒ケ根市）の平和ゼミナール顧問として教え子とともに研究所の実態を調査。退職後の2018年には駒ケ根市で有志らと「登戸研究所調査研究会」を設立し、共同代表を務めた。2022年11月逝去。著書『消された秘密戦研究所』（1994年、信濃毎日新聞社）、『日本の謀略機関 陸軍登戸研究所』（2016年、文芸社）。

きむらけん

1945年満州撫順生まれ。元東京大学附属中等学校教諭。北沢川文化遺産保存の会主幹・作家。

『鉛筆部隊と特攻隊』（彩流社、2012年）、以来『〈信州特攻隊物語完結編〉と号第三十一飛行隊 「武揚隊」の軌跡──さまよえる特攻隊』（えにし書房、2017年）、『〈改訂新版〉鉛筆部隊と特攻隊──近代戦争史哀話』（えにし書房、2019年）、『台湾出撃沖縄特攻陸軍──八塊飛行場をめぐる物語』（えにし書房、2022年）など信州特攻全6巻を刊行。

窪田善雄（くぼた・よしお）

東京教育大学（現 筑波大学）文学部史学科卒。県立小諸高校・伊那弥生ケ丘高校・上田東高校・私立長野俊英高校校長。現在 学校法人篠ノ井学園理事。

論文「国民革命期上海臨時市政府の成立とその実態」（『歴史評論』校倉書房、2005年）、「国民革命期における上海の権力機構」（『信大史学』信大史学会 、2000年）、「アルノルフィニ夫妻の肖像にみる中世末ヨーロッパの諸相」（『歴史と地理』山川出版、1998年）、「中国史の概括的な理解のための再考察」（『歴史と地理 』山川出版、2015年）など。

篠田健一（しのだ・けんいち）

1944年東京生まれ。1967年3月神奈川大学法学部卒業。4月より35年間、埼玉県秩父郡の公立中学校に勤務。現在、秩父事件研究顕彰協議会会長。

共著『ガイドブック秩父事件』、『秩父事件──圧制ヲ変ジテ自由ノ世界ヲ』（いずれも新日本出版社）、高島千代・田崎公司編著『自由民権〈激化〉の時代』（日本経済評論社）。

関 良基（せき・よしき）

1969年信州上田生まれ。2002年京都大学大学院農学研究科博士課程修了。博士（農学）。早稲田大学アジア太平洋研究センター助手、（財）地球環境戦略研究機関客員研究員をへて、現在、拓殖大学教授。

著書『社会的共通資本としての森』（宇沢弘文共編 東京大学出版会、2015年）、『赤松小三郎ともう一つの明治維新 テロに葬られた立憲主義の夢』（作品社、2016年）、『日本を開国させた男、松平忠固 近代日本の礎を築いた老中』（作品社、2020年）など。

竹内康人（たけうち・やすと）

1957年静岡県浜松市生まれ。歴史研究。

著書『調査・朝鮮人強制労働』全4巻（社会評論社、2013～15年）、『浜岡・反原発の民衆史』（社会評論社、2014年）、『戦時朝鮮人強制労働調査資料集 増補改訂版 連行先一覧・全国地図・死亡者名簿』（神戸学生青年センター出版部、2015年）、『日本陸軍のアジア空襲 爆撃・毒ガス・ペスト』（社会評論社、2016年）、『静岡県水平社の歴史』（解放出版社、2016年）、『韓国徴用工裁判とは何か』（岩波書店、2020年）、『佐渡鉱山と朝鮮人労働』（岩波書店、2022年）。

寺沢秀文（てらさわ・ひでふみ）

1953年長野県下伊那郡生まれ。1976年日本大学卒業。本業の不動産鑑定士事務所経営の傍ら、40年以上にわたり日中友好活動、中国帰国者支援活動等と共に満蒙開拓に関する調査研究等に従事し、「満蒙開拓平和記念館」（長野県阿智村。2013年開館）実現に奔走。現在同館館長。中国東北地方（旧満州）にて30回以上現地調査行う等し、記念館内外等で満蒙開拓に関する講演等を行う。

傳田伊史（でんだ・いふみ）

1960年長野県辰野町生まれ。早稲田大学大学院文学研究科博士後期課程満期退学。2017年博士（文学）。長野県立歴史館専門主事、長野市立長野高等学校、長野県長野東高等学校などを経て、現在、長野県長野西高等学校教諭。

著書『古代信濃の地域社会構造』（同成社、2017年）。

東郷 えりか（とうごう・えりか）

船橋市生まれ、横浜市在住。上智大学外国語学部フランス語学科卒業。旅行会社に10年ほど勤務後、フリーランスの出版翻訳者となる。

『埋もれた歴史』（パレードブックス、2020年）を自費出版。訳書にデ・コーニング著『幕末横浜オランダ商人見聞録』（河出書房新社、2018年）、グレタ・トゥーンベリ編著『気候変動と環境危機』（同、2022年）など。

中島庄一（なかじま・しょういち）

1952年長野県中野市生まれ。2009年國學院大學大学院文学研究科史学専攻博士後期修了。

博士（歴史学）。長野県文化財保護協会会長。

著書「称名寺式土器」『総覧縄文土器』小林達雄編所収（アム・コーポレーション、2008年）、「磨製石斧の製作ものづくり」『ものづくり 道具製作の技術と組織』小杉康、谷口康浩、西田泰民、水ノ江和同、矢野健一、編所収（同成社、2007年）。

祢津宗伸（ねつ・むねのぶ）

1956年長野県長野市生まれ。1981年埼玉大学教養学部卒業。長野県立高校教諭を経て現在浄土真宗本願寺派浄蓮寺住職。この間、2007年埼玉大学大学院人文科学研究科博士後期課程終了。博士（学術）。

著書『中世地域社会と仏教文化』（法藏館、2009年）、『論集 東国信濃の古代中世史』（岩田書院、2008年、共著）、『東アジアのなかの建長寺』（勉誠出版、2014年、共著）、『中世日本の茶と文化』（勉誠出版、2020年、共著）など。

原 英章（はら・ひであき）

1948年長野県生まれ。東京都立大学人文学部卒業。長野県公立中学校教諭を経て、現在飯田市歴史研究所調査研究員、平岡ダムの歴史を残す会代表。

著書『満蒙開拓青少年義勇軍と信濃教育会』共著、大月書店（2000年）など。

平川豊志（ひらかわ・とよし）

1953年松本市生まれ、1979年信州大学大学院理学研究科修了、理学修士（地質学）。松本第一高校教諭を経て現在同校非常勤講師。松本強制労働調査団運営委員・戦争遺跡保存全国ネットワーク運営委員。

著書『長野県松本市里山辺における朝鮮人・中国人強制労働の記録──平和のためのガイドブック』（里山辺朝鮮人・中国人強制労働調査団、共著、1992年）、『戦争遺跡からまなぶ』（岩波ジュニア新書、共著、2003年）、『続・しらべる戦争遺跡の事典』（柏書房、共著、2003年）など。

広中一成（ひろなか・いっせい）

1978年愛知県生まれ。2012年愛知大学大学院中国研究科博士後期課程修了。博士（中国研究）。現在愛知学院大学文学部歴史学科准教授。

著書『増補新版 通州事件』（志学社、2022年）、『後期日中戦争』（KADOKAWA、2021年）など。

藤森英二（ふじもり・えいじ）

1972年埼玉県草加市生まれ。1996年明治大学二部文学部考古学専攻卒。同年より長野県北相木村教育委員会勤務（学芸員）。

主な著作『シリーズ遺跡を学ぶ078　信州の縄文早期の世界　栃原岩陰遺跡』（新泉社、2011年）、『信州の縄文時代が実はすごかったという本』（信濃毎日新聞社、2017年）。

宮澤崇士（みやざわ・たかし）

1982年長野県牟礼村生まれ。2008年東北大学大学院文学研究科博士課程前期2年の課程（日本史専攻）修了。飯山市教育委員会所属。

論文「松代藩「松原者」に関する一考察：「足軽」との比較の中で」（『信濃』64巻9号、信濃史学会、2012年）、「真田家文書からみる松代藩組織構造と「物書」役」（国文学研究資料館編『近世大名のアーカイブズ資源研究──松代藩・真田家をめぐって』、思文閣出版、2016年）。

村石正行（むらいし・まさゆき）

1971年長野県須坂市生まれ。1997年慶応義塾大学大学院修士課程修了。2011年博士（史学）。長野県立歴史館文献史料課長・学芸員・認証アーキビスト。

著書『中世の契約社会と文書』（思文閣出版、2013年）。

山浦直人（やまうら・なおと）

1951年長野県佐久市生まれ。2009年放送大学大学院文化科学研究科修了。2010年博士（工学）。2012年長野県建設部退職。現在・長野県立歴史館名誉学芸員。県内災害史、土木史、土木遺産等の調査研究、牛伏川階段工や災害伝承地案内活動。

共著『蚕糸王国信州ものがたり』（信濃毎日新聞社、2016年）、『信濃の橋百選』（信濃毎日新聞社、2011年）、『善光寺地震と山崩れ』（長野県地質ボーリング業協会、1994年）、『ちくまがわ川ものがたり』（土木・環境しなの技術支援センター、2020年）

山田 朗（やまだ・あきら）

1956年大阪府豊中市生まれ。1985年東京都立大学大学院人文科学研究科史学専攻博士課程単位取得退学。1999年博士（史学）。東京都立大学助手等を経て現在明治大学文学部教授・平和教育登戸研究所資料館長。

著書『大元帥 昭和天皇』（新日本出版社、1994年／ちくま学芸文庫、2020年）、『軍備拡張の近代史』（吉川弘文館、1997年）、『兵士たちの戦場』（岩波書店、2015年）、『帝銀事件と日本の秘密戦』（新日本出版社、2020年）など。

山本英二（やまもと・えいじ）

1992年國學院大學大学院文学研究科博士課程後期単位取得満期退学。博士（歴史学・國學院大學）。1994年より信州大学人文学部。現在同学部教授。

著書『慶安御触書成立試論』（日本エディタースクール出版部、1999年）、『慶安の触書は出されたか』（山川出版社、2002年）。共編著に山本英二・白川部達夫『〈江戸〉の人と身分の近世史2 村の身分と由緒』（吉川弘文館、2010年）、山本英二・鈴木俊幸『信州松本藩崇教館と多湖文庫』（新典社、2015年）。

和根崎 剛（わねざき・つよし）

1969年長野県上田市生まれ。1993年明治大学文学部史学地理学科考古学専攻卒。1993年上田市役所（真田町役場）入庁、『真田町誌』編纂や上田城跡発掘調査、日本遺産認定等に従事し、2021年上田市立博物館長、現在は上田市都市建設部上田城跡整備室長。

著書『資料で読み解く真田一族』（郷土出版社、2016年、共著・責任編集）、『信濃上田城』（戎光祥出版、2019年、共著・編集）など。

〈編集委員略歴〉

岩下哲典（いわした・てつのり）

1962年、信州『たのめの里』（長野県塩尻市・辰野町）生まれ。1985年青山学院大学大学院文学研究科史学専攻博士後期課程満期退学。2001年博士（歴史学）。明海大学教授等を経て現在東洋大学文学部教授。

著書『予告されていたペリー来航と幕末情報戦争』（洋泉社新書y、2006年）、『江戸無血開城──本当の功労者は誰か？』（歴史文化ライブラリー、吉川弘文館、2018年）、『ロシア海軍少尉《ゴローウニン事件》ムールの苦悩』（右文書院、2021年、共著）、『見る・知る・考える　明治日本の産業革命遺産』（勉誠社、2022年）、『「文明開化」と江戸の残像』（ミネルヴァ書房、2022年、編著）、『江戸無血開城の史料学』（吉川弘文館、2022年、編著）など。

中澤克昭（なかざわ・かつあき）

1966年、長野県長野市に生まれる。青山学院大学大学院文学研究科史学専攻博士後期課程退学。博士（歴史学）。日本学術振興会特別研究員（研究従事機関：東京大学大学院人文社会系研究科）、長野工業高等専門学校准教授などを経て、2014年上智大学文学部准教授。2017年から同教授。

著書『中世の武力と城郭』（吉川弘文館、1999年）、『真田氏三代と信濃・大坂の合戦』（吉川弘文館、2016年）、『肉食の社会史』（山川出版社、2018年）、『狩猟と権力──日本中世における野生の価値──』（名古屋大学出版会、2022年）、編著に『人と動物の日本史〈2〉歴史のなかの動物たち』（吉川弘文館、2009年）、『甲信越の名城を歩く〈長野編〉』（河西克造氏との共編、吉川弘文館、2018年）。

竹内良男（たけうち・よしお）

1948年長野市生まれ。上智大学文学部英文科ならびに中央大学文学部文学科国文専攻卒業。長野県栄村の臨任講師を経て、埼玉県公立高校教諭として34年間勤務。修学旅行引率で訪れた広島の被爆者との出会いに衝撃を受け、以来広島に通い、被爆証言の聞き取り、掘り起こしなどを続けてきている。退職後、ヒロシマからつながる戦争と平和の問題に関心を深め、広く市民に開かれた学びの場としての「ヒロシマ講座」を2016年に開設、その補助資料としての個人通信「〈ヒロシマへ　ヒロシマから〉」は、2,000号を越えてほぼ毎日発信し続けている。2020年第26回平和・協同ジャーナリスト基金賞奨励賞を受賞。

市川尚智（いちかわ・ひさのり）

1961年長野県長野市篠ノ井生まれ。信州大学人文学部人文学科東洋史学専攻。現在長野県立野沢南高校教諭。

著書『世界史のパビリオン』（共同執筆、とうほう）、『世界史のパサージュ』（共同執筆、とうほう、2005年〈現在絶版〉）。

信州から考える世界史

歩いて、見て、感じる歴史

2023年 7月15日 初版第1刷発行

■編　者　　岩下哲典／中澤克昭／竹内良男／市川尚智（監修）

■発行者　　塚田敬幸

■発行所　　えにし書房株式会社

〒102-0074 東京都千代田区九段南1-5-6 りそな九段ビル5F

TEL 03-4520-6930　FAX 03-4520-6931

ウェブサイト　http://www.enishishobo.co.jp

E-mail　info@enishishobo.co.jp

■印刷／製本　株式会社 厚徳社

■DTP・装幀　板垣由佳

ISBN978-4-86722-118-1　C0020

新視点からの歴史散歩読本

ISBN978-4-86722-105-1　C0022

神奈川から考える世界史

歩いて、見て、感じる歴史

藤田 賀久（編著）藤村 泰夫（監修）

B5 判／並製／定価 2,000 円＋税

高等学校学習指導要領の地歴科の新しい歴史科目の根底を流れるコンセプト「地域から考える世界史」を念頭に、20 人の高校・大学の教員チームが、生徒・学生に向けて、足元の地域から歴史を身近に感じるために編んだ副読本。執筆者たちが問題意識をもって、地域を歩き、収集した史実には「地域から考える世界史」の根幹となる日本史と世界史をつなげることの面白さが満載。

市川賢司／岩下哲典／小川輝光／風巻　浩／神田基成／齋藤一晴
坂口可奈／鈴木　晶／田中孝枝／谷口天祥／智野豊彦／徳原拓哉
中山拓憲／韓　準祐／伴在　渚／深松亮太／安田震一／山田大介

《目次》

「地域から考える世界史」のコンセプト

これまで世界史といえば、自分たちの地域とは無縁のものと考えられてきた。しかし、今日、アジア諸国との歴史認識をめぐる対立のなかで、もはや自国だけの歴史を知っていればことたりる時代ではなくなった。自国の歴史の相対化、他国との相互交流の歴史、つまり世界史のなかでとらえる日本の歴史が必要とされる時代となったわけである。それは、2022 年から始まる高等学校学習指導要領の地歴科の新しい歴史科目の根底を流れるコンセプトとなっている。

世界史のなかで日本をとらえるといっても、日本列島の各地で起こっているできごとを見ていくことが原点であり、私たちの住んでいる地域がその対象になる。そして、地域から世界史を考えるということは、地域のなかに生きる自分の存在を世界史というフィルターにかけて考えることであり、その結果、自分が世界史と密接なかかわり合いをもちながら存在していることに気づく。

また、地域の過去を見つめることは、その延長線上にある現在や未来を考えることであり、そこに、世界史を学ぶ意義を見いだすことができるのである。

関東大震災 100 年　地元「神奈川」の記憶を掘り起こす

神奈川の関東大震災

100 年後の視点

藤田賀久／小川輝光／鈴木 晶 編著

B5 判／並製／定価 2,000 円＋税

ISBN978-4-86722-121-1　C0021

関東大震災 100 年の節目に、神奈川の高校教員を中心に約 20 人の執筆者が、地域を歩き、歴史を掘り起こし、考え、未来に向けた「記憶の場」として編まれた１冊。フィールドワーク、授業実践の参考書に最適！　被害の実態、隠された史実、朝鮮人虐殺に至る経緯などを明らかにし、現在も残る震災の痕跡を多くの地図・写真を交えて紹介。多層的に、また足元から、そしてグローバルな視野から、100 年前の震災を通して歴史の中の個人という存在に目を向けるための手がかりを示す。

〈目 次〉

第 1 部　神奈川各地域の関東大震災

第 2 部　テーマからみた神奈川の関東大震災

第 3 部　関東大震災 100 年その後—未来への教訓

灘高教師による、異色の地図読本

切手で読み解く
地図の世界
小さな地図の博物館
西海隆夫

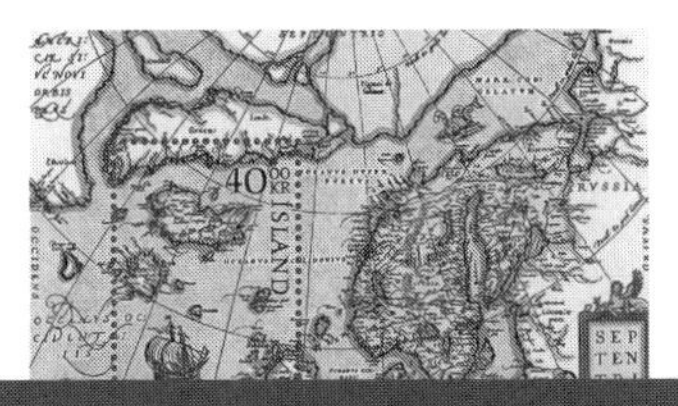

灘高教師による、異色の地図読本。
2022 年より高校で必修化の「地理総合」にも役立つ！
高校の地理教師で、国内外の切手展で高評価を受ける収集家が、豊富なコレクションから、地図が描かれた美しい切手図案を紹介。地図の魅力、地図を読み解く楽しみを伝える。
えにし書房

切手で読み解く地図の世界

小さな地図の博物館

西海隆夫 著／ A5 判／並製／定価 2,000 円＋税

ISBN978-4-86722-116-7　C0025

2022 年より高校で必修化の「地理総合」にも役立つ！
高校の地理教師で、国内外の切手展で高評価を受ける収集家が、豊富なコレクションから、地図が描かれた美しい切手図案を紹介し、地図の魅力、地図を読み解く楽しみをわかりやすく伝える。

〈目 次〉

第 1 展示室　地図の始まり

第 2 展示室　古地図の世界

第 3 展示室　近代アトラスの誕生

第 4 展示室　地図の起伏表現

第 5 展示室　海図と都市図

第 6 展示室　地図投影法

第 7 展示室　主題図あれこれ

第 8 展示室　楽しいデザイン地図

第 9 展示室　鳥瞰図の世界

第10展示室　地図の新時代

旧制高校生の誇りと意気の象徴　帽章と旗

旧制高校の校章と旗

熊谷 晃 著／A5 判／並製／定価 3,500 円+税

ISBN978-4-908073-22-9　C0037

外地を含む 38 の旧制高校の校章（記章・帽章＝バッジ）校旗、を完全網羅！日本の高等教育の稀有な成功例である旧制高校を、独自の切り口で紹介する初の書！

一高同窓会資料委員として活躍し、多くの一級資料収集の機会を得た著者の 60 年以上に渡る蓄積の集大成。500 点を超える図版、画像をふんだんに用い、それぞれのデザインに込められた意味、来歴、誇り、伝統…を各校ごとに紹介する。良き時代の気高い精神を次世代につなぐ！

日本の大学を新しい視点から分析できる本

日本 400 大学の旗と紋章図鑑

苅安 望 著／B5 判／上製／定価 18,000 円+税

ISBN978-4-86722-120-4　C0037

日本の主要大学 400 校の旗、紋章、シンボルマーク等 1456 点をオールカラーで掲載した比類なき図鑑！

　日本の国公立大学（国立 79、公立 55）と私立大学 266 ＝ 400 校を対象として、現在使われている大学旗、校章、学章に加え、シンボルマーク、ロゴマーク、コミュニケションマークといった第 1、第 2 紋章として使われている大学紋章並びに学内サークル、同窓会など当局以外の組織が使用している会旗も含め、すべてをカラー図版で掲載し、解説を加えたかつてないデータブック。